Rolf Dippold
Andreas Meier
André Ringgenberg
Walter Schnider
Klaus Schwinn

**Unternehmensweites
Datenmanagement**

Zielorientiertes Business Computing

Herausgegeben von Stephen Fedtke

Die Reihe bietet Entscheidungsträgern und Führungskräften, wie Projektleitern, DV-Managern und der Geschäftsleitung wegweisendes Fachwissen, das zeigt, wie neue Technologien dem Unternehmen Vorteile bringen können. Die Autoren der Reihe sind ausschließlich erfahrene Spezialisten. Der Leser erhält daher gezieltes Know-how aus erster Hand. Die Zielsetzung umfaßt:

- Nutzen neuer Technologien und zukunftsweisende Strategien
- Kostenreduktion und Ausbau von Marktpotentialen
- Verbesserung der Wertschöpfungskette im Unternehmen
- Praxisorientierte und präzise Entscheidungsgrundlagen für das Management
- Kompetente Projektbegleitung und DV-Beratung
- Zeit- und kostenintensive Schulungen verzichtbar werden lassen

Die Bücher sind praktische Wegweiser von Profis für Profis. Für diejenigen, die heute in die Hand nehmen, was morgen bereits Vorteile bringen wird. Der Herausgeber, Dr. Stephen Fedtke, ist Softwareentwickler, Berater und Fachbuchautor. Er gibt, ebenfalls im Verlag Vieweg, die Reihe „Zielorientiertes Software-Development" heraus, in der bereits zahlreiche Titel mit Erfolg publiziert wurden.

Bisher sind erschienen:

Client/Server-Architektur
von Klaus D. Niemann

Telearbeit erfolgreich realisieren
Das umfassende, aktuelle Handbuch
von Norbert Kordey und Werner B. Korte

QM-Optimizing in der Softwareentwicklung
QM-Handbuch gemäß DIN EN ISO 9001 und Leitfaden für best practices im Unternehmen
von Dieter Burgartz und Thomas Blum

Unternehmensinformation mit SAP®-EIS
Aufbau eines Data Warehouse und einer inSight®-Anwendung
von Bernd-Ulrich Kaiser

Call Center – Mittelpunkt der Kundenkommunikation
von Bodo Böse und Erhard Flieger

Business E-volution
von Hans Jochen Koop, K. Konrad Jäckel und Erhardt F. Heinold

Unternehmensweites Datenmanagement
von Rolf Dippold, Andreas Meier, André Ringgenberg, Walter Schnider und Klaus Schwinn

Vieweg

Rolf Dippold
Andreas Meier
André Ringgenberg
Walter Schnider
Klaus Schwinn

Unternehmensweites Datenmanagement

Von der Datenbankadministration bis
zum modernen Informationsmanagement

Herausgegeben von Stephen Fedtke

3. überarbeitete und erweiterte Auflage

Die Deutsche Bibliothek – CIP-Einheitsaufnahme
Ein Titeldatensatz für diese Publikation ist bei
Der Deutschen Bibliothek erhältlich.

1. Auflage 1998
2. Auflage 1999
3. überarbeitete und erweiterte Auflage März 2001

Alle Rechte vorbehalten
© Friedr. Vieweg & Sohn Verlagsgesellschaft mbH, Braunschweig/Wiesbaden, 2001

Der Verlag Vieweg ist ein Unternehmen der Fachverlagsgruppe BertelsmannSpringer.

Das Werk einschließlich aller seiner Teile ist urheberrechtlich geschützt. Jede Verwertung außerhalb der engen Grenzen des Urheberrechtsgesetzes ist ohne Zustimmung des Verlags unzulässig und strafbar. Das gilt insbesondere für Vervielfältigungen, Übersetzungen, Mikroverfilmungen und die Einspeicherung und Verarbeitung in elektronischen Systemen.

www.vieweg.de

Die Wiedergabe von Gebrauchsnamen, Handelsnamen, Warenbezeichnungen usw. in diesem Werk berechtigt auch ohne besondere Kennzeichnung nicht zu der Annahme, dass solche Namen im Sinne der Warenzeichen- und Markenschutz-Gesetzgebung als frei zu betrachten wären und daher von jedermann benutzt werden dürften.

Höchste inhaltliche und technische Qualität unserer Produkte ist unser Ziel. Bei der Produktion und Verbreitung unserer Bücher wollen wir die Umwelt schonen: Dieses Buch ist auf säurefreiem und chlorfrei gebleichtem Papier gedruckt. Die Einschweißfolie besteht aus Polyäthylen und damit aus organischen Grundstoffen, die weder bei der Herstellung noch bei der Verbrennung Schadstoffe freisetzen.

Konzeption und Layout des Umschlags: Ulrike Weigel, www.CorporateDesignGroup.de
Druck und buchbinderische Verarbeitung: Lengericher Handelsdruckerei, Lengerich
Printed in Germany

ISBN 3-528-25661-3

Geleitwort zur 3. Auflage

Daten sind ein wichtiger Grundpfeiler der Informatik. Daten sind ein Produktionsfaktor und ein wirtschaftliches Gut. Daten sind wertvoll, auch in einem monetären Sinne. Und trotzdem sind gerade die Daten eine immer wieder unzureichend beherrschte Komponente in modernen Informationsarchitekturen sowie ein ständiger Risikofaktor und eine Problemquelle im technozentrischen Weltbild betrieblicher Computersysteme. An dieser Diagnose ändert weder die Einstufung der Daten als Erfolgsfaktor, noch die Verwendung eines modernen Datenbanksystems oder die Erkenntnis einer evolutionären Entwicklung im Umgang mit Daten durch Unternehmen etwas. Die Daten wurden im Vergleich zur Software lange Zeit sehr vernachlässigt, so dass wesentliche Voraussetzungen für ein systematisches Management fehlen. An dieser Stelle setzt das vorliegende Buch an. Die Tatsache, dass das Buch nun schon in der dritten Auflage erscheint ist jedoch ein deutlicher Beleg für ein steigendes Problembewusstsein und eine Nachfrage nach Lösungen in einem immer komplexer werdenden Umfeld.

Das Umdenken in Bezug auf den Umgang mit Daten in Unternehmen schlägt sich keineswegs nur in ausgefeilten und innovativen technischen Lösungen nieder, und es beschränkt sich auch nicht auf die Verfeinerung der Methoden und Techniken der Datenmodellierung. Begleitet wird die Entwicklung durch die Etablierung einer Teildisziplin innerhalb der Informatik und der Wirtschaftsinformatik, die sich mit allen Aspekten von Daten befassen. Für diese Teildisziplin beginnt sich die Bezeichnung „Data Engineering" international durchzusetzen. Begleitet wird diese Entwicklung von einer steigenden Anzahl Publikationen zu den unterschiedlichsten Aufgaben und Problemen in Zusammenhang mit der Nutzung von Daten sowie durch Fachkonferenzen, Tagungen und zahlreiche andere Veranstaltungen oder Initiativen. In den Unternehmen spiegelt sich diese veränderte Sicht auf die Daten unter anderem im Entstehen spezialisierter Berufsbilder wieder. Datenadministrator, Datenbankentwickler, Datenmodellierer, Datenarchitekt und Informationsmanager sind nur einige Berufsbezeichnungen, welche den allgemein akzeptierten Stellenwert der Daten in Unternehmen dokumentieren und unterstreichen.

Mit dem betrieblichen Datenmanagement wird eine Klammer beziehungsweise Verbindung zwischen den vielfältigen Einzelaufgaben hergestellt. Während für manche Einzelaufgaben (zum Beispiel Datenmodellierung, Datenbankentwicklung) ein sehr umfassendes und ausgereiftes Wissen existiert, das seinen Niederschlag in zahlreichen Lehrbüchern gefunden hat, besteht für die übergreifende Gesamtaufgabe ein erhebliches Defizit. Dies mag durch die historische Entwicklung erklärbar sein. Viel wahrscheinlicher ist allerdings, dass es sich hier um ein Thema oder ein Aufgabenfeld handelt, das der Forschung nur schwer und überdies nur in Teilaspekten zugänglich ist. Außerdem erfordert die Auseinandersetzung mit dem Datenmanagement eine einschlägige praktische Erfahrung. Genau diese Voraussetzungen bringen die Autoren des vorliegenden Buches mit. Es handelt sich um ein Werk, das von Praktikern mit einem hohen praktischen Anspruch geschrieben wurde. Und es hat zum Ziel, authentische Erfahrungen zusammenzufassen und daraus einen Handlungsrahmen für Unternehmen zu entwickeln.

Ohne an dieser Stelle einer Beurteilung durch den Leser vorzugreifen, kann gesagt werden, dass damit ein wichtiger Baustein für den Aufbau eines betrieblichen Datenmanagements und für die weiterführende Diskussion der zugrundeliegenden Konzepte geschaffen wurde. Der Erfolg der beiden ersten Auflagen gibt dieser Einschätzung recht. In der dritten Auflage wurden neben Aktualisierungen und Korrekturen vor allem Ergänzungen wichtiger Themenstellungen vorgenommen, die sich aus der permanenten Weiterentwicklung des Anwendungsfeldes, aber auch aus den Erfahrungen mit den bisherigen Inhalten ergaben. Das Buch bleibt damit weiterhin ein praktischer Ratgeber für alle Belange des Datenmanagements und es ist zu wünschen, dass es vor allem auch in der Praxis eine nützliche Verwendung findet.

Regensburg, im Dezember 2000

Prof. Dr. Franz Lehner

Vorwort zur 3. Auflage

Vor zwei Jahren ist die erste Auflage des vorliegenden Buches "Unternehmensweites Datenmanagement" erschienen, vor einem Jahr die zweite. Es ist noch heute die erklärte Absicht der Autoren, für Unternehmen und Fachkollegen aus der Sicht der Praxis einen Handlungsrahmen für die übergreifende Aufgabe des unternehmensweiten Datenmanagements zu entwickeln.

Weshalb ist dieses Buch so erfolgreich und weshalb wird das Thema "Datenmanagement" auch im neuen Jahrtausend für die Wirtschaftsinformatik unentbehrlich bleiben?

Ein Grundprinzip in der Informatikpraxis ist die Tatsache, dass die Daten der langlebigste Bestandteil eines Informationssystems sind - langlebiger als die technische Plattform, auf der sie gespeichert sind, langlebiger auch als die Software, mit der sie verarbeitet werden. Die Daten, welche wir in unseren Kunden-Datenbanken speichern, sind im Kern dieselben, welche früher auf den Karten der Kundenkartei standen.

> Wir setzen uns in diesem Buch immer wieder mit dem Grundprinzip der Langlebigkeit der Daten auseinander vor dem Hintergrund ökonomischer, methodischer und technischer Weiterentwicklungen der Informatik und begründen damit die Notwendigkeit eines professionellen, unternehmensweiten Datenmanagements.

Aus eigener Anschauung und durch die Auseinandersetzung mit Fachkollegen wissen wir, dass zwischen Anspruch und Wirklichkeit beim Aufbau einer Organisationseinheit "Datenmanagement", aber vor allem beim eigentlichen Datenmanagement-Prozess, in vielen Unternehmen erhebliche Lücken bestehen. Die unterschiedlichen Ursachen für auftretende Probleme, aber auch Wege zu deren Überwindung, sollen zusammenhängend, unter dem Aspekt des unternehmensweiten Datenmanagements, diskutiert werden.

> Das Buch enthält aus der Sicht der Praxis viele Hinweise, wie ein erfolgversprechendes Datenmanagement organisiert werden kann und welche Aufgaben es in welcher Weise wahrnehmen sollte.

Es besteht die Tendenz, überall nur nach dem kurzfristigen Erfolg zu schielen und langfristige, teils ambitiöse oder visionäre Vorhaben zu vernachlässigen. Das Denken in zu kurzen Zeiträumen führt zu einer eingeschränkten Sichtweise, die übergeordnete Ziele aus dem Blick geraten lässt. Ein solches Ziel wäre beispielsweise der sorgsame Umgang mit den vorhandenen Ressourcen und deren möglichst nutzbringenden und effizienten Einsatz. Mit welchen Risiken ein solches strategieloses Handeln im Zeitalter der Informationsgesellschaft verbunden sein kann, soll am Beispiel des unternehmensweiten Datenmanagements aufgezeigt werden.

> In diesem Sinne soll dieses Buch dazu ermutigen, entgegen kurzfristigen Trends, einen langen Atem bei der Verfolgung der Ziele des Datenmanagements zu bewahren und die Verantwortung für die Unternehmensressource "Daten" ernster zu nehmen.

Als einer der Hauptgründe, für die in manchen Unternehmen bescheidenen Erfolge des Datenmanagements, wird häufig die mangelnde Unterstützung durch das Management erwähnt. Dies kann in vielen Fällen stimmen und beklagenswert sein, ist aber kein unabänderlicher Zustand. Zum einen leidet oft die Unternehmensführung am meisten unter dem Chaos nicht integrierter Datenbestände - ohne dass dieser Umstand den Betroffenen deutlich gemacht würde. Hier liegt eine Aufgabe und eine Chance für den Datenmanager. Das Datenmanagement sich nicht einer Kosten-Nutzen-Betrachtung entziehen und muss den geleisteten Aufwand wirtschaftlich rechtfertigen können.

> Das Buch richtet sich nicht nur an die Fachkollegen aus der Informatik, sondern auch an das Management ausserhalb des Informatikbereiches. Wir haben deshalb zur besseren Übersicht den Inhalt der einzelnen Kapitel in Kernaussagen zusammengefasst.

Die fünf Autoren blicken gemeinsam auf einige Jahre Erfahrung im Datenmanagement grosser Unternehmen oder als Berater im Umfeld des Daten- und Informationsmanagements zurück. Diese persönlichen Erfahrungen, der Einblick in unterschiedliche Unternehmen sowie die Diskussionen mit Fachkollegen haben uns gelehrt, was beim Aufbau und Betrieb von Datenmanagementorganisationen in der Vergangenheit richtig, aber auch was falsch gemacht wurde. Das Schreiben dieses Buches hat uns ausserdem erlaubt, ja es hat uns geradezu gezwungen, eine kritische Distanz zur eigenen Disziplin und zur eigenen Arbeit einzunehmen.

Wir hoffen, mit diesem Buch einen Beitrag zur Fachdiskussion über die Organisation des unternehmensweiten Datenmanagements und dessen Stellenwert in der Zukunft des Informations- und Wissensmanagements zu liefern. In der vorliegenden dritten Auflage haben wir alle Kapitel überarbeitet und mit aktuellen Literaturzitaten versehen. Grössere Änderungen waren bei den Themen Metadatenmanagement, Migration, Integration und Data Warehouse notwendig. Zudem haben wir ein neues Kapitel über Customer Relationship Management als Beispiel für Business Intelligence angefügt. Eine prägnante Übersicht über die einzelnen Kapitel finden Sie in der Einleitung.

Insbesondere verdanken wir den Feedback unserer Kollegen aus Hochschule und Praxis. Erwähnen möchten wir Prof. Dr. Walter Brenner, Peter Corti, Prof. Dr. Helmut Krcmar, Niklaus Lehmann, Dr. Peter Loos, Dr. Ronald Maier, Dr. Elke Mittendorf, Dr. Peter Schieber und Dr. Zbynek Sokolovsky. Den regelmässigen Teilnehmern der Rüdesheimer Tagung „Unternehmensmodell Banken", die von CSC Ploenzke ausgerichtet wird, möchten wir für die interessanten und inspirierenden Diskussionen danken, insbesondere dem Mentor dieser Tagung, Herrn Dr. Ulrich Himmler.

Dominik Grupp, Vreni Kümmerli Ringgenberg und Theo Zaeslein danken wir für die kritische sprachlichen Bearbeitung des Manuskripts.

Unser Fachkollege Prof. Dr. Franz Lehner von der Universität Regensburg hat sich spontan bereit erklärt, einen Beitrag in Form eines Geleitwortes und eines Abschnittes Wissensmanagement zu leisten. Dem Verlag, insbesondere Dr. Reinald Klockenbusch, sowie dem Herausgeber Dr. Stephen Fedtke danken wir für die problemlose Zusammenarbeit.

Ein solches Buch neben dem Engagement im Beruf zu konzipieren und zu schreiben erfordert über Monate viel zusätzliche Arbeit, die in der „Freizeit" erbracht werden muss. Dies geht nicht ohne Belastungen des privaten, vor allem des familiären Umfeldes. Daher gebührt an dieser Stelle allen von unseren Abwesenheiten und manchmal auch Launen in dieser Zeit Betroffenen, unseren Lebenspartnerinnen und Kindern, ein grosses Kompliment für ihre Geduld und Unterstützung.

Basel und Fribourg, im Dezember 2000

Rolf Dippold, Andreas Meier, André Ringgenberg,
Walter Schnider und Klaus Schwinn

Inhaltsverzeichnis

Geleitwort zur 3. Auflage V
Vorwort zur 3. Auflage VII
Inhaltsverzeichnis XI
Abbildungsverzeichnis XIV
Tabellenverzeichnis XVI

1   Einleitung 1
2   Strategische Informationsplanung 7
    2.1   Motivation 7
    2.2   Treiber 8
    2.3   Prozess der strategischen Informationsplanung 12
    2.4   Modelle und Architekturen 16
    2.5   Informationsbedarfsanalyse und Strategieentwicklung 19
    2.6   Kernaussagen zur Strategischen Informationsplanung 28
3   Datenmanagement – eine Erfolgsposition im Unternehmen 29
    3.1   Motivation 29
    3.2   Klassische Produktionsfaktoren 30
    3.3   Produktionsfaktor Information 31
    3.4   Bewirtschaftung des Produktionsfaktors Information 33
    3.5   Datenmanagement im Unternehmen 37
    3.6   Kernaussagen zum Erfolgsbeitrag des Datenmanagements 44
4   Aufbau der Datenbankadministration 45
    4.1   Übergang von der Dateiverarbeitung zum Datenbankbetrieb 46
    4.2   Organisation der Datenbankadministration 55
    4.3   Werkzeugeinsatz im Bereich Datenbankadministration 61
    4.4   Kernaussagen zur Datenbankadministration 64
5   Unternehmensdatenmodellierung 65
    5.1   Ausgangslage 66
    5.2   Das Ziel Datenintegration 68
    5.3   Ansätze zur Erstellung einer Datenarchitektur 72
    5.4   Das Erfolgsrezept zum Aufbau einer Datenarchitektur 79
    5.5   Beispiel zum Prinzip Kern-Datenmodell 85
    5.6   Einsatz von Branchenmodellen und Standardsoftware 94
    5.7   Unternehmensweite Datenarchitektur und Business-Process-Reengineering 96
    5.8   Kernaussagen zur Unternehmensmodellierung 98

6 Metadatenmanagement 99
- 6.1 Motivation 99
- 6.2 Definition Metadatenmanagement 100
- 6.3 Metadatenmanagement-System 106
- 6.4 Vorgehen bei der Metadaten-Integration 113
- 6.5 Nutzen des Metadatenmanagements 114
- 6.6 Kritische Erfolgsfaktoren 116
- 6.7 Kernaussagen zum Metadatenmanagement 118

7 Erfolgreiche Datenmigration aus Altsystemen 119
- 7.1 Motivation 120
- 7.2 Analyse des Ist-Systems - eine Standortbestimmung 121
- 7.3 Entwurf des Zielsystems 125
- 7.4 Migrationsvarianten 129
- 7.5 Rolle der Metadaten im Migrationsprozess 143
- 7.6 Ein möglicher Fahrplan für die Migration 144
- 7.7 Ansatz Enterprise Application Integration 147
- 7.8 Kernaussagen zur Datenmigration 148

8 Erfolgreiche Organisation des Datenmanagements 149
- 8.1 Motivation 149
- 8.2 Reifegrad des Datenmanagements eines Unternehmens 150
- 8.3 Bewertung des Reifegrades - das Datenmanagement-Assessment 179
- 8.4 Kernaussagen zur Datenmanagementorganisation 186

9 Data Warehousing - strategisch betrachtet 187
- 9.1 Motivation 188
- 9.2 Was ist ein Data Warehouse? 189
- 9.3 Prinzipien eines Data Warehouse 192
- 9.4 Operational Data Store 195
- 9.5 Eine idealtypische Architektur: die Corporate Information Factory 197
- 9.6 Data Warehouse Technologie 201
- 9.7 Datenarchitektur in der Corporate Information Factory 203
- 9.8 Die kritischen Erfolgsfaktoren 208
- 9.9 Strategischen Dimensionen des Data Warehousing 227
- 9.10 Kernaussagen zum Data Warehouse 232

10 Integriertes Datenmanagement – die Basis für Customer Relationship Management 233
- 10.1 Was ist Customer Relationship Management? 234
- 10.2 Lebenszyklus der Kunden 239
- 10.3 Ökonomische Bedeutung von CRM-Systemen 240
- 10.4 Business Intelligence und CRM 242
- 10.5 CRM-System 245
- 10.6 Data Mining 248
- 10.7 Der Weg zum integrierten CRM-System 253
- 10.8 Kernaussagen zum Customer Relationship Management 254

11 Vom Daten- zum Wissensmanagement **255**
    11.1 Übergang zum Informationsmanagement 256
    11.2 Wissensmanagement 267
    11.3 Standortbestimmung im Unternehmen 273
    11.4 Entwicklungstrends..275
    11.5 Kernaussagen zum Informationsmanagement 280

A Anhang..**281**
    A.1 Darstellung eines Entity-Relationship-Modells 281
    A.2 Dimensionale Modellierung Star- und Snowflake-Schema 283
    A.3 Funktionsbeschreibungen des Datenmanagements 285

Abkürzungen und Glossar **289**

Literaturverzeichnis **297**

Kurzbiographien der Autoren **301**

Schlagwortverzeichnis..**303**

Abbildungsverzeichnis

Abbildung 1-1:	Entwicklungsstufen aus der Sicht der Daten	2
Abbildung 1-2:	Die treibenden Faktoren der Entwicklung	3
Abbildung 2-1:	Treiber der Strategischen Informationsplanung	7
Abbildung 2-2:	Entwicklung der Datenhaltung und Datenzugriffe	9
Abbildung 2-3:	Viert Schritte der strategischen Informationsplanung	12
Abbildung 2-4:	Technologie und Geschäftssphäre Quelle: in Anlehnung an Krcmar 1997	14
Abbildung 2-5:	Unternehmung als System	16
Abbildung 2-6:	The Enterprise Architecture Framework	18
Abbildung 2-7:	Die vier Phasen der Strategieentwicklung	19
Abbildung 2-8:	Geschäftsprozess Architektur	23
Abbildung 2-9:	Anwendungssystemarchitektur eines Finanzinstitutes	25
Abbildung 2-10:	Technische Architektur	26
Abbildung 3-1:	Treiber des Datenmanagements	29
Abbildung 3-2:	Begriffshierarchie in Anlehnung an [Rehäuser/ Krcmar (1996)]	31
Abbildung 3-3:	Leistungserstellungsprozess und Produktionsfaktoren	32
Abbildung 3-4:	Informationsbedarf, -angebot und -nachfrage Quelle: [Picot (1988)]	35
Abbildung 3-5:	Informationsverarbeitung	36
Abbildung 4-1:	Übergang zur Datenbankadministration	45
Abbildung 4-2:	DBMS-Architektur nach ANSI/SPARC	48
Abbildung 4-3:	Anzahl von VLDB in den grössten Unternehmen	52
Abbildung 6-1:	Metadatenmanagement; ein Schritt zur Datenstandardisierung	99
Abbildung 6-2:	Daten, Modelle und Metamodelle	101
Abbildung 6-3:	Metadaten zur Datenintegration	103
Abbildung 6-4:	Ein Metadaten-Management-System	107
Abbildung 6-5:	Bausteine eines Metadatensystem	111
Abbildung 6-6:	Aktive und passive Metadaten-Systeme	112
Abbildung 7-1:	Treiber der Datenmigration	119
Abbildung 7-2:	Mögliche Verteilungsmodelle	127
Abbildung 7-3:	Mögliche Systemarchitektur	128
Abbildung 7-4:	Datenmigration	130
Abbildung 7-5:	Datenmigration und Programmkonversion	131
Abbildung 7-6:	Transformation SQL Zugriffe	133
Abbildung 7-7:	Zugriff auf relationale Datenbestände aus bestehenden Anwendungen	135
Abbildung 7-8:	Datenpropagierung und Koexistenz Phase 1	138
Abbildung 7-9:	Datenpropagierung und Koexistenz Phase 2	139
Abbildung 7-10:	Datenpropagierung und Koexistenz Phase 3	140
Abbildung 7-11:	EAI	147
Abbildung 8-1:	Treiber der Organisation Datenmanagement	149
Abbildung 8-2:	Phasen im Lebenszyklus von Daten und Informationen	150
Abbildung 8-3:	Schematische Ablauforganisation im Datenmanagement	150

Abbildung 8-4:	Beispielhafte Aufbauorganisation Datenbankadministration	150
Abbildung 8-5:	Beispielhafte Aufbauorganisation Datenarchitektur	151
Abbildung 8-6:	Beispielhafte Aufbauorganisation Datenmanagement	151
Abbildung 8-7:	Organisation und Informationsflüsse	154
Abbildung 8-8:	Unternehmens-Beispiel: Datenmanagement Aufbauorganisation	154
Abbildung 9-1:	Übergang zum Informationsmanagement	187
Abbildung 9-2:	Architektur von Analysesystemen ohne zentrale Komponente	188
Abbildung 9-3:	Architektur von Analysesystemen mit zentraler Komponente	188
Abbildung 9-4:	Verschiedene Daten für verschiedene Anwendungen	188
Abbildung 9-5:	Corporate Information Factory Architektur	188
Abbildung 9-6:	Daten- und Metadaten-Integration im Warehousing System	188
Abbildung 9-7:	Abbildung von Dimensionen	188
Abbildung 9-8:	Transformation des UDM in ein Dimensionenmodell	188
Abbildung 9-9:	Top-Down-Ansatz	188
Abbildung 9-10:	Bottom-Up-Ansatz	188
Abbildung 9-11:	Gemischter Ansatz	188
Abbildung 9-12:	Iteratives Vorgehen	188
Abbildung 9-13:	Management des Wachstums	188
Abbildung 9-14:	Dimensionalität des Denkens: punktbezogenes Denken	189
Abbildung 9-15:	Dimensionalität des Denkens: raumbezogenes Denken	189
Abbildung 10-1:	Informationsmanagement	233
Abbildung 10-2:	Kundenprozess vs. Geschäftsprozess	238
Abbildung 10-3:	Lebenszyklus der Kunden	239
Abbildung 10-4:	Auswirkungen von Kundenloyalität auf den Profit	240
Abbildung 10-5:	Effekte auf Kosten und Erträge loyaler Kunden	241
Abbildung 10-6:	Das Gedächtnis der Organisation	244
Abbildung 10-7:	Der CRM-Prozess und die Architekturkomponenten	245
Abbildung 10-8:	CRM-Anwendungsarchitektur	248
Abbildung 10-9:	Von Daten zu Entscheiden	248
Abbildung 10-10:	Der iterative Data Mining Prozess	250
Abbildung 11-1:	Übergang zum Wissensmanagement	255
Abbildung 11-2:	Der Closed-Loop Regelkreis	257
Abbildung 11-3:	Closed Loop und die Corporate Information Factory	258
Abbildung 11-4:	Datenqualitätsprozess	261
Abbildung 11-5:	Eine Zielhierarchie für das Datenmanagement	266
Abbildung 11-6:	Wissensmanagement nach Probst	271
Abbildung 11-7:	Standortbestimmung im Entwicklungsstufenmodell	273
Abbildung 11-8:	Verteiltes Daten-management in grossen Unternehmen	277
Abbildung A-1:	Beispiel-Datenmodell	282
Abbildung A-2:	Star-Schema und Snowflake-Schema	283
Abbildung A-3:	Dimensionen und Fakten	283
Abbildung A-4:	Star-Schema-Modell	284
Abbildung A-5:	Snowflake-Schema-Modell	284

1 Einleitung

Unsere Wirtschaft und Gesellschaft befindet sich im Umbruch. Wir entwickeln uns weg von der Industrie- hin zur Informations- und Wissensgesellschaft. Die Herstellung von Gütern und die Gewinnung von Rohstoffen zu deren Produktion verliert für die Wohlfahrt, die Wertschöpfung, den Reichtum und die Arbeitswelt in unserem sozialen Gefüge immer mehr an Bedeutung. Der Informationsbereich hingegen wird immer bedeutender. Dies hat Auswirkungen auf alle Bereiche unseres Lebens, auch und vor allem auf den Umgang mit Informationen innerhalb der Unternehmen.

Der sechste Kondratieff

In seinem Buch „Der sechste Kondratieff" beschreibt Leo A. Nefiodow [Nefiodow 1996] den Übergang von der Industrie- zur Informationsgesellschaft wie folgt:

> „In der Industriegesellschaft kam es primär darauf an, Rohstoffe zu erschliessen, Maschinen, Fliessbänder, Fabriken, Schornsteine und Strassen zu bauen, Energieflüsse zu optimieren, naturwissenschaftliche-technische Fortschritte zu erzielen und das Angebot an materiellen Gütern zu steigern. Vereinfacht ausgedrückt: Im Mittelpunkt des Strukturwandels der Industriegesellschaft standen Hardware und materielle Bedürfnisse.
>
> In der Informationsgesellschaft hingegen kommt es in erster Linie auf die **Erschliessung und Nutzung der verschiedenen Erscheinungsweisen der Information** an - also von **Daten,** Texten, Nachrichten, Bildern, Musik, Wissen, Ideen, Beziehungen, Strategien."

Informationsgesellschaft

Nur jene Volkswirtschaften und Unternehmen werden den Strukturwandel hin zur Informations- und Wissensgesellschaft erfolgreich bestehen, denen es schneller und besser als anderen gelingt, in allen relevanten Bereichen die notwendigen Voraussetzungen für den Wandel zu schaffen. Innerhalb eines Unternehmens sind die relevanten Bereiche vor allem in der Entwicklung einer auf den Strukturwandel ausgerichteten Unternehmensstrategie zu sehen, aber auch in einer nach innen und nach aussen angepassten Organisation und dem Einsatz qualifizierten Personals, adäquater Technologie sowie der Nähe zu den Kunden. Dies lässt sich nun folgendermassen zusammenfassen:

1 Einleitung

> Ein heute und vor allem in der Zukunft erfolgreiches Unternehmen muss in strategischer, organisatorischer, personeller und technologischer Hinsicht sein Informationsmanagement beherrschen. Je informationslastiger resp. informationsabhängiger ein Unternehmen ist, desto überlebenswichtiger ist die Disziplin des Informationsmanagements.

„Das 21. Jahrhundert wird nur zwei Arten von Unternehmen kennen: solche die Informationstechnologie nutzen und solche, die vom Markt verschwinden. Aber Informationstechnologie nutzen zu welchem Zweck? Um qualitativ gute Informationen zu liefern und zu erhalten!" (übersetzt nach [Huang 1999])

Unternehmensweites Datenmanagement

In diesem Buch werden wir uns mit einer wesentlichen Grundlage des unternehmensweiten Informationsmanagements befassen - dem **unternehmensweiten Datenmanagement** und aus der Sicht der Daten die Begriffe **Datenmanagement** und **Informationsmanagement** erläutern. Es wird aufgezeigt, dass die Beherrschung des unternehmensweiten Datenmanagements eine zwingende Voraussetzung für die Beherrschung des unternehmensweiten Informationsmanagements ist, oder anders ausgedrückt:

> Ein Unternehmen, das sein Datenmanagement nicht beherrscht, besitzt (noch) nicht den erforderlichen Reifegrad für das erfolgreiche Management einer seiner wichtigsten Ressourcen - seiner Informationen.

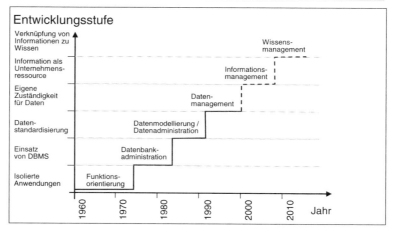

Abbildung 1-1: Entwicklungsstufen aus der Sicht der Daten

Das Datenmanagement ist seinerseits das Ergebnis einer Entwicklung, die über verschiedene Entwicklungsstufen zu einer

Disziplin geführt hat, deren zentrale Aufgabe in dem erfolgreichen Management von Daten besteht. In Anlehnung an E. Ortner [Ortner 1991] gehen wir von einer stufenweisen Entwicklung des Daten- und Informationsmanagements aus, wie sie in Abbildung 1-1 dargestellt ist.

Danach entwickelt sich das Datenmanagement ausgehend von der funktionsorientierten Anwendung isolierter Informatiksysteme, die vor allem der Automatisierung und Rationalisierung bestimmter betrieblicher Funktionsbereiche dienen, über mehrere Stufen. Mit Ausnahme der Stufe „Isolierte Anwendungen" findet jeweils keine Ablösung, sondern eine Aufgabenerweiterung im jeweiligen Aufgabenspektrum statt. So beinhaltet das Informationsmanagement auch das Datenmanagement. Ein erfolgreiches Informationsmanagement ist ohne ein funktionstüchtiges Datenmanagement undenkbar.

Abbildung 1-2: Die treibenden Faktoren der Entwicklung

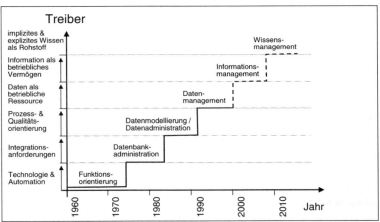

Die treibenden Faktoren für den Übergang zu einer höheren Entwicklungsstufe waren jeweils andere, von der Einführung einer neuen Technologie wie den Datenbankmanagementsystemen bis hin zu organisatorischen und betriebswirtschaftlichen Erfordernissen wie dem Aufbau integrierter Customer-Relationship-Management-Systeme.

1 Einleitung

Sicht Praxis

In den folgenden Kapiteln wird aus der Sicht der Praxis folgenden grundsätzlichen Fragestellungen nachgegangen:

- Wodurch sind die einzelnen Entwicklungsstufen gekennzeichnet?
- Wie sind die personellen, technischen, methodischen und organisatorischen Voraussetzungen auf den einzelnen Entwicklungsstufen?
- Was sind die Treiber eines Übergangs auf eine nächst höhere Entwicklungsstufe?
- Wie kann der Übergang erfolgreich organisiert werden?
- Wie kann man den Reifegrad der Informationsverarbeitung eines Unternehmens auf den einzelnen Entwicklungsstufen erkennen und wie hoch muss der Reifegrad auf einer Entwicklungsstufe sein, um den Übergang auf eine nächst höhere zu erlauben?
- Welche Rolle spielt das Datenmanagement beim Aufbau integrierter Customer-Relationship-Management-Systeme?
- Was sind die anstehenden Herausforderungen und Trends im unternehmensweiten Daten- und Informationsmanagement?

Kapitel 2 leitet die Notwendigkeit einer Strategischen Informationsplanung her. Es wird gezeigt, wie die Strategische Informationsplanung die Unternehmensstrategie in eine Informationsstrategie übersetzt und damit die Grundlage für die strategische Ausrichtung des Datenmanagements legt.

Kapitel 3 beantwortet die Frage des Stellenwertes der Daten als betrieblicher Ressource und zeigt Parallelen zu anderen, klassischen Betriebsmitteln und deren Management im Unternehmen auf.

Kapitel 4 erläutert die erste Entwicklungsstufe zum Informationsmanagement - die Stufe der Datenbankadministration. Es wird gezeigt, wie diese Entwicklung einsetzte, welche Technologien die treibenden Faktoren waren und wie eine erfolgreiche Datenbankadministration heute arbeitet.

Kapitel 5 setzt sich mit der nächsten Stufe der Entwicklung auseinander, der Stufe der Datenstandardisierung und -modellierung. Besonders die in der Praxis meistens gescheiterten Bemühungen, durch unternehmensweite Datenmodelle alle Daten und Datenstrukturen des Unternehmens in einem detaillierten Bauplan zu erfassen, werden diskutiert und einem Erfolgsrezept gegenübergestellt.

Kapitel 6 ergänzt die Diskussion von Kapitel 5 um den wichtigen Aspekt der Metadatenmanagementsysteme, ohne die ein erfolgreiches Datenmanagement nicht organisiert werden kann. Es werden verschiedene Einsatz- und Anwendungsbereiche vom Metadatenmanagementsystem erläutert und deren Notwendigkeit für die Standardisierung von Daten und Informationen mit Beispielen begründet.

Kapitel 7 zeigt die Relevanz von Migrationsüberlegungen im Zusammenhang mit der unternehmensweiten Datenmodellierung auf. Es wird dargelegt, wo die wesentlichen Probleme bei Migrationen aus komplexen Altsystemen in neue Datenstrukturen liegen und welche konzeptionellen und technischen Möglichkeiten bestehen, diese Probleme zu lösen.

Kapitel 8 befasst sich mit der Entwicklungsstufe Datenmanagement. Basierend auf der Diskussion der vorigen Kapitel wird aufgezeigt, wie ein erfolgreiches Datenmanagement organisiert werden sollte. Es wird ein Schema entwickelt, nach dem der Reifegrad des Datenmanagements in einem Unternehmen untersucht und bewertet werden kann.

Kapitel 9 Den Übergang vom Daten- zum umfassenderen Informationsmanagement kennzeichnet aus der Sicht der Daten die Diskussion um das Data Warehouse. Diesem Aspekt ist das Kapitel 9 gewidmet. Es wird erläutert, dass ein gut organisiertes Datenmanagement der Erfolgsgarant für Data Warehouse Projekte darstellt und wie der bisherige Data Warehouse Ansatz zu einer umfassenden Corporate Information Factory erweitert wird. Einige strategische Überlegungen schliessen das Kapitel ab.

Kapitel 10 geht auf die aktuelle Diskussion um integrierte Customer Relationship Management Systeme ein und erläutert die Rolle des Datenmanagements dabei. Auf die ökonomische Bedeutung des Customer Relationship Managements (CRM) wird ebenso eingegangen wie auf die Themen Business Intelligence und Data Mining. Eine mögliche CRM-Anwendungsarchitektur wird vorgestellt und das Datenmanagement darin positioniert.

1 Einleitung

Kapitel 11 geht auf weiterführende Konzepte wie den Closed Loop Ansatz und das Datenqualitätsmanagement ein, erläutert ein Schema für eine Leistungskontrolle des Datenmanagements und zählt einige wesentliche Trends auf, welche im Daten- und Informationsmanagement heute erkennbar sind. Insbesondere wird auf die absehbare nächste Entwicklungsstufe, das Wissensmanagement eingegangen.

Anhang In Anhang A werden die Grundelemente eines Entity-Relationship-Modells und der dimensionalen Modellierung mit Star- und Snowflake-Schema erklärt.

2 Strategische Informationsplanung

In diesem Kapitel werden die einzelnen Treiber im Kontext der strategischen Informationsplanung angesprochen.

Abbildung 2-1: Treiber der Strategischen Informationsplanung

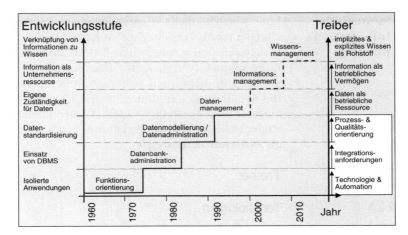

Der Prozess der strategischen Informationsplanung und deren Ergebnisse werden grob dargestellt. Die aus der Sicht des Datenmanagements relevanten Ergebnisse werden detaillierter betrachtet und deren Einfluss auf das Datenmanagement hervorgehoben.

2.1 Kosten

Motivation

Die Kosten für die unternehmensweite Informationsversorgung liegen in den Europäischen Staaten gemäss einer Studie von InformationWeek/Spikes Cavell & Co. „IW 500 Europa" [InformationWeek 1997] zwischen 1 % des Umsatzes für die Branche Nahrungsmittel/Genuss und 5 % für die Branche Medien. Das IT-Budget der Chase Manhattan Bank (USA) beträgt vergleichsweise 11% des Umsatzes, dasjenige der Deutschen Bank 2,5%. Der Nutzen für die Unternehmung, welche aufgrund des Einsatzes von Informationstechnologien entstanden ist, steht oft nicht im erwarteten Verhältnis zu den Kosten der Informatik.

Erhaltungs- Beispielsweise müssen heute ansehnliche Geldbeträge in den
kosten Aufbau und den Unterhalt leistungsfähiger Netztechnologien gesteckt werden oder es müssen alte Technologien (z.B. Programmiersprachumgebungen, PC-Arbeitsplätze, Datenbankmanagementsysteme) ersetzt werden. Diese Investitionen verursachen vorerst nur Kosten und stellen ohne entsprechende Anwendungen keinen höheren Nutzen für das Unternehmen dar. Sie dienen dem Erhalt und Ausbau der heutigen Informatikinfrastruktur.

Strategische Eine wirtschaftliche Gestaltung von Informationssystemen zur
Informations- Unterstützung betrieblicher Aufgabenstellungen setzt eine lang-
planung fristige, an den strategischen Unternehmenszielen orientierte Planung voraus. Nur so kann sichergestellt werden, dass Fehlinvestitionen in nicht mehr benötigte Systeme verhindert und die für die Realisierung der strategischen Erfolgspositionen notwendigen Systeme bereitgestellt werden. Dieser Planungsprozess wird als strategische Informationsplanung bezeichnet und das Ergebnis als *Informatikstrategie*.

2.2 Treiber

2.2.1 Technologien

Die Informationstechnologien unterliegen stetig neuen Innovationsschüben, was dazu führt, dass die Lebenszyklen von Produkten der Software- und Hardware-Industrie wie auch von Anwendungssystemen immer kürzer werden.

Basis- Die Kapazitäten der Basistechnologien Computersysteme, Spei-
technologien chermedien und Übertragungsmedien verdoppeln sich nahezu jedes Jahr. Die *Computersysteme* entwickeln sich vermehrt in Richtung Parallelität (SMP Symmetrical Multi-Processing, MPP Massively Parallel Processing).

Betriebs- Die proprietären Betriebssysteme entwickeln sich heute teilweise
systeme zu offenen Systemen hin. Seit mehreren Jahren lässt sich eine Tendenz - weg von zentralen Anwendungssystemen hin zu Client/Server-Systemen - erkennen. Die Verbindung zwischen den Ebenen erfolgt über Middleware-Dienste (z.B. CORBA).

Anwendungs- Die Entwicklung von Anwendungssystemen und die Datenzu-
entwicklung griffe auf die Daten des Unternehmens erfolgen über klassische Programmiersprachen (3. GL), Viertgenerationssprachen (4. GL), Computer Aided Software Engineering Tools (CASE), objektori-

entierten Programmier-Umgebungen, Internet/Intranet Entwicklungen bis hin zu Werkzeugen für das Data Ware House (DWH).

Die folgende Grafik zeigt die Entwicklung der Programmiersprachen und der Datenhaltungssysteme.

Abbildung 2-2: Entwicklung der Datenhaltung und Datenzugriffe

Datenhaltung	Die Datenhaltungssysteme haben sich von der einfachen Dateiverwaltung zu universellen Datenbankmanagement-Systemen entwickelt, die nicht nur erlauben einfache Datenreihen zu speichern sondern auch komplexe Objekte.
Integrationsprobleme	In den letzten Jahren wurden verschiedene Technologien entwickelt, die helfen sollten, die Produktivität der Informatikabteilungen zu erhöhen und den Wartungsaufwand zu senken. Die Marketingabteilungen der Hersteller dieser Technologien versprachen Lösungen nahezu für jedes Problem. Spätestens nachdem diese Ansätze aus dem Laborumfeld in die reale und komplexe Welt der heutigen Informatiklandschaft überführt wurden, traten Schwierigkeiten bei der Integration in das bestehende Umfeld und der Überführung der Daten auf.

2.2.2 Integrationsanforderungen

Synergieeffekte In Unternehmen und über Unternehmensgrenzen hinweg bestehen Abhängigkeiten von Geschäftsfunktionen mit anderen Organisationen bzw. Systemen (Banken, Lieferanten). Durch die Integration dieser Geschäftsfunktionen ist ein grosses Synergiepotential möglich.

2 Strategische Informationsplanung

Die in verschiedenen Unternehmen durch Diversifikationsstrategien entstandenen Systeme müssen heute rasch wieder zusammengeführt werden, damit die Synergien genutzt und die Abhängigkeiten verringert werden können.

Integration – die unternehmerische Aufgabe

Die Integration von Geschäftsprozessen, Informationssystemen und Datenbeständen über Unternehmen oder Unternehmensbereiche hinweg ist damit eine der herausragenden unternehmerischen Aufgaben der nächsten Jahre. Zwischen den Geschäftsfeldern oder Geschäftsbereichen der Unternehmen bestehen unterschiedliche gegenseitige Abhängigkeiten. Diese entstehen aufgrund von [Böhm/Fuchs/Pacher 1996]

- informatorischen Verflechtungen (z.B. Verwendung derselben Kundendaten),
- gemeinsamer Konkurrenz (z.B. jedes Geschäftsfeld einer Versicherung kann die gleichen Konkurrenten haben),
- gemeinsamen Absatz- und Beschaffungsmärkten,
- rechtlichen Gründen,
- Nutzung gemeinsamer Ressourcen,
- Wertschöpfungsketten.

Integration von Daten und Funktionen

Wenn der Integrationsnutzen (Synergiepotential) für zwei oder mehrere Unternehmensbereiche grösser ist als der Koordinationsaufwand, so sollten die Unternehmensbereiche integriert werden. Diese Betrachtung ist heute bei Fusionen oder Übernahmen von Unternehmen ebenfalls wichtig, da das Betreiben von mehreren Systemen und die fehlende Datenintegration zu vielen Problemen führt. Das Ziel der Integration von Daten und Funktionen ist daher die

- Minimierung der Datenredundanz und Gewährleistung der Datenkonsistenz,
- Erhöhung der Aktualität,
- Verringerung der Entwicklungskosten und
- effizientere Gestaltung der betrieblichen Prozesse.

In Kapitel 5 wird die Thematik „gemeinsame Daten" eines Unternehmens inklusive der Modelle zur Integration behandelt.

Die folgende Tabelle stellt die Integrationsobjekte und Integrationsziele gemäss dem Informationssystem-Management-Ansatz der Universität St. Gallen [Österle/Brenner/Hilbers 1991] gegenüber:

**Tabelle 2-1:
Integrations-
ziele und
Integrations-
objekte**

Integra-tionsobjekt		Integrationsziel	
		„die gleichen" (Mehrfachverwendung)	„dieselben" (zentral, gemeinsam genutzt)
Daten		*"gleiche Daten"*, z.B. die verschiedenen Niederlassungen eines Konzerns sollen mit der gleichen Art von Datenbanken arbeiten und den Austausch von Daten ermöglichen	*"gemeinsame Daten"*, z.B. die Finanz-, die Anlagen-, die Kommerzabteilung einer Bank sollen auf eine zentrale, gemeinsam genutzte Kundendatenbank zugreifen
Funktionen		*"gleiche Anwendungen"*, z.B. alle Niederlassungen arbeiten mit dem gleichen, zentral entwickelten Anwendungssystem, Mehrfachentwicklung wird vermieden	*"gemeinsame Anwendung"*, z.B. alle Verkaufbüros einer Fluggesellschaft arbeiten mit einem zentral betriebenen Reservierungssystem

2.2.3 Prozessorientierung

Automatisierung

In der ersten Phase der Informationsverarbeitung bestand die Hauptaufgabe der Informatikabteilungen darin, Geschäftsaufgaben zu unterstützen bzw. zu automatisieren und damit die Unternehmenskosten zu senken. Diese substituierende Strategie hatte den Ersatz von Arbeitskräften oder Arbeitstätigkeiten zum Ziel. Die Systeme griffen direkt in den Arbeitsprozess ein - der Arbeitsablauf blieb in seiner Grundstruktur erhalten.

Produktivitäts- und Effektivitätssteigerung

Im nächsten Schritt wurden Systeme für die Produktivitäts- und Effektivitätssteigerung eingesetzt. Diese komplementären Anwendungen unterstützen die Arbeitstätigkeit durch adäquate Anwendersoftware und Werkzeuge. Die Arbeitsfunktionen der Mitarbeiter wurden dazu fast nicht verändert.

Strategische Wettbewerbsvorteile

Die Erwartungshaltung der Unternehmensführungen verlagerte sich daraufhin auf innovative Anwendungen für die Etablierung strategischer Wettbewerbsvorteile. Basis für diese Anwendungen sind die strategischen Überlegungen der Unternehmensleitung und die Unterstützung dieser Strategien durch Informationssysteme.

Einfluss auf Anwendungssysteme

In den letzten Jahren wurden durch Business Process Re-Engineering Projekte viele den Anwendungssystemen zugrunde liegende Prozesse neu gestaltet. Diese Veränderungen haben einen

2 Strategische Informationsplanung

sehr starken Einfluss auf die Anwendungssysteme, jedoch weniger auf die Daten des Unternehmens.

2.3 Prozess der strategischen Informationsplanung

Die strategische Informationsplanung (SIP) führt einerseits die **Informationsbedarfsanalyse** und andererseits die Entwicklung der integrierten Strategie **(Strategieentwicklung)** für die gesamte Informationsverarbeitung eines Unternehmens beziehungsweise eines grösseren Unternehmensteils durch.

Abbildung 2-3: Viert Schritte der strategischen Informationsplanung

Die SIP ist die Voraussetzung für das Erreichen der Unternehmensziele mittels einer optimalen Unterstützung durch die Informationsverarbeitung.

Die Strategieumsetzung und die Strategieüberprüfung sind weitere Aufgaben der strategischen Planung und werden in diesem Buch nicht behandelt.

Die strategische Informationsplanung ist somit ein Managementinstrument zur Planung und Steuerung der Investitionen in die Informatik.

Problemstellungen

Ohne eine strategische Informationsplanung entstehen folgende Probleme in der Informatik eines Unternehmens:

- Unklare Aufgabenverteilung
- Distanz zwischen Fachbereich und Informatik
  Die Fachbereiche erkennen die geschäftlichen Möglichkeiten der Informationstechnik nicht, während die Informatik die Fachbereiche zu wenig versteht und sich ausserdem von

2.3 Prozess der strategischen Informationsplanung

neuen Technologien anstelle von unternehmerischen Bedürfnissen leiten lässt.

- Mangelhafte Planung und Umsetzung
  Die Prioritäten von Informatikprojekten beziehungsweise Budgets richten sich in vielen Unternehmen nach den Machtverhältnissen und nicht nach den unternehmerischen Bedürfnissen.

- Integrationshindernisse
  Die Integration von Insellösungen kommt nicht voran und das Unternehmen verliert Synergieeffekte.

Ergebnisse IT-Strategie

Die Hauptaufgabe der strategischen Informationsplanung besteht darin, eine IT-Strategie zu definieren und deren Implementierung zu überprüfen.

Die IT-Strategie muss unter anderem die folgenden Fragen beantworten [Curth/Wyss 1988]:

1. Für welche Gebiete sollen Informatikleistungen bereitgestellt werden?
   - Betriebliche Funktionen
   - Produkte / Verfahren
   - Strategische Geschäftsfelder
   - Strategische Erfolgsfaktoren
2. Welche Ziele werden mit der Bereitstellung der Informatikleistungen verfolgt?
   - Stärkung der Wettbewerbsposition
   - Rationalisierungspotentiale
   - Sozialziele
   - Technische Anpassungen
3. Welche technologischen und organisatorischen Voraussetzungen sind zu schaffen?
4. Welche qualitativen (zum Beispiel Know-how-Aufbau) und quantitativen personellen Voraussetzungen sind zu leisten?
5. Wie sollen die Kosten und Leistungen des Informatikeinsatzes behandelt werden?

Prozess

Die Komplexität der Aufgabe der Erarbeitung der IT-Strategie verlangt nach einem definierten Prozess, welcher die Teilaufgaben, Methoden, Werkzeuge und Ergebnisse beschreibt. Verschiedene Vorgehensmodelle sind heute auf dem Markt verfügbar. Am bekanntesten sind die Ansätze [vgl. auch Heinrich 1999]

2 Strategische Informationsplanung

- "Business System Planning" von IBM [IBM 1984],
- "Information Engineering" von James Martin [Martin 1990],
- "Informationssystem Management (ISM)" der Hochschule St. Gallen [Österle/Brenner/Hilbers 1991].

Diese Methoden produzieren eine Vielzahl von Modellen, welche verschiedene Sichten auf das Unternehmen dokumentieren. Einige dieser Modelle werden im Abschnitt 2.5 vorgestellt.

2.3.1 Beeinflussung der strategischen Planung durch IT-Technologie

Die strategische Planung wandelt sich infolge der Umweltveränderung, die heute sehr stark durch neue Informationstechnologien geprägt wird. Durch Informations- und Kommunikationstechnologien werden neue Distributionsformen oder Geschäftsformen möglich, die ohne diese Hilfsmittel nicht denkbar wären. Beispiele dafür sind virtuelle Unternehmen oder elektronische Marktplätze.

IT als Bestandteil der Unternehmensstrategie

Im Zuge der Abkehr von der anfänglichen Zielrichtung der Informationssysteme auf Kostensenkung und Produktivitätsverbesserung werden heute in den meisten Unternehmungen die Informationssysteme und deren Wettbewerbsvorteile in der Unternehmensstrategie berücksichtigt, dies bedeutet, die Informationstechnologie ist Bestandteil der Unternehmensstrategie.

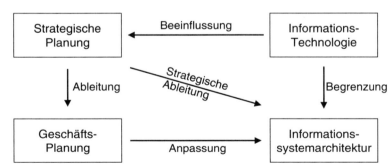

Abbildung 2-4: Technologie und Geschäftssphäre Quelle: in Anlehnung an Krcmar 1997

Es hat sich in der Vergangenheit gezeigt, dass durch Informationstechnologien neue Produktfelder eröffnet und Märkte beeinflusst werden können.

Einfluss WWW

Die effiziente Nutzung des Internets kann zu einem wichtigen Wettbewerbsfaktor nicht nur für die Dienstleistungsunternehmen werden. Mittels World Wide Web (WWW) können elektronische

2.3 Prozess der strategischen Informationsplanung

Dienstleistungen und Produkte sowie neue Märkte erschlossen werden. Als Beispiele seien hier die virtuellen Buchhandlungen erwähnt. Sie haben oft mehrere hunderttausend Titel im Angebot und offerieren Suchfunktionen über multimediale Kataloge. Auf den Büchern wird teilweise ein Preisrabatt von 20 bis 30% des Ladenpreises gewährt. Die Lieferung der Bücher erfolgt durch Paketdienste in die ganze Welt.

Zukünftiger Einfluss
Wenn man die Entwicklung des Einflusses der Informations- und Kommunikationstechnologie auf die Unternehmensstrategie in die nächsten Jahre projiziert, wird sie sehr wahrscheinlich die Unternehmensstrategie am stärksten beeinflussen.

2.3.2 Probleme bei fehlender Informatikstrategie aus der Sicht des Datenmanagements

Neue Anwendungssysteme werden heute auf der Basis von relationalen Datenbankmanagementsystemen (RDBMS) und graphischen Benutzeroberflächen (GUI) realisiert. Diese Anwendungssysteme benötigen *Zugriff auf den zentralen Datenbestand* des Unternehmens, der teilweise noch in herkömmlichen, nicht-relationalen Systemen wie beispielsweise hierarchischen Datenbankmanagementsystemen verwaltet wird.

Datenredundanzen
Die Überführung der Daten aus herkömmlichen Datenbankmanagementsystemen erfolgt meistens in relationale Datenbankmanagementsysteme. Aufgrund der fehlenden Informatik-Ressourcen und -Planungen werden jedoch die zentralen Anwendungssysteme in der Regel nicht angepasst. Diese redundanten Datenhaltungen führen dazu, dass Daten mehrfach kopiert und eventuell verändert werden.

Insellösungen
Infolge fehlender Kapazitäten der zentralen Informatikabteilungen wurden an verschiedenen Orten durch Benutzer - mittels Endbenutzerwerkzeugen (4GL-Werkzeuge) und dem Zugriff auf relationale Datenbanken - dezentrale Lösungen realisiert, welche kurzfristig halfen, die Geschäftsaufgaben zu unterstützen. Diese Systeme müssen heute aus verschiedensten Gründen in Gesamtlösungen integriert werden. Sie stehen jetzt einer Integration entgegen und erweisen sich als Hindernis bei der Zusammenführung von Unternehmensdaten, um zu aussagefähigen Informationssystemen zu kommen.

Häufig haben diese Systeme auch zu Mehrfacheingaben von Daten, Dateninkonsistenzen und damit zu zusätzlichen Kosten geführt. Die Erbauer dieser Systeme haben vielleicht das Unter-

Spezielle Technologien

nehmen verlassen oder haben neue Aufgaben übernommen. Kaum jemand kann diese Systeme mehr warten.

Die hohe Bindungsdauer durch Entscheidungen für den Einsatz spezieller Technologien, wie Datenbanksysteme oder Netzkonzeptionen, legen eine Unternehmung auf lange Zeit fest und bestimmen deren Möglichkeiten zur Informationsverarbeitung. Die Nutzung von neuen Informationstechnologien ohne Abstimmung mit der Informatikstrategie kann eventuell zu Insellösungen führen, welche nur mittels grossem Aufwand zu einem späteren Zeitpunkt in eine Gesamtarchitektur integriert werden können.

2.4 Modelle und Architekturen

Die Ergebnisse der IT-Strategie werden vor allem in Modellen dargestellt, welche die einzelnen Sichten auf das Unternehmen beziehungsweise auf die Informationsverarbeitung festhalten.

2.4.1 Einführung in Modelle

Die Konstruktion komplexer technischer Systeme wird zunehmend geprägt durch das Erstellen und Erproben von Modellen, die ein wichtiger Bestandteil der Informationsplanung sind.

In der Abbildung 2-5 wird eine Unternehmung in einem System-Modell dargestellt.

Abbildung 2-5: Unternehmung als System

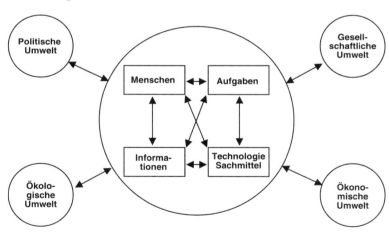

Eine Unternehmung kann nie mit einem einzigen Modell dargestellt werden. Von der "Unternehmung" als System gibt es zum Beispiel ein

- finanzwirtschaftliches Modell,
- materialwirtschaftliches Modell,
- betriebspsychologisches Modell.

Ein Modelltyp, mit dem sich insbesondere das Datenmanagement beschäftigt, ist das Datenmodell, welches die Daten des Unternehmens, eines Unternehmensbereiches oder auch nur eines einzelnen Anwendungssystems repräsentiert.

2.4.2 Architektur

Unter dem Begriff „Architektur" wird allgemein die angewandte Baukunst verstanden. Wenn der Begriff „Architektur" auf die Informatik bezogen wird, bedeutet dies die Beschreibung der einzelnen Komponenten (z.B. Daten, Funktionen, Hardware), aus denen ein System besteht und deren Zusammenspiel.

Informationsarchitektur

Über die Informationsarchitektur werden die vom Unternehmen verrichteten Aktivitäten und die zur Durchführung erforderlichen Informationen definiert.

Anwendungssystemarchitektur

Die Anwendungssystemarchitektur beschreibt die zur Unterstützung der Informationsarchitektur erforderlichen Anwendungssysteme und Datenspeicher.

Technische Architektur

Die technische Architektur beschreibt die zur Unterstützung der Anwendungssystemarchitektur notwendige Hardware- und Software-Umgebung.

Weitere Beispiele für Architekturen sind:

- Rechnerarchitekturen
- Betriebssystemarchitekturen
- Client-Server Architekturen
- Datenbankarchitekturen.

2.4.3 Framework

Da jede dieser Architekturen nur einen Teilbereich eines Informationssystems darstellt, müssen diese Architekturen in eine Gesamtarchitektur integriert werden.

John A. Zachman hat diesen Raster unter der Bezeichnung "Framework for information systems architecture" erstmals 1987 [Zachman 1987] veröffentlicht.

Aus der Sicht des Datenmanagements beantwortet das Framework die folgenden Fragen:

2 Strategische Informationsplanung

- Was für Daten werden verarbeitet?
- Wie werden die Daten verarbeitet?
- Wo werden die Daten verarbeitet?

Abbildung 2-6: The Enterprise Architecture Framework

In den letzten Jahren wurde das Framework um weitere Dimensionen erweitert:

- Personen/Organisationen (WER, WHO)
- Zeitpunkte (WANN, WHEN)
- Motivationen (WARUM, WHY)

Definition

Das erweiterte Framework wird heute als Unternehmensarchitektur (Framework for Enterprise Architecture) bezeichnet. Die Definition gemäss Zachman [Zachman 1997]:

> That set of descriptive representations (models) that are relevant for describing an enterprise such that it (the enterprise) can be produced to management's requirements (quality) and maintained over the period of its useful life (change).

Das Enterprise Architecture Framework besteht aus mehreren Dimensionen, die mittels eines eigenen Modells oder einer eigenen Architektur beschrieben werden [vgl. Inmon/Zachman/ Geiger 1997]. Die Komplexität der Modelle und deren Beziehung kann ohne Werkzeuge nicht verwaltet werden. Die Erfassung der unterschiedlichen Modelle erfolgt in der Regel durch verschiedene Werkzeuge.

Eine Aufgabe des Datenmanagements ist die Zusammenführung dieser Modelle in einer zentralen Datenbank - dem **Metadatenmanagementsystem** (vgl. hierzu Kapitel 6).

2.5 Informationsbedarfsanalyse und Strategieentwicklung

Die Strategieentwicklung erfolgt über ein phasenweises Vorgehen. Beim Vergleich der verschiedenen Ansätze lässt sich ein gemeinsames Grundschema erkennen, das grob in vier Phasen aufgeteilt werden kann:

- Schaffung der organisatorischen Voraussetzungen für *das Projekt* (Where We Start)
- Analyse der *Ist-Situation* (Where We Are Today)
- Definition eines *Soll-Konzeptes* (Where We Want to Be in the Future)
- Erstellung einer *Umsetzungsplanung* (How We Get There)

Abbildung 2-7: Die vier Phasen der Strategieentwicklung

Voraussetzung

Als Voraussetzung für die Strategieentwicklung sollten folgende Vorgaben vorhanden sein:

- Die **strategische Unternehmensplanung** liefert wichtige Informationen für die strategische Informationsplanung. Von der Unternehmensstrategie, welche Aussagen über die Entwicklungsrichtungen (Wachstum, Stabilisierung, Desinvestition) macht, über die Geschäftsbereichsstrategie bis zur Funktionsbereichsstrategie beschreiben diese Grundsätze und Leitlinien für die IS-Strategie.

- Die **organisatorischen Leitlinien** beschreiben die IS-Organisation mit ihren Gremien, die IS-Prozesse und Entscheidungsprozesse, die Aufgaben des IS-Controllings inklusive der Regelung über die Verrechnung der IS-Leistungen. Das Informatik-Leitbild ist ebenfalls Bestandteil dieser Leitlinien.

Entwicklungsaufwand

Der Aufwand für die Entwicklung einer Informatikstrategie ist stark abhängig von den bereits verfügbaren Ergebnissen und der vorgegebenen Projektdauer.

Beim Vorgehen gemäss „Enterprise Architecture Planning" [Spewak 1993] beträgt der Aufwand für die einzelnen Schritte

1. Projektinitialisierung 2.5%
2. Ist-Situation 15%
3. Sollkonzept 70%
    - Geschäftsfunktionsarchitektur 30% (Preliminary Business Model and Enterprise Survey)
    - Datenarchitektur 15% (Data Architecture)
    - Anwendungssystemarchitektur 15% (Application Architecture)
    - Technologie Architektur 10% (Technology Architecture)
4. Implementierungs- und Migrationsplan 12.5% (Migration Planning)

2.5.1 Projektinitialisierung

Projektziele

In einem ersten Schritt werden die Ziele und Inhalte der Informationsbedarfsanalyse und Strategieentwicklung (vgl. Abbildung 2-3) definiert. Mit dem Auftraggeber müssen die Projektziele priorisiert und gegliedert werden.

Weitere Schritte der Projektinitialisierung sind die Festlegung des Projektteams, Projektplanung, Festlegung von Dokumentationsregeln und Werkzeugen, Auswahl der Interviewpartner und Abstimmen der Vorgehensweise mit den Projektauftraggebern.

Methoden-auswahl	Aus der Vielzahl von Methoden zur Bewertung von strategischen Wettbewerbsvorteilen, Produktivitätsverbesserungen und Kosten-einsparungen müssen die richtigen Methoden für das Projekt bestimmt werden [vgl. Nagel 1990; Lehner 1993].
Überprüfung Zielstruktur	Die klar definierten und strukturierten Unternehmensziele stellen eine wesentliche Grundlage dar, um zu priorisieren und zu bewerten. Die Zielstruktur ist – als Element der Unternehmensplanung – eine Voraussetzung für die strategische Informationsplanung. Sie wird im Rahmen des Projektes einer Prüfung unterzogen oder erstellt.

2.5.2 Anwendungssystemportfolio

Übersicht über Anwendungen	Das Anwendungssystemportfolio wird in der Phase Ist-Situation erarbeitet. Es beinhaltet die Beschreibung aller Anwendungen nach einem einheitlichen Schema und die Bewertung der Anwendungen nach verschiedenen Kriterien.
	Unter der Annahme, dass heute kein aktuelles Anwendungssystemportfolio vorhanden ist, wird im ersten Schritt eine Liste der bestehenden und geplanten Anwendungen erstellt.
Technische Kriterien	Zur Beurteilung der Anwendungen werden technische Kriterien benötigt. Beispiele für technische Kriterien können Wartungsaufwand (Änderungen, Optimierung, Stabilisierung, Erweiterung), Einflussfaktoren auf die Wartung (Qualität der Dokumentation, Programmiertechnik, Tooleinsatz) und die zugrundeliegenden Technologien sein.
Fachlichen Kriterien	Zu den fachlichen Kriterien werden der Abdeckungsgrad der funktionalen Anforderungen und die Benutzerfreundlichkeit gezählt.
Anwendungs-beschreibung	Die Anwendungsbeschreibung umfasst die funktionale Beschreibung (Aufgabenstellung, Programmfunktionen), Datenstrukturen, Dateneingabe und –ausgabe, Mengengerüst, Schnittstellen zu anderen Anwendungen, Betriebsart (Online, Batch), Benutzer (Benutzerkreis und Verwendungshäufigkeit), Nutzen, Entwicklungsgeschichte und die Kennzeichnung als Eigen- oder Fremdprodukt.
	Ausgehend von diesen Informationen kann eine grobe Systemübersicht erstellt werden.

2.5.3 Technologieportfolio

Im Unternehmen werden diverse Basissoftware und Technologien eingesetzt. Diese Infrastrukturkomponenten müssen in der Phase Ist-Situation erfasst und strukturiert werden. Die Struktur könnte zum Beispiel wie folgt aussehen:

Tabelle 2-2: Technologiearchitektur

Technologie-architektur	Externe Partner	Arbeitsplatz	LAN-Server	Enterprise Server
Hardware				
		Apple	Sun	IBM ES9000
System Layer				
Betriebssystem		LINUX	SOLARIS	OS/390
Kommunikation	Extranet	TCP/IP	TCP/IP	SNA
DBMS Middleware				
DBMS		DB2/UDB	ORACLE	DB2/UDB
TP – Monitor			CICS	CICS
ORB			-	-
System Management				
		-	Patrol	Patrol
Bürokommunikation				
Text		Staroffice	-	-
Mail		Lotus Notes	-	-
Anwendungsentwicklung				
Programmiersprache		C++ Java	C++	Cobol II
GUI-Tool		-	-	-
CASE-Tool		-	Rational Rose	-
Testwerkzeug		-	-	-

2.5.4 Geschäftsfunktionsarchitektur

Wertekette

Der Begriff „betriebswirtschaftliche" bzw. „betriebliche Funktion oder Geschäftsfunktion" im Sinne von betrieblicher Verrichtung wurde durch die Funktionslehre im Rahmen der allgemeinen Betriebswirtschaftslehre geprägt. Die Sequenz der Geschäftsfunktionen wird als Wertekette respektive Wertschöpfungskette der Unternehmung bezeichnet. Die Geschäftsfunktionen werden in primäre und unterstützende Funktionen unterteilt [vgl. Porter 1997].

Abbildung 2-8: Geschäftsprozess Architektur

Die primären Geschäftsfunktionen sind auf den Umsatzstrom ausgerichtet, z.B. Beschaffung, Produktion, Logistik, Absatz/Vertrieb und Kundendienst. Unterstützende Funktionen sind die Unternehmensinfrastruktur (Rechnungswesen, etc.) und die Technologieentwicklung.

Zachman-Framework

Die Geschäftsfunktionsarchitektur deckt die Planungs-Sicht und Benutzer-Sicht der Funktionskolonne im Zachman-Framework ab (vgl. Abbildung 2-6).

Vorgehen

Ausgehend von einer allgemeinen Wertschöpfungskette werden die Hauptfunktionen eines Unternehmens in der Phase Sollkonzept definiert und mittels objekt- oder verrichtungsorientierter Zerlegung über mehrere Ebenen verfeinert. Die Funktionsstruktur stellt eine redundanzarme Beschreibung der betrieblichen Aufgaben dar.

2.5.5 Datenarchitektur

Geschäftsdaten

Die Datenarchitektur identifiziert und beschreibt die hauptsächlichen Geschäftsdaten, welche ein Unternehmen für die Abwicklung der Funktionen benötigt [Vetter 1998]. Die Datenarchitektur besteht aus einem groben Datenmodell, Beschreibung der Datenklassen, deren Beziehungen und den wichtigsten Attributen.

Bestandteil der Datenarchitektur ist ebenfalls die Matrix Geschäftsfunktionen/Entitätstypen. Mit dieser Matrix wird festgehalten, welche möglichen Auswirkungen Geschäftsfunktionen auf Daten haben. Geschäftsfunktionen können Daten prinzipiell entstehen lassen (**C**REATE), lesen (**R**EAD), verändern (**U**PDATE) oder löschen (**D**ELETE). Die CRUD-Matrix zeigt, welche Funktion welche Manipulationen an den Daten vornimmt.

Tabelle 2-3: CRUD Matrix

		Entitätstyp		
		Kunde	Vertrag	Produkt
Geschäftsfunktion:	Kunde verwalten	C, D, U		
	Auftrag erfassen	R	C	R
	Produkt verwalten			C, D, U

Zachman-Framework

Die Datenarchitektur deckt die Planungs-Sicht und Benutzer-Sicht der Datenkolonne im Zachman-Framework ab (vgl. Abbildung 2-6).

Vorgehen

Für die Entwicklung der Datenarchitektur (Unternehmens-Datenmodell) in der Phase Sollkonzept gibt es verschiedene Vorgehens- und Darstellungsweisen.

Anstelle der Entwicklung von eigenen Datenmodellen können inzwischen verschiedene Referenzdatenmodelle (Branchenmodelle, Unternehmens-Datenmodel oder Bereichsdatenmodelle) gekauft werden. In Kapitel 5 werden die Vor- und Nachteile bei der Verwendung von Referenzmodellen ausführlich behandelt.

2.5.6 Anwendungssystemarchitektur

Das Ziel der Anwendungsarchitektur ist die Festlegung der wichtigsten Anwendungssysteme, welche für die Verwaltung der Daten und die Unterstützung der Geschäftsfunktionen benötigt werden.

Abbildung 2-9: Anwendungssystemarchitektur eines Finanzinstitutes

Zachman-Frameworks

Die Anwendungssystemarchitektur deckt die Benutzer-Sicht der Funktionskolonne des Zachman-Frameworks (vgl. Abbildung 2-6).

Vorgehen

Die Entwicklung der Anwendungssystemarchitektur erfolgt über mehrere iterative Schritte in der Phase Sollkonzept. Als Ausgangspunkt kann entweder die Geschäftsprozessarchitektur oder die Datenarchitektur verwendet werden.

1. Die verschiedenen Sichten (Soll, Ist) werden integriert und die Abhängigkeiten zwischen den einzelnen Anwendungsgruppen abgestimmt.

2. Zur Qualitätssicherung werden die Anwendungssysteme und Geschäftsfunktionen gegenübergestellt.

2.5.7 Technische Architektur

Das Ziel der technischen Architektur ist die Bereitstellung der optimalen Umgebung, welche für das Betreiben der Anwendungen notwendig ist. Dies geschieht in der Phase Sollkonzept.

Abbildung 2-10: Technische Architektur

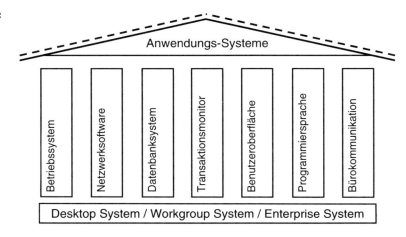

Zachman-Framework

Die technische Architektur beschreibt die Benutzer-Sicht der Netzwerkkolonne des Zachman-Frameworks (vgl. Abbildung 2-6).

Die Chancen und Risiken beim Einsatz neuer Technologien sind sicherlich für jede Organisation sehr differenziert zu betrachten. Generell kann nach Wildemann [Wildemann 1986] zwischen einer Strategie des „Frühen Einstiegs" und des „Abwartens" unterschieden werden.

Tabelle 2-4: Chancen und Risiken des Einstiegs in Technologien in Anlehnung an Wildemann

	Früher Einstieg	**Strategie des Abwartens**
Chancen	• Aufbau oder Ausbau eines Wettbewerbvorsprungs • Intensive Unterstützung durch Hersteller • Anwenderspezifische Technologie	• Sprunghafte Technologieverbesserung kann abgewartet werden. • Bessere Kompatibilität • Nutzung der Erfahrung Externer
Risiken	• Frühe Technologiefixierung • Kompatibilität nicht gewährleistet • Unsicherheit der Technologieentwicklung	• Verschlechterung der relativen Wettbewerbsposition • Geringerer Know-How Gewinn

2.5 Informationsbedarfsanalyse und Strategieentwicklung

Im Grundsatz ist ein früher Einstieg nur dann zu empfehlen, wenn klare Wettbewerbsvorteile gegenüber der Konkurrenz aufgebaut werden können.

2.5.8 Implementierungs- und Migrationsplan

Die bisher erarbeiteten Architekturen bilden die Zukunftsvision eines Unternehmens. Ausgehend von dieser Vision muss nun ein Implementierungs- und Migrationsplan erstellt werden. Diese Pläne beschreiben, in welchen Schritten das Unternehmen in den nächsten Jahren die Architekturen inkrementell implementieren will.

Projektantrag

In der Anwendungssystemarchitektur werden möglicherweise über hundert Anwendungssysteme definiert. Für jedes neue Anwendungssystem oder einer Änderung an einem bestehenden Anwendungssystem muss ein Projektantrag erstellt werden. Aufgrund der Abhängigkeiten zwischen den einzelnen Systemen muss auch die Reihenfolge der Bearbeitung festgelegt werden.

Implementierungsplan

Das Projektportfolio beinhaltet eine nach festgelegten Kriterien geordnete Menge von potentiellen Anwendungs-Projekten (Wartung / Neuentwicklung). Aufgrund der verfügbaren Kapazitäten und dem Projektportfolio wird der Implementierungsplan erstellt.

2.6 Kernaussagen zur Strategischen Informationsplanung

> *1. Die Strategien von Unternehmen, die aufgrund ihrer Marktstellung und ihrer Produkte sehr von Informationen und Wissen abhängig sind, werden zunehmend direkt durch die Möglichkeiten der Informationstechnologien beeinflusst. Es entsteht eine Wechselwirkung zwischen Unternehmensstrategie und Informationsstrategie.*
>
> *2. Die Antwort der Informatikverantwortlichen auf diese Herausforderung muss in der Entwicklung einer Informatikstrategie durch eine Strategische Informationsplanung bestehen.*
>
> *3. Die verschiedenen Modelle und Architekturen, die während dieses Prozesses entstehen und die unterschiedlichen Sichten auf das zukünftige Informationssystem des Unternehmens repräsentieren, werden in einem Rahmenwerk wie dem Zachman-Framework zu einer Gesamtarchitektur miteinander verbunden.*
>
> *4. Die Modelle und Architekturen, für welche Datenmanagement verantwortlich ist, werden in der Dimension „Daten" über verschiedene Abstraktionsebenen beschrieben.*
>
> *5. Eine strategische Informationsplanung und eine daraus resultierende Gesamtarchitektur ist unabdingbar, wenn die verschiedenen Architektur- und Modellüberlegungen aufeinander abgestimmt werden sollen, um darauf eine Informatikstrategie aufzubauen.*

3 Datenmanagement – eine Erfolgsposition im Unternehmen

Der Treiber „Information als betriebliche Ressource" wird in diesem Teil dargestellt und sein Nutzen beurteilt. Die Überlegungen zum Rohstoff „Information" werden auf die Ressource „Daten" als Rohware der Information adaptiert. Es wird dargelegt, warum Daten im Unternehmen professionell organisiert sein müssen, welchen Erfolgsbeitrag das Datenmanagement leisten kann und welche Probleme gelöst werden müssen.

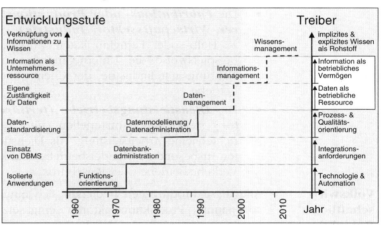

Abbildung 3-1: Treiber des Datenmanagements

3.1 Motivation

Heute ist in den meisten Unternehmen die Bedeutung der Informationen bekannt, jedoch werden die notwendigen Konsequenzen hinsichtlich des professionellen Managements des Gutes „Information" noch nicht überall gezogen.

Angelehnt an das Management der klassischen Produktionsfaktoren wird in den folgenden Abschnitten erklärt, wieso der Stellenwert des Managements von Daten und Informationen höher sein müsste.

3.2 Klassische Produktionsfaktoren

Güter

Zur Befriedigung der Bedürfnisse des Menschen bedarf es Güter. Diese können unterteilt werden in freie und wirtschaftliche Güter. Die wirtschaftlichen Güter werden in Sachgüter (Waren oder materielle Güter) und in Dienstleistungen (immaterielle Güter) gegliedert.

Arbeitsaufteilung

Im Prozess der Güterbeschaffung und Güterbereitstellung herrscht zwischen den Produzenten weitgehend Arbeitsaufteilung:

- Die **Rohstoffgewinnungsbetriebe (primärer Wirtschaftssektor, Urproduktion)** haben die Gewinnung der Naturprodukte zur Aufgabe. Beispiele hierfür sind die Landwirtschaft, die Fischerei, der Bergbau oder die Energieerzeugung.

- Die **Fabrikations- oder Produktionsbetriebe (sekundärer Wirtschaftssektor, Industrie)** verarbeiten Rohstoffe zu Halb- oder Fertigfabrikaten. Zu dieser Gruppe gehören beispielsweise die Unternehmungen der Maschinen- und Nahrungsmittelindustrie, der Chemie sowie die Handwerksbetriebe.

- Die **Dienstleistungsbetriebe (tertiärer Wirtschaftssektor)** stellen keine materiellen Güter her, sondern sie verrichten eine Arbeitsleistung. Als Dienstleistungsbetriebe gelten insbesondere Handelsbetriebe, Banken, Versicherungen, Verkehrsbetriebe oder Reisebüros.

Volkswirtschaftliche Produktionsfaktoren

Alle diese Produzenten bedienen sich eines Prozesses, in dem sogenannte Produktionsfaktoren eingesetzt und miteinander kombiniert werden. In der Volkswirtschaftslehre unterscheidet man die drei Produktionsfaktoren Natur (Boden), Arbeit und Kapital.

Betriebswirtschaftliche Produktionsfaktoren

Die Betriebswirtschaftslehre bezeichnet alle Elemente, die im betrieblichen Leistungserstellungsprozess miteinander kombiniert werden, als Produktionsfaktoren. In der Betriebswirtschaftslehre werden die Produktionsfaktoren somit anders definiert und abgegrenzt als in der Volkswirtschaftslehre. Die Arbeit wird unterteilt in dispositive und ausführende Arbeit. Die beiden anderen Produktionsfaktoren sind Betriebsmittel (Grundstücke, Maschinen, Werkzeuge) und Werkstoffe (Rohstoffe, Hilfsstoffe, Betriebsstoffe).

3.3 Produktionsfaktor Information

Weitere Faktoren

In verschiedenen Abhandlungen wurden die drei klassischen Produktionsfaktoren um weitere Faktoren wie zum Beispiel „technischer Fortschritt", „Wissen" oder „Informationen" erweitert. In diesem Buch geht es nicht um die klassischen Produktionsfaktoren, sondern um den Produktionsfaktor „Information" und hier insbesondere um den Teilaspekt „Daten".

3.3 Produktionsfaktor Information

3.3.1 Definitionen

Daten, Information, Wissen

Daten, Informationen und Wissen sind Schlüsselbegriffe in der Wirtschaftsinformatik. Trotz vieler Bemühungen ist es bisher nicht gelungen, allgemein akzeptierte Definitionen für den Begriff Information und die damit eng verbundenen Begriffe Daten und Wissen zu entwickeln. Bei der Verwendung dieser Begriffe entstehen Unklarheiten, Unsicherheiten und Missverständnisse.

Abbildung 3-2: Begriffshierarchie in Anlehnung an [Rehäuser/ Krcmar (1996)]

In diesem Buch werden die folgenden Definitionen verwendet [Maier 1996]:

Daten	Die Gesamtheit der verfügbaren Texte, Zahlen und Statistiken, Graphiken, Bilder, Audio- und Videodokumente usw. - unabhängig von deren Nutzung für die jeweilige Unternehmung.
Informationen	Jene Teilmenge der Daten, welche für die eigene Unternehmung ausgewählt, geordnet, gespeichert und verfügbar gemacht wird.
Wissen	Von Menschen verstandene, verknüpfte und ***angewendete Informationen***.

3.3.2 Nutzen Produktionsfaktor Information

Kombination der klassischen Produktionsfaktoren

Bei genauerer Betrachtung der Herstellung eines Gutes stellen wir fest, dass es allein aufgrund der drei klassischen Produktionsfaktoren Arbeit, Natur/Boden und Kapital gar nicht möglich ist, ein Gut herzustellen. Die Analyse des betrieblichen Herstellungs- und Verwertungsprozesses von Produkten zeigt, dass Information und Wissen zur Kombination der klassischen Produktionsfaktoren unumgänglich ist. Beispielsweise benötigt man für die Herstellung des Gutes die folgenden Informationen:

- Welche Elemente werden in welcher Menge benötigt?
- Wo können die Elemente am Besten in der gewünschten Qualität und Quantität beschafft werden?
- Wie muss die Verarbeitung der Elemente in einem optimalen Prozess erfolgen?

Abbildung 3-3: Leistungserstellungsprozess und Produktionsfaktoren

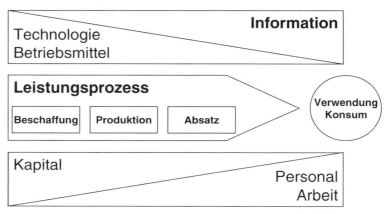

Interne und externe Informationen

Je hochwertiger und innovativer heute ein Produkt ist (ein neues Medikament, eine neue Bank- oder Versicherungsdienstleistung, und anderes mehr), desto höher ist auch der Anteil von Information und Wissen am Entwicklungs-, Herstellungs- und Vertriebsprozess. Ausgehend von diesen Fragestellungen muss jedes Unternehmen Prozesse festlegen, die Beschaffung und Verwaltung der Informationen beschreiben. Informationen fallen intern im Unternehmen an oder können extern von verschiedenen Quellen beschafft werden. Die wirtschaftliche Beschaffung von externen Informationen ist heute ein nicht zu unterschätzender Erfolgsfaktor.

Informationslager WWW

Startet man heute eine Suchabfrage im grössten Informationslager der Welt - im World Wide Web - so erhält man eine Vielzahl von Informationen. Der Aufwand, die richtigen Informationen zu

	finden, kann einerseits ins Unermessliche steigen, aber andererseits kann durch einen einzigen erfolgreichen Zugriff ein grosser Nutzen erzielt werden.
Veredelungs-Prozess	Es gibt verschiedene Unternehmen, deren Aufgabe in der Beschaffung, Verarbeitung und Veredelung von Informationen besteht. Die Herausforderung eines Unternehmens besteht nun darin, die internen und die externen Informationen zusammenzuführen und daraus neue Informationen zu gewinnen. Jedes Unternehmen benötigt daher einen Prozess, mit dem beschrieben wird, wie der Rohstoff "Daten" zu gewinnen ist und die Veredelung zur Ressource „Information" führt.
	Der Ressource „Information" muss in innovativen Unternehmen eine ebenso grosse Aufmerksamkeit geschenkt werden wie den anderen Produktionsfaktoren.

3.4 Bewirtschaftung des Produktionsfaktors Information

Informationen bilden die Grundlage für Entscheidungen in Unternehmungen und sind damit ein wesentlicher Produktionsfaktor im betrieblichen Leistungserstellungsprozess.

Kritischer Erfolgsfaktor Information	Der effiziente Einsatz des Produktionsfaktors „Information", der Nutzungs- und Durchdringungsgrad der informationstechnologischen Möglichkeiten hat je nach Branche und Marktposition einen starken Einfluss auf die Wettbewerbsfähigkeit eines Unternehmens. Die rechtzeitige Bereitstellung von Informationen sowie die Möglichkeit der schnellen und flexiblen Informationsverarbeitung sind zum kritischen Faktor für den Unternehmenserfolg geworden.
	In jedem Unternehmen sollten Informationen zielorientiert beschafft beziehungsweise bereitgestellt werden. Dafür müssen sie qualitativen Anforderungen genügen. Zudem sind sie unter Kosten/Nutzen Gesichtspunkten zu beurteilen.
Prozess Informationswirtschaft	Das Management des Produktionsfaktors „Information" besteht aus einer Vielzahl von Aufgaben. Diese werden zum Prozess Informationswirtschaft zusammengefasst. Levitan [Levitan 1982] und Krcmar [Krcmar 1997] haben dazu ein Lebenszyklusmodell der Informationswirtschaft entwickelt.
	Das Management des Produktionsfaktors „Information" muss folgende Fragen in Anlehnung an [Bea/Haas 1997] beantworten:

- Welche Informationen sind zu beschaffen und zu verarbeiten?
- Welche Aufgaben fallen dabei an?
- Wie können diese Aufgaben organisiert werden?
- Welche Techniken und Werkzeuge stehen zur Unterstützung dieser Aufgaben zur Verfügung?

3.4.1 Informationsbedarf und Informationsnachfrage

Der Informationsbedarf ist die Gesamtheit aller Informationen, welche für die Führung des Unternehmens erforderlich sind. Der objektive Informationsbedarf ist der für die Aufgabenerfüllung benötigte Bedarf an externen, umweltbezogenen sowie an internen, unternehmensbezogenen Informationen.

Subjektive Bedarf

Der subjektive Informationsbedarf stellt das Bedürfnis nach Informationen aus der Sicht einer Person dar, welche diese für die Aufgabenerfüllung als notwendig betrachtet.

Geäusserte Bedarf

Der tatsächlich geäusserte Informationsbedarf, die Informationsnachfrage der Person, stellt eine Teilmenge des subjektiven Bedarfs dar.

Kennzeichen des Informationsbedarfs

Der Informationsbedarf kann gemäss Bea/Haas [Bea/Haas 1997] nach folgenden Kriterien sachlich gekennzeichnet werden:

- *Relevanz*
  Informationen können unterschiedliche Grade der Relevanz besitzen.
- *Differenziertheit*
  Informationen können einerseits über spezifische Teilaspekte informieren und andererseits nur globale Zusammenhänge betreffen.
- *Operationalität und Präzision*
  Qualität der Informationen.
- *Zuverlässigkeit*
  Informationen können unterschiedliche Grade an Zuverlässigkeit aufweisen. Sie sind in der Regel um so unsicherer, je weiter sie in die Zukunft hineinreichen.
- *Aktualität / Exklusivität*
  Informationen können rechtzeitig oder verspätet eintreffen, wodurch ihr Wert für den Nachfrager erheblich gemindert wird. Stehen die Informationen dem Nachfrager exklusiv zur Verfügung, steigert sich der Wert der Information.

3.4 Bewirtschaftung des Produktionsfaktors Information

Konkrete Bedarf

Der konkrete Informationsbedarf kann letztlich nur unter Berücksichtigung aller Anforderungen und Gegebenheiten des Unternehmens bestimmt werden. Die Bestimmung des Informationsbedarfs ist ein wichtiger Bestandteil des Informationsbewirtschaftungs-Prozesses.

3.4.2 Informationsangebot

„Ein halbes Jahrtausend nach Gutenberg ist nicht der Mangel, sondern der Überfluss an Information unser grösstes Problem" [Dorn 1994].

Informationsüberfluss

Die zielgerichtete Beschaffung von relevanten Informationen wird zunehmend nicht durch den Mangel, sondern durch den Überfluss an verfügbaren Daten und Informationen erschwert. In vielen Unternehmen decken sich der Informationsbedarf (objektiver Informationsbedarf), Informationsnachfrage (subjektiver Informationsbedarf) und Informationsangebot nicht.

Abbildung 3-4: Informationsbedarf, -angebot und -nachfrage Quelle: [Picot (1988)]

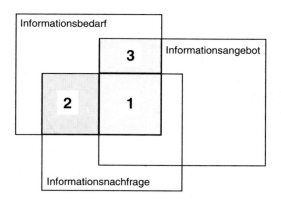

Feld 1

Wie aus der Abbildung 3-4 ersichtlich ist, deckt der Informationsstand (1. Feld) die erforderlichen, nachgefragten und angebotenen Informationen ab. Die Abbildung zeigt auch, dass verschiedene Diskrepanzen bestehen.

Feld 2

Feld 2 zeigt die erforderlichen Informationen, die nachgefragt, aber nicht angeboten werden, weil
- die Daten intern nicht gesammelt werden oder
- die Daten auch extern nicht beschafft werden können.

Feld 3

Feld 3 symbolisiert die objektiv erforderlichen Informationen, die angeboten, aber aus Unkenntnis der Verfügbarkeit oder aus Unkenntnis der Notwendigkeit nicht nachgefragt werden.

3.4.3 Informationsbeschaffung

Die Informationsbeschaffung umfasst sämtliche Aktivitäten der Erkennung und Sammlung von Informationen.

Information overload

Die Beschaffung der Informationen hat grundsätzlich unter dem Gesichtspunkt der Wirtschaftlichkeit und in Abstimmung mit dem Informationsbedarf zu erfolgen. Die Beschaffung oder Aufbewahrung aller verfügbaren Informationen, unabhängig von einem konkreten Bedarf, führt zur Gefahr eines "Information overloads".

Auswahl der Informationsquellen

Eine wesentliche Aufgabe der Informationsbeschaffung ist die Auswahl der Informationsquellen, die sowohl innerhalb als auch ausserhalb des Unternehmens angesiedelt sein können. Als externe Quellen werden sehr oft Online-Datenbanken verwendet.

3.4.4 Informationsverarbeitung

Die Informationsverarbeitung erfolgt heute zum grössten Teil mit computergestützten Informationssystemen. Dieses betrifft die Gesamtheit von Menschen (Benutzern), Maschinen (Hard- und Software) sowie deren Informations- und Kommunikationsbeziehungen.

Abbildung 3-5: Informationsverarbeitung

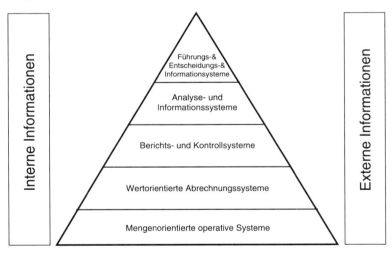

Aufgabe eines Informationssystems ist die Unterstützung von Planungs- und Kontrollprozessen durch eine adäquate Bereitstellung relevanter Informationen für verschiedene Zwecke der operativen Geschäftsabwicklung, der Unternehmenssteuerung und -kontrolle, etc.

3.4.5 Informationen und Daten

Daten gehen als *Rohware* in viele Informationen ein. Die Darstellungen in diesem Abschnitt bezüglich Informationsbedarf und -nachfrage, -angebot, -beschaffung und -verarbeitung lässt sich sinngemäss auch auf die Rohware Daten übertragen. Betrachtet man die Komponenten eines Informationssystems, so kann man feststellen, dass die Daten den stabilen Kern des Informationssystems repräsentieren.

Trends

Es gibt kaum eine Ingenieurdisziplin, die von so vielen Trends und Moden bestimmt sowie einem so enormen und permanenten technischen Wandel unterzogen ist wie die Informatik. Schlagworte der Vergangenheit und Gegenwart sind etwa „Unternehmensweite Datenmodelle", „Viert-Generationen-Sprachen", „CASE", „Relationale Datenbanksysteme", „Objekt-Orientierung", „Workflow", „Business-Process-Reengineering","Internet und Intranet" , „Data Warehouse", und anderes mehr.

Grundprinzipien

Allen diesen Veränderungen und Weiterentwicklungen zum Trotz gibt es aber auch in dieser Disziplin einige Grundprinzipien, die unumstösslich sind und über den Tag hinaus ihre Bedeutung behalten. Eines dieser Grundprinzipien ist das binäre System. Ein anderes Grundprinzip stellt die Tatsache dar, dass der langlebigste Bestandteil eines Informationssystems die Daten sind; langlebiger als die technische Plattform, auf der sie gespeichert sind, langlebiger als die Software, mit der sie verarbeitet werden. Die Daten, die wir heute in unseren Kundendatenbanken speichern sind im Kern die gleichen, die früher auf den Karten der Kundenkartei zu finden waren.

Daten als Ressource des Unternehmens

Es ist daher gerechtfertigt, die Daten ebenso wie die Informationen als Unternehmensressource zu betrachten, die professionell geplant, beschafft, verwaltet und genutzt werden muss, ebenso wie wir es von den klassischen Produktionsmitteln kennen.

3.5 Datenmanagement im Unternehmen

Die Antwort auf diese Herausforderung ist die Etablierung eines Datenmanagements (vgl. [Meier 1994] und [Biethahn/Rohrig 1990]) im Unternehmen.

> Wir verstehen unter Datenmanagement einerseits alle **Prozesse**, welche der Planung, Beschaffung, Verwaltung und Nutzung der Unternehmensressource Daten dienen, und andererseits die **Organisationseinheiten**, welche für diese Prozesse gesamthaft verantwortlich sind.

3.5.1 Die klassischen Funktionen des Datenmanagements

Die klassischen Funktionen, welche das Datenmanagement abdeckt, sind die Datenbankadministration, die Datenadministration, die Datenmodellierung respektive die Datenarchitektur. Diese Funktionen sind nicht alle zur gleichen Zeit entstanden, sondern haben sich, wie das Datenmanagement insgesamt, in einem stetigen Entwicklungsprozess über die letzten 20 Jahre herausgebildet.

Funktion	Aufgaben	Methoden	Hilfsmittel
Datenbank-administration	Definition und Verwaltung der logischen und physischen Datenbankobjekte	• Entwurfsmethoden • Testmethoden • Sicherstellungsmethoden	• Entwurfswerkzeuge • Technische Hilfsmittel • Kataloge • Repositorysysteme
Daten-administration	Verwaltung der konzeptionellen und logischen Datenmodelle und deren Objekte gemäss Zachman-Framework	• Entwurfsmethoden • Standardisierung	• Repositorysysteme • Entwurfswerkzeuge
Daten-modellierung/-architektur	Definition und Durchsetzung der unternehmens- und/oder bereichsweiten Datenmodelle und der Datenstrategie	• Entwurfsmethoden • Information Engineering	• Repositorysysteme • Entwurfswerkzeuge
Daten-management	Professionelle Verwaltung der Unternehmensdaten und Bereitstellung zur effizienten Nutzung	• alle Methoden von Datenbankadministration, Datenadministration und Datenarchitektur	• alle Werkzeuge von Datenbankadministration, Datenadministration und Datenarchitektur

Tabelle 3-1: Klassische Funktionen im Datenmanagement

In den folgenden Kapiteln wird die Entwicklung der verschiedenen Funktionsbereiche, deren Aufgaben, Methoden und Hilfsmittel detailliert dargestellt.

3.5.2 Herausforderungen bei der Aufgabenerfüllung

Eine wesentliche Bedingung für den Erfolg des Datenmanagements ist neben der Einbindung in eine Informatikstrategie (vgl. Kapitel 2) auch eine klare Zielsetzung für das Datenmanagement. An beidem mangelt es häufig.

Hindernisse des Datenmanagements

Die Praxis zeigt, dass zwischen Anspruch und Wirklichkeit beim Aufbau einer Organisationseinheit "Datenmanagement", aber vor allem beim eigentlichen *Datenmanagement-Prozess* in vielen Unternehmen erhebliche Lücken klaffen. Dies hat die unterschiedlichsten Ursachen, die sich auch von Unternehmen zu

3.5 Datenmanagement im Unternehmen

Unternehmen unterscheiden können. Typischerweise finden sich folgende Gründe für einen geringen Erfolg des Datenmanagements:

- Im Unternehmen besteht ein genereller **Mangel** an **Informationsstrategien** und einem **Informatik-Leitbild**.

- Der **organisatorische Aufbau** des Informatikbereiches und des Datenmanagements ist **ungeeignet**, um die Ziele des Datenmanagements durchzusetzen.

- Die **ablauforganisatorische Einbindung** des Datenmanagements in den Anwendungsentwicklungsprozess und den Planungsprozess im Unternehmen ist **ungenügend**.

- Das Datenmanagement ist **unzureichend mit Ressourcen** ausgestattet und hat insbesondere zu wenige und/oder ungeeignete Mitarbeiter.

- Das Datenmanagement und insbesondere die Datenarchitekten haben den **Bogen überspannt**: Die Idee, das Gesamtunternehmen top-down durchmodellieren zu wollen, führte vielerorts zu riesigen, "totgeborenen" Datenmodellen. Diese hatten zwar einige Kosten verursacht, waren aber als Teil der strategischen Informationsplanung aufgrund ihrer Unflexibilität und mangelhaften Berücksichtigung der Dynamik des Geschäftes ungeeignet (vgl. hierzu Kapitel 5).

- Auf der Basis der erstellten Datenarchitekturen **wurden keine Migrationsüberlegungen entwickelt** wie man von "Alt" nach "Neu" kommen könnte und wie auf diesem Weg der dringend notwendige Datenbereinigungsprozess organisiert werden müsste.

- Das **Informatikmanagement**, welches anfangs häufig beträchtliche Summen ins Datenmanagement investierte, **verlor die Geduld**, nachdem schnelle Erfolge ausblieben. Das Datenmanagement wurde hingegen häufig sich selbst überlassen. Gerade in einer Phase, in der ein langer Atem verlangt war, verlor man das Interesse und wandte sich neuen erfolgsversprechenden Technologien zu. Zurückblieben teuer erkaufte, aber halbfertige Gebäude. Diese stehen heute neben den alten und verschlingen zusätzlich Geld.

- Und schliesslich noch der häufigste Grund: Das **Top-Management** des Unternehmens (und nicht *nur* des Informatikbereiches), welches die Investitionen in die Informatik und damit auch ins Datenmanagement bewilligen muss, ist sich vielerorts immer noch **nicht im Klaren**, dass die **Daten ein**

3 Datenmanagement – eine Erfolgsposition im Unternehmen

wesentliches Kapital des Gesamtinformationssystems des Unternehmens darstellen. Deshalb sollte es eine klare Verantwortung für die optimale Nutzung der Daten übernehmen, welche über die Verantwortung des Informatikbereichs hinausreicht.

Chance für das Datenmanagement

Als einer der Hauptgründe für die in manchen Unternehmen bescheidenen Erfolge des Datenmanagements wird häufig die mangelnde Unterstützung durch das Management ausgemacht. Dies mag zwar in vielen Fällen stimmen und beklagenswert sein, ist aber kein unabänderlicher Zustand. Zum einen leidet gerade das Top-Management am meisten unter dem Chaos nicht integrierter Datenbestände. Hier liegt eine Aufgabe und eine Chance für den Datenmanager darin, diesen Umstand den Betroffenen deutlich zu machen.

Kosten-Nutzen-Betrachtung

Andererseits kann sich auch das Datenmanagement nicht dauerhaft einer Kosten-Nutzen-Betrachtung entziehen und muss den geleisteten Aufwand wirtschaftlich rechtfertigen können. Dies geschieht heute in den seltensten Fällen, wäre aber auch eine Chance, die eigenen Leistungen zu begründen.

Die Diskussion in den folgenden Kapiteln wird Wege aufzeigen, wie das Datenmanagement seine Aufgaben erfolgversprechend wahrnehmen kann. Sie weisen aber auch darauf hin, welche Voraussetzungen hierfür gegeben sein müssen.

3.5.3 Strategisches oder taktisches Vorgehen im Datenmanagement

Probleme bei der Durchsetzung der Ziele des Datenmanagements sind häufig dadurch begründet, dass zwar die Unterstützung strategischer Ziele erwartet wird, dem Datenmanagement aber nur ein taktisches Vorgehen erlaubt ist oder die Einbindung des Datenmanagements in die Strategieentwicklung unterbleibt. Eine Informatikstrategie ohne die Einbeziehung von Datenmanagementaspekten bleibt ein Stückwerk.

Verhältnis Strategie und Taktik

Die Erfolge, welche das Datenmanagement gemessen an den strategischen Zielen des Unternehmens beitragen kann, hängen also nicht allein vom Datenmanagement selbst, sondern vom Vorgehen in der Informationsplanung ab. Sieht eine Informatikstrategie beispielsweise vor, die Geschäftsprozess-Orientierung der Fachbereiche des Unternehmens binnen drei Jahren effizient zu unterstützen, muss das Datenmanagement auf dieses Ziel eine strategische Antwort geben, indem die zielführenden Modelle entwickelt werden und ein Migrationsplan vom Ist- zum Soll-

3.5 Datenmanagement im Unternehmen

System aufgestellt wird. Dieser Plan wird dann mit Prioritäten und Meilensteinen versehen, die Verantwortlichen mit einem Budget sowie den notwendigen Kompetenzen ausgestattet. Anschliessend wird der Plan umgesetzt, bis das Ziel erreicht ist.

Ähnliches gilt auch in Bezug auf die optimale Unterstützung der Managementprozesse durch ein umfassendes Data-Warehouse-Vorhaben. Wenn dies nicht Teil einer Informatikstrategie ist, entsprechend geplant und umgesetzt wird, bleiben am Ende kaum noch integrierbare Systeme für dedizierte betriebliche Funktionen übrig. Dies hat Konsequenzen auf die Effizienz der Geschäftssteuerung. Das strategische Vorgehen wird vor allem in den Kapiteln 5 bis 9 an Beispielen der Unternehmensmodellierung, des Metadaten-Managements, der Datenmigration, der Datenmanagementorganisation und des Data-Warehousing im Detail erläutert.

Strategie versus Taktik

Ein oft zu beobachtendes Phänomen ist jedoch, dass schon nach kurzer Zeit das strategische Ziel aufgegeben und taktischen Erfolgen geopfert wird. Dies kann sehr teuer werden, wie viele halbfertige Architekturen und niemals zu Ende gebrachte Migrationsvorhaben zeigen. Das Resultat sind dann Informationssysteme, die keiner Architektur mehr gehorchen, welche ihre Daten auf etlichen, heterogenen Plattformen verteilt haben und die kaum noch wartbar oder in Krisensituationen beherrschbar sind.

Ist die Unternehmenspolitik und die Informationsplanung dagegen von taktischem Vorgehen geprägt, wird auch das Datenmanagement mit einem taktischen Vorgehen durchaus zielkonform zum Gesamtunternehmen seine Aufgaben erfüllen können. Das taktische Vorgehen folgt nicht längerfristigen Zielen des Unternehmens und baut nicht auf einer Unternehmensstrategie auf, sondern ist auf das kurz- und mittelfristige Erreichen definierter Ziele und Erfüllung von Kosten-Nutzen-Vorgaben ausgerichtet. Jedes der in den folgenden Kapiteln vorgestellten Konzepte ist sowohl unternehmensweit, wie auch etwas eingeschränkt auf einen bestimmten Unternehmensbereich anwendbar.

Kombination Strategie und Taktik

Taktik und Strategie schliessen sich aber nicht aus. Ein strategisches Ziel mit schnellen Schritten zu erreichen, kann einen enormen Aufwand an Personal, Technologie und Kapital erfordern. Dies ist nicht in jedem Fall möglich und auch nicht immer nötig. Man kann ein strategisches Ziel auch mit taktischen Schritten ansteuern. Diese Schritte müssen nur geplant und konsequent befolgt werden.

Ein Beispiel dafür wäre, eine im Rahmen einer strategischen Informationsplanung entworfene Datenarchitektur als Ziel vorzugeben. Die Taktik besteht dann darin, diese Datenarchitektur in jedem Wartungs-, Erweiterungs- und Neuentwicklungsprojekt als Vorgabe mitzugeben. Jedes dieser Projekte hat unter anderem die Aufgabe, mit Unterstützung des Datenmanagements als Koordinierungs- und Durchsetzungsinstanz in seinem Teilbereich die Datenstrukturen dem Ziel anzunähern.

Wesentlich ist in jedem Fall, das strategische Ziel nicht aus den Augen zu verlieren und konsequent zu verfolgen. Geschieht dies nicht, wird das Chaos in den Informationssystemen nur vergrössert. Dies zeigen Praxisbeispiele deutlich.

3.5.4 Der Erfolgsbeitrag des Datenmanagements

Geschäftsprozessoptimierung

Die Optimierung der Geschäftsprozesse inklusive der Managementprozesse ist in einem Unternehmen heute nur unter Einbezug der Daten durchführbar. Optimierte Geschäftsprozesse setzen integrierte Daten voraus. Die Päpste des Business-Reengineering, Hammer/Champy [Hammer/Champy 1994], haben dies erkannt und die Rolle der Informationstechnologie im Business-Reengineering-Prozess sowie die jederzeitige Verfügbarkeit aller relevanten Daten entsprechend gewürdigt.

Integrierte, an den Geschäftsprozessen orientierte Datenbestände bedingen aber eine umfassende, auf das Gesamtunternehmen gerichtete Sicht auf die Daten. Geschäftsprozess-Orientierung und unternehmensweites Datenmanagement ergänzen sich also und stehen nicht im Gegensatz zueinander, wie manchmal behauptet wird. Gleiches gilt für ein erfolgreiches Data-Warehousing zur Unterstützung der Managementprozesse.

Objektorientierter Ansatz

Ein weiterer Trend, der gerne mit dem Datenmanagementkonzept in Gegensatz gebracht wird, ist die Entwicklung in Richtung objektorientierter Anwendungsentwicklung. Bei näherer Betrachtung wird man diesen vermeintlichen Gegensatz aber kaum bestätigen können, sondern eher viele Gemeinsamkeiten entdecken. Diese beginnen bei der Ähnlichkeit semantischer Datenmodelle mit den Objektmodellen, setzen sich fort bei dem Ansatz, die Geschäftsregeln, die zu den Daten gehören auch bei den Daten (möglichst im Datenbankkern) abzuspeichern, und enden bei dem Ziel der Wiederverwendbarkeit von Datentypen, Entitätstypen und Objektklassen sowie deren Verwaltung in einem Repository.

3.5 Datenmanagement im Unternehmen

Entwicklungsstand Datenmanagement

Die Chancen eines Unternehmens auf die erfolgreiche Umsetzung von Business Process Reengineering Projekten, die erfolgreiche Einführung neuer Technologien und Methoden wie die Objektorientierung, den erfolgreichen Aufbau eines Data Warehousing Systems sowie die Beherrschung von datenbankbasierten Internettechnologien oder die Fusion von Unternehmen im Zuge des Konzentrationsprozesses in der Wirtschaft werden nicht zuletzt durch den Entwicklungsstand seines Datenmanagements bestimmt.

Einfluss der Umgebung

Je informationslastiger ein Unternehmen ist, je mehr Information und Wissen für die Entwicklung, Herstellung und Vermarktung seiner Produkte notwendig ist, je innovativer diese Produkte sind, je schneller ein Unternehmen auf Veränderungen am Markt reagieren muss, je komplexer und heterogener die Umwelt ist, in dem das Unternehmen sich bewegt, je mehr ein Unternehmen auf seine Kunden ausgerichtet ist und die Bedürfnisse seiner Kunden verstehen muss, je vernetzter ein Unternehmen sich organisiert hat und je mehr es vom Wissen und Können seiner Mitarbeiter und der Arbeitsgruppen abhängt, desto durchschlagender kann der Erfolgsbeitrag des Datenmanagements im Unternehmen sein - im Positiven wie im Negativen.

Daher muss das Datenmanagement in den Gesamtkontext des Unternehmens gestellt werden, sowie gedanklich und praktisch vor dem Hintergrund neuer Trends und neuer Technologien weiterentwickelt werden. Das Ziel der folgenden Kapitel ist es daher auch, die Vergangenheit und Gegenwart des Datenmanagements besser zu verstehen um die Zukunft richtig adaptieren zu können.

3.6 Kernaussagen zum Erfolgsbeitrag des Datenmanagements

1. *Die klassischen betrieblichen Produktionsfaktoren, welche in die Erzeugung von Produkten und Dienstleistungen eingehen, werden um Produktionsfaktoren wie Information, Wissen und technischer Fortschritt erweitert.*

2. *Je hochwertiger und innovativer heute ein Produkt ist, desto höher ist der Anteil von Information und Wissen am Entwicklungs- und Herstellungsprozess.*

3. *Der Produktionsfaktor Information muss ebenso wie die klassischen Faktoren professionell organisiert werden. Es muss der Bedarf und die Nachfrage ermittelt werden, dem Informationsangebot gegenübergestellt und daraus die Notwendigkeit der Informationsbeschaffung abgeleitet werden.*

4. *Für die meisten Informationen stellen Daten eine wichtige Grundlage dar. Daten gehen als Rohware in Informationen über.*

5. *Daten stellen den stabilen und langlebigen Kern des Informationssystems im Unternehmen dar. Sie sind langlebiger als die Technologie, auf der sie gespeichert sind. Sie sind auch langlebiger als die Software, mit der sie verarbeitet werden.*

6. *Es ist daher gerechtfertigt, die Daten ebenso wie die Informationen als Unternehmensressource zu betrachten, die professionell geplant, beschafft, verwaltet und genutzt werden muss.*

7. *Die Organisation, welche hierfür verantwortlich ist, stellt das Datenmanagement des Unternehmens dar, welches über professionelle und effiziente Datenbereitstellung seinen Beitrag zum Erfolg des Unternehmens leistet.*

4 Aufbau der Datenbankadministration

Es wurde schon früh erkannt, dass Datenbestände über eine lange Zeit existieren und als gemeinsame Ressource von verschiedenen Anwendungen genutzt werden können. So sind in den Anfangsjahren der eigentlichen Datenbankmanagementsysteme (DBMS) die Forderungen nach einem geregelten Datenunterhalt und entsprechender Organisationseinheiten zur Verwaltung der Datenbestände entstanden.

Die Notwendigkeit für die Schaffung einer Organisationseinheit „Datenbankadministration" wurde in vielen Publikationen angesprochen (vgl. [Date 1999], [Zehnder 1998] oder [Meier 1998]).

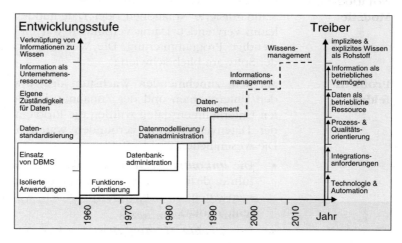

Abbildung 4-1: Übergang zur Datenbankadministration

Wir werden im folgenden aufzeigen, welche Entwicklungsfaktoren, Technologien und treibenden Kräfte zum Entstehen der Datenbankadministration und dem Berufsbild des Datenbankadministrators geführt haben. Ein Ausblick auf die Herausforderungen, denen sich die Datenbankadministration heute und in Zukunft stellen muss, beschliesst das Kapitel.

4.1 Übergang von der Dateiverarbeitung zum Datenbankbetrieb

4.1.1 Probleme der Dateiverarbeitung

In den Anfängen der Datenverarbeitung existierten noch keine Datenbankmanagementsysteme. Die Daten wurden in sequentiell oder indexsequentiell organisierten Dateien abgelegt. Diese Dateien wurden meistens nur für ein Anwendungsgebiet oder sogar nur für ein Programm definiert und erstellt. Dabei standen die Funktionen jedes Anwendungsprogrammes im Zentrum der Betrachtung. Diese Funktionsorientierung führte dazu, dass Datenstrukturen und Zugriffslogik in jedem Programm eingebettet sein mussten und Teil des Programmcodes waren. Das Verarbeiten der Dateien erlaubte keinen Online-Betrieb und keine Transaktionsverarbeitung.

Fehlende Notation und Modelle

Eigentliche Standards, wie etwa Namenskonventionen für Datenelemente gab es - wenn überhaupt - nur für Dateinamen. Standardisierte Notationen oder Datenmodelle wurden praktisch kaum verwendet. Damit verbunden war eine entsprechend aufwendige Programmierung. Die Weiterentwicklung und Wartung der Software blieb schwierig.

Problemfelder

Mit dem zunehmenden Wachstum der Anwendungssysteme in den Unternehmen und der Zunahme der elektronisch verwalteten Unternehmensdaten wurden die Probleme, die mit dieser Art der Datenverarbeitung verbunden waren, immer gravierender. Die wesentlichen Problemfelder waren:

- Die **unkontrollierte Redundanz** in der Datenspeicherung führte dazu, dass die elektronisch verwalteten Unternehmensdaten in sich widersprüchlich wurden (fehlende Datenintegrität).

- Die **direkte Abhängigkeit** der Programme von den Datenstrukturen führte dazu, dass jede Änderung in einer Datei ebenfalls Änderungen in jedem Programm, in dem diese Datei referenziert wurde, nach sich zog. Da meist eine zentrale Dokumentation über diese Abhängigkeiten in einem dafür vorgesehenen Verzeichnis, dem Data-Dictionary, nicht vorhanden war, wurde die Koordination solcher Änderungen sehr fehleranfällig.

- Jedes Einzelproblem wurde isoliert gelöst; es wurden **keine** entsprechenden **Schnittstellen** aufgebaut. Dies führte zu überproportional wachsenden Programm- und Dateisystemen bei unterproportional wachsender zusätzlicher Funktionalität.

- Jede **Softwareänderung** führte zu mangelhafter Flexibilität bei der Systementwicklung und Programmwartung.

Trennung der Daten von den Anwendungen

Ein Durchbruch bei der Lösung der genannten Probleme konnte durch die Trennung der Daten von den Programmen erzielt werden. Mit der sogenannten Datenunabhängigkeit (vgl. [Zehnder 1998] oder [Meier 1998]) erreichte man zweierlei:

- Erstens werden die Datenstrukturen nicht mehr direkt in den Programmen sondern im Datenbankschema referenziert.
- Zweitens sind die Daten unabhängig von ihrer Verwendung in klar strukturieren Speichersystemen abgelegt.

Technologieentwicklung

Durch die sich entwickelnde Hardwaretechnologie und entsprechende Betriebssysteme wurde die Möglichkeit geschaffen, mehrere Programme auf einem Prozessor-System gleichzeitig ablaufen zu lassen (Multiprogramming) und mehrere Benutzer am System aktiv arbeiten zu lassen (Multiuser-Betrieb). Mit dieser Funktionserweiterung im Bereich der Hardware und der Betriebssoftware wurden zusätzliche Systeme zur Steuerung der ablaufenden Anwendungen und deren Benutzer notwendig. Diese Steuerung übernahmen Transaktionsmanagementsysteme (TP-Monitore). In dieser Zeit haben einige Institute wie Banken, Versicherungen oder Flugunternehmen aus Mangel an kommerziell verfügbaren Systemen eigene TP-Monitore erstellt und dabei die Dateihandhabung schon so weit perfektioniert, dass man von ersten Ansätzen von Datenbankmanagementsystemen sprechen konnte. Als Beispiel sei die Entwicklung des SABRE Flugreservationssystems von American Airlines genannt.

Der nächste Schritt war die Entwicklung echter Datenbankmanagementsysteme, die auf einer Schichtenarchitektur zur Isolierung von Programmen, Daten und Betriebssoftware aufbauten (vgl. [Härder/Rahm 1999]).

4.1.2 Drei-Schema-Architektur nach ANSI/SPARC

Datenbankmanagementsysteme

Der Auslöser für das Entstehen der Datenbankadministration und der entsprechenden Organisationseinheiten war die Einführung von umfangreichen Datenbankmanagementsystemen nach einem neu geschaffenen Drei-Schemakonzept. Das grundlegende Modell für ein Datenbankmanagementsystem und eine entsprechende Systemarchitektur wurde in Arbeiten des American National Standards Committee (ANSI) dokumentiert [Tsichritzis/Klug

47

4 Aufbau der Datenbankadministration

1978]. Diese Architekturen und Schemata haben auch heute noch ihre Bedeutung in der klaren funktionalen Trennung von Anwendungsprogrammen, TP-Monitoren und Datenbankmanagementsystemen.

Abbildung 4-2: DBMS-Architektur nach ANSI/SPARC

Drei Schemaarchitektur

Die Architektur baut auf drei Schemata auf, die voneinander unabhängige Funktionen beinhalten und durch die DBMS Software verwaltet werden. Ebenso wird die Transformation von einem Schema zum anderen und die Interaktion mit Anwendungsprogrammen (oder Benutzern) vom DBMS kontrolliert.

- Das *interne Schema* ist das Bindeglied zur physischen Speicherung auf entsprechenden Speicher-Subsystemen.
- Das *externe Schema* verbindet die Anwendungsprogramme und Benutzer über das externe Darstellungsmodell und verwaltet die Interaktionen mit dem DBMS. Dieses Schema ermöglicht differenzierte Sichten für unterschiedliche Programme auf gemeinsame Datenstrukturen (Views).
- Das *konzeptionelle Schema* stellt die Verbindung der externen zum internen Schema her und besteht aus dem gemeinsamen, übergeordneten logischen Datenmodell.

Externe Schemata

Die Benutzer des DBMS sind Programme in unterschiedlichen Umgebungen und Sprachen, welche über definierte Schnittstellen und die entsprechenden externen Schemata mit dem DBMS kommunizieren. Die mehrfachen externen Sichten werden durch das DBMS verwaltet.

Client/Server Funktionalität

Ebenso übernimmt das Datenbanksystem die Steuerfunktionen für den Datenzugriff, die Verwaltung der Schemata und der entsprechenden Transformationen sowie die Anbindung von unterschiedlichen Programmen in verschiedenen Subsystemen. Durch

4.1 Übergang von der Dateiverarbeitung zum Datenbankbetrieb

diese Trennung von Anwendungsprogramm und Datenverwaltungslogik werden grundlegende Client/Server-Funktionalitäten bereitgestellt.

Wesentlicher Treiber für Ablösung

Als wesentlicher Treiber für die Ablösung der Dateisysteme kann die neu entwickelte Technologie und die Integration der Datenfunktionalität in die Transaktionssysteme und die DBMS gesehen werden. Die Trennung von Anwendungs- und Daten-Logik ermöglicht grössere Flexibilität, einfachere Programmierung und eine verbesserte Wartbarkeit der Softwaresysteme.

Arbeitsteilung in der Informatik

Durch diese technologischen Fortschritte wurde in der Anwendungsentwicklung die Arbeitsteilung möglich. Die Anwendungsentwicklung befasst sich nun mit der Anwendungslogik und der Programmierung, während Aufgaben im Bereich der Datenverwaltung und des Datenzugriffs in den komplexer werdenden Datenbanksystemen durch Systemspezialisten ausgeführt werden.

Die Systemspezialisten wurden bald in zentralen Gruppen zusammengefasst, die sich ausschliesslich um die Datenbanken zu kümmern hatten. Dies war die Geburtsstunde der Datenbankadministration (DBA). Der erste Entwicklungsschritt zum Datenmanagement war somit getan.

Verantwortungsbereiche in der Organisation

Die Einführung der neuen Technologie der Datenbankmanagementsysteme hatte demzufolge Auswirkungen auf die Art, wie die Daten des Unternehmens gespeichert und verarbeitet wurden, wie die Anwendungssysteme zukünftig entworfen wurden, aber auch auf die Organisation des Informatikbereiches selbst.

Die nachfolgende Tabelle zeigt Details zu dieser beschriebenen Entwicklung auf:

	Dateisysteme	Dateisystem + Transaktionsmonitor	DBMS + Transaktionsmonitor
Datenlogik	Integriert in Anwendungsprogramm	Anwendungsprogramm und TP-Monitor	Verwaltung durch DBMS
Zugriffssteuerung	Anwendungsprogramm	Anwendungsprogramm mit Sperr- und Zugangslogik durch Transaktionsmonitor	Datenbanksystem mit Zugangslogik durch Transaktionsmonitor
Gleichzeitige Benutzer	Ein Anwendungsprogramm	Mehrere Anwendungsprogramme	Mehrere Anwendungsprogramme
Locking, Logging, Backup-Steuerung	Anwendungsprogramm und spezifische Hilfsprogramme	Funktionen durch TP-Monitor und Hilfsprogramme	DBMS Funktionen und TP-Monitor

4 *Aufbau der Datenbankadministration*

	Dateisysteme	Dateisystem + Transaktionsmonitor	DBMS + Transaktionsmonitor
Arbeitsteilung	Programmierer für Anwendungslogik und Datenlogik zuständig	Spezialisten für Dateisysteme und TP-Monitore	Spezialisten für DBMS und TP-Monitore sowie für Datenbankadministration
Verantwortungsbereiche für Daten	Dezentralisiert durch Anwendungsprogrammierer und Entwickler	Zentralisierung durch Fachspezialisten für Dateisysteme	Zentralisierung durch Fachspezialisten für Datenbankadministration

Tabelle 4-1: Unterschiede in der Verarbeitung der Daten in verschiedenen Systemen

4.1.3 Die Technologie der Datenbankmanagementsysteme

Die Datenbankmanagementsysteme erlaubten es, einen ersten Schritt zu gemeinsam genutzten und verwalteten Datenbeständen zu machen. Es wurde technisch möglich, ein integriertes System aufzubauen, welches dieselben Daten für mehrere Anwendungen gleichzeitig zur Verfügung stellte. Datenbankmanagementsysteme ermöglichten es zudem, diese Daten mit Hilfe von Transaktionsmonitoren mehreren Programmen zur Ausführungszeit zur Nutzung und Verarbeitung zur Verfügung zu stellen, ohne die Integrität der Daten zu verletzen.

Erste DBMS-Produkte

Grundsätzlich kannte man Systeme nach dem hierarchischen und netzwerkbasierten Datenschema. Der Hauptvertreter für hierarchische Systeme war und ist noch immer IMS/DB von IBM, derjenige für Netzwerksysteme nach CODASYL war IDMS. IMS/DB zeichnete sich schon damals durch seine grosse Stabilität, Einfachheit in der Navigation und Möglichkeit aus, sehr grosse Datenmengen effizient zu verarbeiten. IDMS war aus Sicht des Datenmanagements bereits eine Entwicklungsstufe weiter und verfügte über einen integrierten Daten-Katalog (Data-Dictionary), der es erlaubte, die Definition der Daten zentral festzuhalten und bot damit eine Möglichkeit, auch Informationen zur Datenbeschreibung zu verwalten.

Entwurf der Datenstrukturen

Beide Systemtypen stellten aber auch hohe Anforderungen an den Entwurf der Datenstrukturen. Da die Schemata und Regeln für einen solchen Entwurf nicht auf mathematisch exakten Methoden basierten, waren keine konsistenten Resultate im Datenbankentwurf zu erwarten. Beide Systemtypen verfügten nicht über die Mächtigkeit einer einheitlichen Sprache. Besonders Netzwerksysteme stellten sehr hohe Anforderungen an die Programmierer bezüglich der Datennavigation. Eine einfache Endbenutzersprache war noch nicht vorhanden, so dass der Zugriff und die Manipulation der Daten durch Endbenutzer nicht denkbar war.

**Relationen-
modell**
Schon bald wurden diese Datenstrukturschemata durch die Theorie des Relationenmodells erweitert [Codd 1970], und es entstanden die ersten relationalen Datenbanksysteme (RDBMS). Mit dem Relationenmodell wurde nicht nur ein anderes Datenbankschema neben dem hierarchischen und den netzwerkbasierten entwickelt, sondern auch eine fundierte mathematische Basis für den Datenbankentwurf und die redundanzfreie Abbildung beliebiger Datenstrukturen geschaffen. Ergänzt wurde die Theorie mit einer universellen Sprache zur Definition, Abfrage und Manipulation der Daten sowie zur Systemverwaltung. Structured Query Language (SQL) wurde international zum Standard für relationale Systeme erhoben und bis heute weiterentwickelt.

4.1.4 Entwicklungen im Hardware Bereich

**Restriktionen
bezüglich
Hardware**
In den ersten Jahren der Einführung von Datenbankmanagementsystemen bestanden Restriktionen im Bereich der Hardware. Die Speichermedien waren wenig leistungsfähig und teuer. Die Softwaresysteme zur Datenverwaltung hatten einen erheblichen Ressourcenbedarf in bezug auf Prozessorleistung, Hauptspeichergrössen und entsprechenden externen Speichermedien. Die hohen Kosten für diese Komponenten verhinderten oft den wirtschaftlichen Einsatz in kommerziellen Anwendungen. Der technische Unterhalt dieser Computersysteme war aufwändig; die vorhandenen Ressourcen mussten sehr restriktiv eingesetzt werden, was die Einführung von Anwendungssystemen mit Datenbanken behinderte.

**Technologie-
entwicklung**
Die Entwicklungen der letzten 20 Jahre im Technologiebereich der Computerhardware, der angewandten Mikroelektronik sowie der magnetischen und optischen Speichertechnologien haben diese technischen Restriktionen weitgehend beseitigt. Parallel dazu hat sich durch die Standardisierung und Massenfertigung in der Computerelektronik das Preis-/Leistungsverhältnis in Dimensionen verändert. Mussten die DBMS der ersten Generation noch mit Hauptspeichergrössen von 16 bis 32 MegaByte auskommen, können wir heute kostengünstige Hardwaresysteme mit mehreren Gigabyte Hauptspeicher und entsprechenden peripheren Zusatzeinheiten kommerziell einsetzen.

4 Aufbau der Datenbankadministration

Hardware-technologie für Text, Bild und Sprache

Die heutige Hardwaretechnologie ermöglicht die Entwicklung von speziellen, leistungsoptimierten Systemen mit Speicherkapazitäten im Terabytebereich. Basierend auf dem Relationenmodell werden durch extensive Nutzung paralleler Verarbeitung und grosser Anzahl von Prozessor- und Speichereinheiten Verbesserungen bei der Verarbeitung umfangreicher Datenmengen erreicht. Die Hardwaretechnologie erlaubt es, Datenmengen im Bereich der Bild-, Sprach- und Video-Verarbeitung zu bearbeiten. Die Zunahme grosser, zusammenhängender Datenbanken (Very Large Data Base, VLDB) mit einem Umfang von jeweils mehr als 500 Giga-Byte Datenvolumen belegen aktuelle Untersuchungen der Tower Group vgl. [Tower Group 1997].

Abbildung 4-3: Anzahl von VLDB in den grössten Unternehmen

In einem Grossunternehmen finden wir im Jahre 1997 im Schnitt etwa 32 VLDBs; die Zunahme liegt bei einer jährlichen Zuwachsrate (CAGR= Compound Annual Growth Rate) von rund 125%.

Hardware Trends und Anforderungen

Der Trend zur Verbesserung des Preis-Leistungsverhältnisses im Hardwarebereich ist ungebrochen und wird sich voraussichtlich in den kommenden Jahren im gleichen Rhythmus weiterentwikkeln. Es ist abzusehen, dass mit der weltweiten Informationsvernetzung und der Verwendung von speicher- und verarbeitungsintensiven Bild-, Ton- und Videodaten der Bedarf an leistungsfähiger Hardwaretechnologie wachsen wird. Die Notwendigkeit für das professionelle Management dieser Informationsressourcen ist heute und in Zukunft wichtiger denn je. Die Nutzung von Applikationen im Bereich Electronic Business haben zusätzliche Anforderungen gestellt. Einerseits muss ein reibungsloser 7 x 24-Stunden Betrieb gewährleistet werden; andererseits hat sich gezeigt, dass kurzfristige Skalierbarkeit der Ressourcen einer der kritischen Faktoren darstellt. Erweiterte Speichertechnologien erlauben durch Replikationen einen unterbruchslosen Betrieb aufrechtzuerhalten. Besonders hier ist ein professionelles Datenmanagement eine Grundvoraussetzung, da der unterbrechungsfreie Betrieb von Datenbanken sowohl in technischer als auch in applikatorischer Hinsicht hohe Anforderungen setzt.

4.1.5 Trends im Bereich DBMS

Ausgangslage

Betrachtet man kommerzielle Anwendungssysteme in der Praxis, kann festgestellt werden, dass ein Teil der Daten noch in herkömmlichen hierarchischen oder netzwerkbasierten Datenbanksystemen verwaltet wird (vgl. [Meier 1997]). Zudem finden sich immer noch Anwendungsprogramme, die Dateisysteme zur Speicherung der Daten benutzen. Die Migration von geschäftskritischen Daten in relationale Systeme hat sich als weit komplizierter erwiesen als anfänglich angenommen. Trotzdem speichern fortschrittliche Unternehmen ihre Hauptbestände über Kunden, Produkte und Dienstleistungen in relationalen Datenbanksystemen. Vereinzelt sind spezielle Anwendungen auf verteilten Serversystemen mit objektorientierten Datenbanken im Einsatz. Dabei kann es sich um objektorientierte Datenbankmanagementsysteme (OODBMS) handeln oder um Weiterentwicklungen von relationalen zu objektrelationalen Datenbanksystemen (siehe [Meier/Wüst 2000]).

Die Entwicklung der Datenbanktechnologie wird geprägt durch folgende Trends:

Trigger- und Prozedur-Funktionen

- Die relationalen Datenbankmanagementsysteme werden funktional erweitert durch Trigger- und Prozedur-Funktionen. Trigger sind Funktionen, welche durch ein Ereignis, wie etwa eine Datenbanktransaktion ausgelöst werden. Prozeduren, die in der Datenbank bei den Daten gespeichert werden (stored procedures), können durch einen expliziten Aufruf aus einem anderen Programm ausgelöst werden. Beide Möglichkeiten erlauben es, mehr datenabhängige Logik (wie beispielsweise die Berechnung eines Kontosaldos in einer Kontodatenbank) aus den Anwendungsprogrammen herauszunehmen. Dies fördert den Gedanken der Wiederverwendbarkeit.

4 Aufbau der Datenbankadministration

Parallelverarbeitung
- Die Parallelverarbeitung und die Nutzung durch die Datenbanksysteme erlaubt einen grösseren Leistungsdurchsatz.

Verteilte Datenbankmanagementsysteme
- Verteilte Datenbankmanagementsysteme mit Replikationsfunktionen unterstützen die lokale Transparenz. Die Daten können über verschiedene Plattformen verteilt werden, ohne dass dies die Programmlogik oder die Datenzugriffe tangiert. Das Datenbanksystem verwaltet die Daten unabhängig vom Ort ihrer physischen Speicherung in einer Art, als wären sie nur auf einem einzigen System abgelegt. Protokolle wie das 2-Phase Commit Protocol erlauben das konsistente Arbeiten mit verschiedenen relationalen Datenbanksystemen.

Multimedia-Datenbanken
- Die Vielfalt von Datentypen und Datenobjekten wird zunehmen. Neben den bekannten strukturierten Daten können Texte, Dokumente, Bilder, Videos, geographische Daten und ähnliches in Datenbanken verwaltet werden. Daneben wird es für den Anwender möglich, eigene Datentypen zu definieren. Man spricht hierbei von Multimedia-Datenbanken.

Objektorientierte Datenbanken
- Objektorientierte Datenbankmanagementsysteme (OODBMS) werden im kommerziellen Umfeld zunehmend eingesetzt, allerdings nicht in zentralen und transaktionsintensiven Anwendungssystemen. Ein grosses Hindernis auf dem Weg zum breiten kommerziellen Einsatz dieser Systeme stellt das Fehlen von Migrationshilfen aus den bestehenden Datenbanksystemen dar. Die Tatsache, dass auch heute noch ein grosser Teil der zentralen Daten in nicht-relationalen, herkömmlichen Datenbanken liegt, zeigt die Komplexität dieses Vorhabens auf. Die Datenbankanwender werden schon aus ökonomischen Gründen eine umfangreiche, teure und riskante Datenmigration in objektorientierte Datenbanken nicht ohne Schwierigkeiten durchführen. Die Zukunft liegt daher eher in der Koexistenz von relationalen Datenbankmanagementsystemen und nach Grundsätzen der Objektorientierung entwickelter Applikationen.

Temporale Datenbanken
- Temporale Datenbanken werden die Speicherung von zeitsensitiven Daten unterstützen. Die heutigen Datenbanksysteme überschreiben bei einer Änderungsoperation den aktuellen Zustand der Daten. Damit ist bei einer Datenbankabfrage immer nur der im Moment der Abfrage gültige Zustand der Daten sichtbar. Abfragen für historische oder zukunftsgerichtete Daten werden vom Datenbanksystem zuwenig unterstützt und müssen durch die Anwendungsprogrammierer implementiert werden. Einzig das periodische

4.2 Organisation der Datenbankadministration

Verteilen von Tabellen zu bestimmten Zeitpunkten wird mittlerweile vom Datenbanksystem vorgenommen. In Zukunft wird es zudem möglich sein, Zeitreihen automatisch in der Datenbank zu speichern.

Multidimensionale Datenbanken
- Datenbankmanagementsysteme werden erweitert, um das Online Analytical Processing (OLAP) durch Multidimensionale Datenbanken zu unterstützen (vgl. Kapitel 9 über Data Warehousing).

Qualität der Dateninhalte
Je mehr Daten in elektronischer Form gespeichert werden, desto bedeutender werden Fragen des Datenschutzes, der Datensicherheit und der Datenqualität. Zum Schutz vor missbräuchlicher Verwendung von Daten gehört nicht nur, die Daten vor unerlaubtem Zugriff zu bewahren, sondern auch für Qualität der Dateninhalte zu sorgen. Denn selbst der erlaubte Zugriff kann zum Missbrauch führen, wenn falsche Daten zu falschen Informationen über Personen, Organisationen oder Ereignisse gelangen.

Alle diese technischen Entwicklungen beeinflussen direkt die Aufgabenstellungen in der Datenbankadministration.

4.2 Organisation der Datenbankadministration

4.2.1 Die Entstehung der Datenbankadministration

Die Einführung der Datenbanktechnologie ermöglichte die Trennung der Daten von den Programmen. Dies führte zur Bildung einer Systemgruppe mit Spezialisten, deren Aufgabengebiet die Verwaltung der Datenbankobjekte und der Datenbanksysteme umfasste. Die Systemgruppe rekrutierte ihre Mitarbeiter zunächst aus der Systemprogrammierung und dem Rechenzentrumsbetrieb. Das Berufsbild des Datenbankadministrators entstand erst im Laufe der Zeit. Wie sich später zeigen sollte, ist die Gruppe der Datenbankadministratoren die Keimzelle des Datenmanagements wie wir es heute kennen.

4.2.2 Die Aufgaben der Datenbankadministration

Klassische Aufgaben
Auf dieser Entwicklungsstufe sind die klassischen Aufgaben der Datenbankadministration zusammengefasst die folgenden (vgl. Kapitel 8):
- der Entwurf des logischen Datenmodells (konzeptionelles Schema) in Zusammenarbeit mit den Entwicklern des Anwendungssystems,

- die Bestimmung der technischen Parameter der Datenbanken (internes Schema),
- die Durchführung von Tests über das Laufzeitverhalten der Datenbankanwendung,
- die Einführung der Datenbankobjekte in die Produktionsumgebung,
- die periodische Sicherstellung der Datenbanken,
- die Festlegung der Back-Up- und Recovery-Prozeduren,
- die Durchführung von Wiederherstellungsmassnahmen bei Datenverlust aufgrund technischer Datenbankprobleme,
- die Durchführung von technischen Datenbankreorganisationen,
- die Überwachung des gesamten Datenbankbetriebes,
- die Einleitung und Durchführung von Massnahmen zur Verbesserung des Laufzeitverhaltens von Datenbankanwendungen,
- die Beurteilung und Einführung von Datenbank-Software,
- die Erstellung von Hilfsmitteln (Prozeduren, Dokumentationen, Verzeichnisse/Data-Dictionaries) für die Datenbankadministration.

Erweiterung der traditionellen Aufgabenstellungen

Die Aufgaben der Datenbankadministration haben seit 20 Jahren in Umfang und Komplexität stetig zugenommen. Die Entwicklungstrends im Datenbankbereich lassen erwarten, dass die Anforderungen an die Organisation und das Personal der Datenbankadministration noch zunehmen werden. Im Gegensatz zur Pionierzeit des Datenbankeinsatzes kennen wir heute das Berufsbild des Datenbankspezialisten oder Datenbankadministrators, dessen profunde Ausbildung in der Datenbanktechnologie unumstritten ist.

Aufgrund der rasanten Entwicklung der Datenbanktechnologie in den letzten Jahren erweitern sich die Aufgabenstellungen der traditionellen Datenbankadministration wie folgt:

Datenmigration

- Seit dem Aufkommen der relationalen Datenbanktechnologie ist die Datenbankadministration mit einem heterogenen Datenbankumfeld konfrontiert. Ein grosser Teil der Unternehmensdaten liegen noch in herkömmlichen Datenbanken, sollten aber in relationale Datenbanken migriert werden. Verschiedene Techniken bewältigen die Datenmigration auf der Ebene der Datenbanksysteme und TP-Monitore (vgl. hierzu insbesondere Kapitel 7) und erlauben eine Koexistenz

4.2 Organisation der Datenbankadministration

unterschiedlicher Datenbankmodelle. Dies führt zu komplexen technischen Prozessen, welche die Datenbankadministration bewältigen muss.

Datenverteilung
- Viele relationale Datenbanksysteme bieten die Möglichkeit, Daten auf verschiedenen Rechnern zu verteilen. Die Datenverteilung muss bei allen Prozessen und Aufgaben der Datenbankadministration (Entwurf der Datenbank, Sicherstellungsverfahren, Laufzeitverhalten, Tests, Auswahl von Verwaltungs- und Überwachungswerkzeugen, Wiederherstellungsverfahren, usw.) berücksichtigt werden. Die Datenverteilung erhöht die Komplexität der Aufgaben erheblich.

Unterstützung Enduser-Computing
- Die relationalen Datenbanken erlauben das sogenannte „Enduser-Computing". Anwender aus den Fachbereichen sind mittels SQL-basierten Endbenutzerwerkzeugen in der Lage, direkt und ohne Unterstützung durch die Informatikabteilungen auf relationale Datenbanken zuzugreifen. Die eingesetzten Werkzeuge arbeiten mit dynamischen SQL-Zugriffen. Dies kann zu Problemen bei der Datensicherheit, beim Datenschutz und vor allem beim Antwortzeitverhalten führen. Zusätzliche Probleme bereitet die Tatsache, dass die deskriptive Sprache SQL rechnerintensive Formulierungen erlaubt. Um nicht den zeitkritischen OLTP-Betrieb (Online Transaction Processing) der Geschäftsprozesse zu stören, muss eine Datenstrategie entwickelt und umgesetzt werden, die beide Formen der Verarbeitung, OLAP (Online Analytical Processing) wie OLTP, erlaubt.

Bereitstellung Auswertungs- und Analyse-Datenbanken
- Eine erfolgreiche Strategie kann in der Bereitstellung von reinen Auswertungs- und Analyse-Datenbanken in einem Data Warehouse bestehen (vgl. Kapitel 9). Häufig entstehen auf diese Weise Datenbanken mit umfangreichen Datenmengen im Terabytebereich. Die effiziente Verarbeitung solcher Datenmengen erfordert die Parallelisierung der Datenbankzugriffe. Dabei wird eine SQL-Anfrage auf mehrere Prozessoren verteilt und das Resultat anschliessend wieder zusammengeführt. Damit die Prozesse optimal aufgeteilt werden können, muss der physische Datenbankentwurf diese Art der Verarbeitung berücksichtigen. Das Laufzeitverhalten der Datenbanken muss permanent überwacht werden, um gegebenenfalls proaktiv, vor dem Auftauchen grösserer Laufzeitprobleme, Anpassungen am physischen Entwurf vornehmen zu können.

4 Aufbau der Datenbankadministration

Pflege und Wiederherstellung von Datenbanken
- Sehr grosse Datenmengen stellen die Datenbankadministratoren auch bezüglich der Wartung und Pflege vor neue und herausfordernde Aufgaben. So ist die technische Reorganisation einer Datenbank im Terabytebereich anspruchsvoller als jene einer Datenbank normaler Grösse mit Datenmengen von einigen Gigabyte. Die Zeit für das Entladen und Laden solcher Datenmengen ist beim 24-Stundenbetrieb kaum mehr vorhanden.

Komplexe Datentypen
- Die zunehmende Verwendung komplexer Datentypen wie Texte, Dokumente, Bilder oder Videos in kommerziellen Datenbanken führt zu einer enormen Vergrösserung der zu verwaltenden Datenmengen.

Entwicklung Triggers und Stored-Procedures
- Eine besondere Herausforderung für die Datenbankadministratoren stellt die Möglichkeit dar, mittels Triggers und Stored-Procedures die Geschäftslogik in die Datenbanken zu bringen. Damit entstehen bisher unbekannte, dynamische Datenbankobjekte, die verwaltet werden müssen. Der Qualitätssicherung muss Beachtung geschenkt werden, weil die in der Datenbank abgelegte Geschäftslogik, beispielsweise die Berechnung von Zinsen, Kontosalden, Gebühren, usw. von jedem Anwendungssystem angestossen werden kann. Man denke nur an den Fall, dass ein neues Zinsberechnungsmodul als Trigger in einer Datenbank implementiert und erst nach tausendfacher Ausführung ein Fehler bemerkt wird. Die Qualitätssicherung beginnt mit der Definition von Standards zur Programmierung der Prozesslogik und endet mit der obligatorischen Durchführung von repräsentativen Testszenarien.

Unterstützung 7x24-Stunden-Service
- Die zunehmenden Anforderungen bei Dienstleistungsbetrieben, ihren Kunden einen weltweiten 7x24-Stunden-Service zu bieten, hat auch Konsequenzen auf die Administration der Datenbanken. Wartungsarbeiten (beispielsweise Sicherstellungen, technische Reorganisationen, etc.) müssen durchführbar sein, während die Datenbanken für die Anwendungen weiterhin verfügbar sind. Moderne relationale Datenbanksysteme erlauben diese Art der Wartung während des laufenden Betriebes.

Unterstützung Electronic Business
- Neue Applikationen im Bereich Electronic Business (vgl. [Merz 1999] oder [Meier 2001]) setzen Anforderungen an die Skalierbarkeit und Verfügbarkeit. Da kaum vorausgesehen werden kann, wie sich eine neue Applikation im Internet entwickelt, muss mit einer flexiblen und wirtschaftlichen

4.2 Organisation der Datenbankadministration

Hardwareauslegung gearbeitet werden. Sehr oft steigen die Transaktionsraten explosionsartig an, was zu einem komplexen Datenbankunterhalt und zu hohen Anforderungen an die zugrundeliegende Architektur führt.

Einsatz Objektorientierte Datenbanken

- Objektorientierte oder objektrelationale Datenbanken [Meier/Wüst 2000] bringen weitere Heterogenität in die Datenbanklandschaft der Unternehmen. Je mehr solche Datenbanken auch für zentrale, geschäftskritische Daten Verwendung finden, desto mehr muss sich die Datenbankadministration mit den Prinzipien der zugrunde liegenden Objekttechnologie auseinandersetzen.

4.2.3 Der logische Datenbankentwurf gewinnt an Bedeutung

Relationentheorie

Mit den Veröffentlichungen von Codd und Date zur Relationentheorie (vgl. [Codd 1970], [Date 1999]) wurde nicht nur die Basis für ein neues Datenmodell eingeführt, sondern zum ersten Mal auch eine mathematisch exakte Methode für den Entwurf von Datenbanken angeboten. Interessant ist zu bemerken, dass diese Methode nicht nur für den Entwurf relationaler Datenbanken angewendet wird, sondern auch hilfreich beim Entwurf herkömmlicher Datenbankschemata ist. Das Ziel dieser Methode bleibt, durch wohl definierte Schritte einen logischen Datenbankentwurf zu erhalten, der redundanzfreie Speicherung der Daten garantiert. Damit wird das Datenbankmanagementsystem in die Lage versetzt, die Datenintegrität bei Veränderungsoperationen weitgehend selbständig sicherzustellen.

Fachliche Sicht

Das Relationenmodell erlaubt ausserdem, die Semantik in Form eines Entity-Relationship-Modells (vgl. Kapitel 5 und Anhang A) weitgehend verlustfrei in das Datenbankschema zu übernehmen. Der Fortschritt besteht darin, dass beim Datenbankentwurf die fachlichen Zusammenhänge berücksichtigt werden, wo bisher häufig die Funktionen der Anwendungssysteme im Vordergrund standen. Die Datenmodellierung betrifft somit den Fachbereich, die Entwicklungsteams und Stellen des Datenmanagements.

Unternehmensweite Datenarchitektur / Datenmodelle

Unter dem Einfluss des Information Engineering sowie den Veröffentlichungen von [Vetter 1998] im deutschsprachigen Raum wurde das Bewusstsein für die Notwendigkeit einer umfassenden und anwendungsübergreifenden Betrachtung der Unternehmensdaten geweckt. Die Forderungen nach unternehmensweiten Datenarchitekturen entstanden (vgl. Kapitel 5). Diese Aufgabe ist aber nicht mehr Sache der Datenbankadministration, sondern hierfür werden spezielle Gruppen von Methodikern gebildet, die

4 *Aufbau der Datenbankadministration*

mehr fachliches als technisches Wissen in ihre Arbeit einbringen (vgl. zur Organisation Kapitel 8).

4.2.4 Veränderung des Berufbildes

Abhängigkeit vom Betriebssystem

Das Berufsbild des Datenbankadministrators (DBA) ist oft plattformabhängig. Der DBA in der Mainframe-Umgebung ist systemtechnisch orientiert, derjenige in der dezentralen Umgebung muss auch andere Aufgaben des Datenmanagements wahrnehmen können. Diese Entwicklung hängt mit den eingesetzten Betriebssystemen zusammen. So muss der Datenbankadministrator auf dem Mainframe ein Betriebssystem mit einer unvergleichlich höheren Komplexität kennenlernen und damit mit einer längeren Ausbildungszeit rechnen als ein Spezialist für dezentrale Datenbankmanagementsysteme. Dies mag auch der Grund sein, dass es selten DBAs aus der dezentralen Welt gibt, die in das Mainframe-Umfeld gewechselt haben; umgekehrt ist dies eher der Fall. Die starke Belastung durch die technische Komplexität ist einer der Gründe, dass der DBA auf dem Mainframe das herkömmliche Berufsbild beibehält. Ein anderer Grund ist die teilweise verspätete Verfügbarkeit von Stored Procedures und Triggers auf dem Grosssystem. In der dezentralen Welt sind diese Funktionen schon lange Bestandteil des DBMS und die DBAs auf den dezentralen Plattformen sind es gewohnt, entsprechende Routinen zu schreiben.

OLAP

Die Entwicklung der Datenbanktechnologie zeigt, dass OLAP-Werkzeuge Bestandteil des DBMS werden. Dies führt dazu, dass die Aufgaben des DBAs weit über die rein technischen hinausgehen. Es empfiehlt sich deshalb für die Datenbankadministration, neben dem technischen Fokus sich für die Daten im allgemeinen und deren Verwendung zu interessieren. Der Datenbankadministrator muss also auch das betriebliche Umfeld seiner Daten kennenlernen.

Weiterbildung ist gefragt

Die Ausbildung zu einem Datenbankadministrator ist sehr aufwändig. Gleichzeitig wissen wir, dass ein grosser Mangel an solchen Fachleuten vorhanden ist. Dies führt dazu, dass viele Datenbankhersteller die Entwicklung forcieren und ihr Datenbanksystem wartungsfreundlicher gestalten. So oder so ist der steten Weiterbildung bei der Datenbankadministration genügend Gewicht beizumessen.

4.3 Werkzeugeinsatz im Bereich Datenbankadministration

Die Administration umfangreicher Datenbanksysteme eines grossen Unternehmens kann nur durch den Einsatz robuster und technisch ausgereifter Werkzeuge bewältigt werden. Je heterogener die Datenbanklandschaft im Unternehmen ist, desto vielfältiger müssen die Werkzeuge sein, welche zum Einsatz kommen.

Entwicklung von Werkzeugen

Zu Beginn der Ära der Datenbankmanagementsysteme reichten die Zusatzfunktionen der Betriebs- und Dateisysteme zur Verwaltung und Sicherstellung der Daten aus. Aufgrund weitergehender Bedürfnisse und mangelnder Verfügbarkeit von echten Datenbankadministrationswerkzeugen gingen schon bald einige Datenbankadministratoren bei grossen Anwendern dazu über, sich eigene Werkzeuge zur Verwaltung ihrer Datenbanken zu bauen. Einige dieser Werkzeuge erreichten im Laufe der Jahre sogar Marktreife und wurden zu kommerziell erfolgreichen Produkten. Ausserdem positionierten sich aufgrund der zunehmend grossen Nachfrage nach Datenbankadministrationsprodukten neben den eigentlichen Datenbankherstellern andere Softwarehäuser, die ausschliesslich Produkte zur Verwaltung und Pflege der Datenbanken entwickelten.

Integrierbarkeit mit anderen Produkten

In einem komplexen, heterogenen Umfeld kann heute kein Datenbankadministrator mehr auf den Einsatz von Zusatzprodukten verzichten. Ganz wesentlich beim Einsatz dieser Softwarekomponenten ist deren Integrierbarkeit in die bestehende Systemlandschaft. Je heterogener die Datenbanksysteme und je abhängiger die Datenbankobjekte voneinander sind und je höher der Anteil verteilter Daten ist, desto schwieriger gestaltet sich Softwarepolitik der Datenbankadministratoren.

Repositorysystem

Daher ist der Dokumentation und der Verfügbarkeit aller systemtechnischen Daten in einem aktiven und aktuellen Data-Dictionary oder Repositorysystem höchste Aufmerksamkeit zu schenken. In diesen Systemen sind somit alle Datenobjekte unabhängig vom verwendeten Datenbanksystem, die Abhängigkeiten dieser Objekte untereinander, die Referenzierung und Verwendung der Datenobjekte in den Programmen der Anwendungssysteme, die logischen und physischen Datenbankschemata und der Zustand der Datenbankobjekte für den Datenbankadministrator aktuell verfügbar. Die Verwaltungswerkzeuge werden über diese Systeme aktiv miteinander verbunden und bilden eine integrierte Arbeitsumgebung für die Datenbankspezialisten (vgl. Kapitel 6).

4 Aufbau der Datenbankadministration

Kosten dezentraler Systeme

Die mangelnde Integration der Arbeitsumgebungen ist ein Kostentreiber. In Unternehmen, welche in der Vergangenheit viel in dezentrale Datenbankserver investiert und zuwenig auf organisatorische Folgekosten geachtet haben, ist die Anzahl der Systemspezialisten sowie der Datenbankadministratoren für die dezentralen Systeme teilweise stark gestiegen. Die Organisationskosten haben häufig den Vorteil der preiswerten dezentralen Rechnerleistung überkompensiert.

In der folgenden Tabelle fassen wir die wichtigsten Aufgabenbereiche der Datenbankadministration und die dazu notwendigen Werkzeuge zusammen:

Tabelle 4-2: DBA-Werkzeuge je Aufgabenbereich

Aufgabenbereich	DBA-Werkzeuge
DBMS Systemsteuerung	• Herstellerspezifische Zusatzkomponenten
Leistungs- und Performance-Überwachung	• Performance-Systeme • SQL-Analysewerkzeuge • System-Monitore • Datenbankanalysewerkzeuge
Sicherheit, Datensicherung und Wiederherstellung	• Backup- und Restore-Programme • Log-Analysewerkzeuge • Benutzer-Verwaltungssysteme Authorisierungssoftware • Verschlüsselungssysteme
Datenbank Implementierung und physischer Datenbankentwurf	• CASE-Werzeuge zur Datenmodellierung • CASE-Werkzeuge für den logischen und physischen Datenbankentwurf • Ladeprogramme
DB-Änderungen	• CASE-Werkzeuge • Werkzeuge zur Überwachung und Steuerung der Objektabhängigkeiten • DB-Zusatzfunktionen
Technische Reorganisationen	• Werkzeuge zur Überwachung der DB-Statistiken und Steuerung technischer Reorganisationen • DB-Zusatzfunktionen
Systemdokumentation und Metadatenverwaltung	• Dokumentmanagement-Systeme • Mailing-Systeme • CASE-Werkzeuge zur Datenmodellierung • Data-Dictionary-Systeme • Repository-Systeme
Produktionssteuerung und Produktionsplanung	• Systeme zur Job- und Anwendungssteuerung • Workflow Systeme
Datenverteilung, Replikation und Propagierung	• Extraktions- und Lade-Systeme • Datentransformations-Systeme • Replikations-Software
Programmierung datennaher Logik	• Trigger und Stroed Procedures

4.3.1 Die Qualitätssicherungsmassnahmen

Die Qualität der Datenbankadministration und die damit unmittelbar verbundene Qualität der Datenbanken hängt von vielen Faktoren ab, von denen sich in der Praxis die folgenden als besonders wichtig erwiesen haben:

Qualifiziertes Personal
- Der Auswahl qualifizierten Personals muss höchste Aufmerksamkeit geschenkt werden. Die Qualifikation ist ein Produkt aus Ausbildung, Erfahrung, Belastbarkeit, Lernfähigkeit und Lernwilligkeit. Die Datenbankadministratoren sind heute mehr denn je mit sehr komplexen Systemen konfrontiert, welche für die Unternehmen (wie beispielsweise Fluggesellschaften, Banken, Versicherungen, Reiseunternehmen) immer erfolgskritischer werden. An einer sensiblen Stelle wie der Datenbankadministration beim Personal sowohl quantitativ wie auch qualitativ sparen zu wollen, ist fahrlässig.

Einbindung in die Organisation
- Die Datenbankadministration ist in die Aufbau- und Ablauforganisation des Informatikbereiches so einzubinden, dass eine sinnvolle Arbeitsteilung zwischen Systemtechnik, Entwicklung und Fachbereich geschieht, welche sich an den Geschäftsprozessen und am Qualitätsmanagement orientiert (vgl. Kapitel 8).

Kompetenzen
- Die Datenbankadministration ist mit allen erforderlichen Kompetenzen auszustatten, um die relevanten Standards definieren und durchsetzen zu können.

Technische Hilfsmittel
- Der Datenbankadministration müssen alle technischen Hilfsmittel zur Verfügung gestellt werden, um die Aufgaben effektiv erfüllen zu können. Der Integration dieser Werkzeuge zu einer umfassenden Arbeitsumgebung für den Datenbankadministrator ist aus den oben dargelegten Gründen zur Risiko- und Kostenminimierung höchste Aufmerksamkeit zu widmen.

4.4 Kernaussagen zur Datenbankadministration

1. *Technologische Entwicklungen im Hardware- und Softwarebereich haben Datenbankmanagementsysteme ermöglicht und prägen das Berufsbild des Datenbankadministrators.*
2. *Durch die ständige Weiterentwicklung der Datenbanktechnologie erweitert sich der Aufgabenbereich der Datenbankadministration stetig auf verschiedenen Gebieten wie der Parallelverarbeitung, der Replikation, der verteilten Systeme, des Datenobjektmanagements und des Qualitätsmanagements.*
3. *Eine leistungsfähige, professionelle und mit den notwendigen Kompetenzen versehene Datenbankadministration sichert die Verfügbarkeit und Integrität der Unternehmensressource „Daten" über lange Zeiträume und ermöglicht auch deren Migration auf neue Plattformen.*
4. *Nur mit dem Einsatz von professionellen, leistungsfähigen und integrierten Verwaltungs- und Administrations-Werkzeugen kann eine qualitativ hohe und effiziente Dienstleistung Datenbankadministration realisiert und gesichert werden.*
5. *Der Aufbau einer leistungsfähigen Datenbankadministration ist der erste Schritt in Richtung eines integrierten Datenmanagements.*

5 Unternehmensdatenmodellierung

Die nächste Stufe auf dem Weg zum Informationsmanagement ist durch das Aufkommen von semantischen Datenmodellen und Bestrebungen zur Standardisierung der Unternehmensdaten geprägt. Dem lag die Erkenntnis zugrunde, dass alleine durch eine neue Technologie, wie im Falle der Datenbanktechnologie, das Ziel der integrierten Datenhaltung nicht zu erreichen ist.

Zwar schafft die Datenbanktechnologie die technischen Voraussetzungen, aber ohne einen konzeptionellen Überbau, welcher die Daten des Unternehmens als Gesamtheit betrachtet und abbildet, stehen auch die Daten in den Datenbanken lediglich isolierten Anwendungen zur Verfügung. Dies war vor dem Aufkommen von Datenbankmanagementsystemen in Dateianwendungen bereits der Fall.

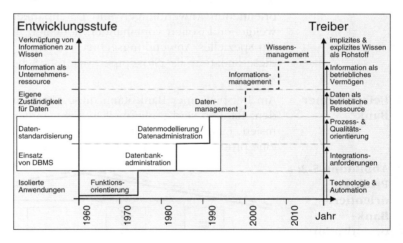

Abbildung 5-1: Übergang zur Datenmodellierung und Datenbankadministration

Der volle Nutzen der Datenbanktechnologie kann sich nur entfalten, wenn die konzeptionellen und organisatorischen Voraussetzungen geschaffen werden. Der Übergang von der Datenbankadministration zur **_Datenmodellierung_** war also konzeptionell-methodisch getrieben.

5.1 Ausgangslage

Mitte der 80er Jahre machte das Wort vom „Datenchaos und dem Jahrhundertproblem der Informatik" [Vetter 1987] in der Fachpresse, auf Konferenzen und in den Unternehmen die Runde. Was war damit gemeint?

Redundanzfreiheit der Daten

Bei der Entwicklung einer Anwendung zur Unterstützung einer betrieblichen Funktion, wie der Buchhaltung, des Personalwesens oder der Kontobearbeitung bei einer Bank, wurden eben nach wie vor nur die Daten dieser einen Anwendung betrachtet. Diese Daten wurden zwar durchaus in einem semantischen Datenmodell in Form eines Entity-Relationship-Modells [Martin 1990] beschrieben, jedoch wurde innerhalb des Anwendungsmodells auch auf Redundanzfreiheit geachtet. Umfassende Integrationsmodelle, welche das Gesamtunternehmen miteinbezogen, wurden selten erstellt. Zudem waren sie nicht in den Vorgehensmodellen der Unternehmen vorgesehen.

Schornsteinsysteme

Es herrschte eine funktionale und an der Organisation des Unternehmens orientierte Sichtweise vor. Als Folge davon entstanden in grossen EDV-Umgebungen Hunderte von transaktionsorientierten Anwendungen und Datenbanken. Die Daten waren weitgehend isoliert voneinander modelliert. Es wurde jeweils nur ein spezielles Anwendungsgebiet betrachtet. Im Englischen wird diese Situation als „Stovepipe Systems" (Schornsteinsysteme) bezeichnet.

Beispiel einer Bank

Am Beispiel einer Bank kann diese Situation kurz skizziert werden. Banken sind traditionell in sogenannten Banksparten organisiert. Eine Spartenorganisation ist im Prinzip nichts anderes als eine produkt-orientierte Aufbauorganisation.

Abbildung 5-2: Produktorientierte Bankorganisation

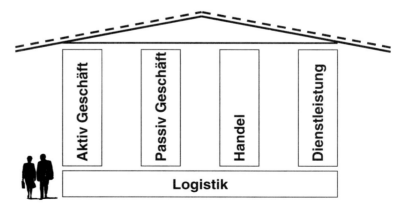

Je nach Feinheit der Produktdifferenzierung gibt es in Banken eine mehr oder minder feine Unterteilung der Organisation. Grundsätzlich kann zwischen Aktiv- (Kredit), Passiv- (Anlagen) und Handelsgeschäften sowie Dienstleistungen (wie beispielsweise die Miete eines Schliessfachs) unterschieden werden.

So wie die Organisation produkt-orientiert aufgebaut war, strukturierte man auch die Anwendungssysteme und die zugrundeliegenden Datenbanken. In wenigen Ausnahmefällen kam wenigstens ein Data Dictionary zum Einsatz, welches die Beschreibung von physischen Datenstrukturen und Datenfeldern erlaubte.

Metadaten im Data Dictionary

Wurden diese Metadaten im Data Dictionary (vgl. Kapitel 6) ordentlich administriert, was leider selten der Fall war, erlauben sie heute immerhin systemübergreifenden Anwendungen, wie zum Beispiel solchen aus dem Rechnungswesen, des Controllings oder des Berichtwesens, die Formate und die Semantik von Daten aus unterschiedlichen Systemen abzugleichen und in der eigenen Anwendung entsprechend ihrer Bedeutung weiterzuverarbeiten.

Funktions- und organisationsorientierte Datensicht

Die funktions- und organisationsorientierte Sicht auf die Daten störte kaum, solange die Anwendungssysteme vor allem zur Automatisierung und Rationalisierung von operativen Geschäftsfunktionen respektive Geschäftsfeldern entwickelt und eingesetzt wurden. Als im Laufe der achtziger Jahre zunehmend Informationssysteme auch zur Unterstützung von Managementprozessen entwickelt werden sollten, welche entscheidungsunterstützende und geschäftsfeldübergreifende Anwendungen notwendig machten, wurde der Mangel an Integration und die schlechte Qualität der Daten spürbar.

Auswirkung der Kundenorientierung

Ein weiteres Problem entstand durch die organisatorische Neuausrichtung vieler Unternehmen. Im Zuge der Fokussierung auf die Kunden änderten sich viele Unternehmen zu Beginn der 90er Jahre von der produkt-orientierten zu einer kunden- und prozess-orientierten Organisation. Dies war vor allem bei Dienstleistungsunternehmen mehr als nur eine Marketinginitiative, sondern ging einher mit einer eingehenden Analyse der eigenen Geschäftsprozesse.

Im Dienstleistungssektor ist ein Geschäftsprozess dadurch geprägt, dass an seinem Anfang und an seinem Ende jeweils der Kunde steht. Ein Wechsel von einer produkt- zu einer kundenorientierten Organisation bedeutet - wieder am Beispiel einer Bank -, dass das Organigramm um 90 Grad gekippt wird. Dieser

Änderung konnten aber die funktional- und produkt-orientierten Anwendungssysteme und die zugrundeliegenden Datenstrukturen nicht folgen. Sie lagen plötzlich quer zur Unternehmensstruktur.

Abbildung 5-3: Wechsel zur kunden- und prozessorientierten Bankorganisation

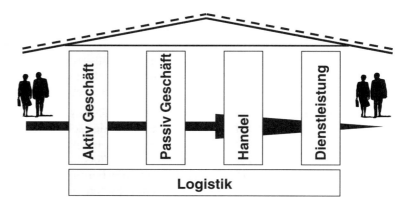

Beide Probleme, mangelhafte Unterstützung von Managementprozessen und mangelhafte Unterstützung der operativen Geschäftsprozesse hatten die gleiche Ursache, nämlich inadäquate Datenstrukturen. Das Datenchaos war Realität. Mit diesem Problem konfrontiert, waren jetzt methodische und technische Verfahren zur Integration von Daten auf verschiedenen Integrationsebenen bis hin zum Gesamtunternehmen gefragt.

5.2 Das Ziel Datenintegration

Das Ziel ist mit der **Integration der wesentlichen Daten des Unternehmens** definiert. Hierzu zählen alle jene Daten, die dem Kerngeschäft des Unternehmens zugerechnet werden können. Weniger von Interesse sind Daten aus der administrativen Umgebung des Unternehmens, wie z.B. der Kantinenverwaltung.

Zwei Ansätze Die Integration von Daten ist prinzipiell auf zwei Arten denkbar:

1. Die erste Variante besteht darin, den Datenaustausch zwischen verschiedenen Anwendungssystemen über Schnittstellen zu gewährleisten.
2. Die zweite Variante besteht in der Nutzung gemeinsamer Datenbestände in zentralen oder verteilten konsistenten Datenbanken.

5.2.1 Datenaustausch über Schnittstellen

1. Variante Die erste Variante setzt voraus, dass in den beteiligten Anwendungen das gleiche semantische Verständnis über die Daten vorhanden ist. Wenn im System A ein Attribut „Amortisationsbetrag", im System B ein Attribut „Rückzahlungsbetrag" und im System C ein Attribut „Tilgungsbetrag" definiert ist, muss feststellbar sein, ob die Dateninhalte dieselbe Bedeutung haben, respektive worin die Unterschiede bestehen.

Analyseprozess Da die meisten Anwendungen aber weitgehend isoliert von einander entwickelt wurden und daher nicht einer gemeinsamen Datenarchitektur gehorchen, muss für den Bau einer Schnittstelle zunächst die Semantik der jeweiligen Datenobjekte abgeglichen werden. Die Analyse der Datenelemente ist für den Bau von Schnittstellen zwischen verschiedenen Anwendungssystemen unerlässlich und ist normalerweise mit erheblichem Aufwand verbunden.

Nutzung von Data Dictionary Diese Aufgabe fällt leichter, wenn ein gut administriertes Data Dictionary vorhanden ist. Die darin vorliegenden Informationen sind jedoch nicht immer glaubwürdig. Ein und dasselbe Datenelement wird häufig in verschiedenen Anwendungen unterschiedlich interpretiert, obwohl es im Dictionary eindeutig beschrieben wurde.

Synonyme und Homonyme Es geht bei der Aufdeckung der Semantik der Datenobjekte darum, deren Verwendung in verschiedenen Anwendungen zu erkennen. Hierbei tritt oft die Problematik der Synonyme und Homonyme auf. Ein Synonym liegt immer dann vor, wenn Datenelemente gemäss Dictionary zwar unterschiedlich benannt sind, aber in der gleichen Bedeutung verwendet werden (zum Beispiel Schuldner und Debitor). Ein Homonym liegt vor, wenn dasselbe Datenelement in unterschiedlicher Bedeutung verwendet wird (beispielsweise Bank = Sitzbank, Sandbank oder Geldinstitut).

Schnittstellenproblematik Die Daten in den verschiedenen zu verbindenden Anwendungen sind zumindest temporär inkonsistent. Eine konsistente Sicht muss erst über Zeitschnitte wieder hergestellt werden, sofern dies überhaupt möglich ist. Eine zeitnahe Sicht auf die Daten oder gar eine simultane Bearbeitung derselben Daten durch verschiedene Stellen ist so nicht zu erreichen. Dies ist jedoch eine Voraussetzung für eine effiziente Unterstützung von Geschäftsprozessen.

5 Unternehmensdatenmodellierung

Wartungsaufwand Mit jeder zusätzlichen Anwendung, welche via Datenaustausch integriert werden soll, vervielfacht sich ausserdem die Anzahl der Schnittstellen- und Abgleichprogramme. Dies führt zu erheblichem Wartungsaufwand und lässt das Gesamtsystem immer unflexibler, wartungsunfreundlicher und damit teurer werden.

Beurteilung So wird der vermeintlich grosse Vorteil dieser Art der Datenintegration, nämlich die weitgehend unabhängige Entwicklung verschiedener Anwendungen ohne Abstimmung mit einem zentralen Modell, sehr bald zu einem gravierenden, Kapital und Ressourcen verschlingenden Nachteil.

5.2.2 Nutzung gemeinsamer Datenbestände

2. Variante Die Alternative zur Schnittstellenintegration besteht in der Nutzung gemeinsamer Datenbestände in zentralen oder verteilten Datenbanken durch die verschiedenen Anwendungssysteme.

Dieser Integrationsansatz setzt voraus, dass diese übergreifenden Datenbestände einmal konsistent und widerspruchsfrei modelliert wurden. Somit können wir folgern, dass eine gemeinsame Datenarchitektur vorhanden sein muss. Die Anwendungen werden nicht mehr isoliert voneinander betrachtet, sondern sie richten sich aus an der übergreifenden, umfassenden Datenarchitektur.

Geschäfts- und Validierungsregeln Modelliert man nicht nur die Daten, sondern auch die zugrunde liegenden Geschäfts- und Validierungsregeln, so können diese „daten-nahen" Regeln bei modernen Datenbankkonzepten auch im Datenbankkern durch sogenannte "Triggers" und "Stored Procedures" implementiert werden. Die Sicherstellung der Datenkonsistenz erfolgt weitgehend durch das Datenbankmanagementsystem. Von jeder Anwendung, welche die Daten verwendet, müssen dann zwangsläufig auch die in der Datenbank festgelegten Integritätsregeln verwendet werden. Mit zunehmender Mächtigkeit der Datenbankmanagementsysteme, solche Integritätsregeln zu verwalten, wird dieser Aspekt immer wichtiger.

Darüber hinaus wird damit ein wichtiger Fortschritt hin zu echter Wiederverwendung von Wissen in der Anwendungsentwicklung erzielt. Dass sich die Zahl der Schnittstellenprogramme und damit der Wartungsaufwand erheblich reduziert, ist einleuchtend.

Gemeinsames Verständnis Es kommt schliesslich noch ein ganz wesentlicher, nicht durch die Informatik begründeter Aspekt hinzu. Die strategisch-dispositive Ebene und die operative Ebene des Unternehmens entwickeln ein bestimmtes Verständnis vom Geschäft. Wenn die

5.2 Das Ziel Datenintegration

systemtechnische Realisierung von Anwendungen für die verschiedenen Ebenen des Unternehmens erfolgreich sein soll, muss von demselben Verständnis des Geschäftes ausgegangen werden wie in den einzelnen Geschäftsbereichen.

Abbildung 5-4: Gleiches Verständnis vom Geschäft auf allen Ebenen

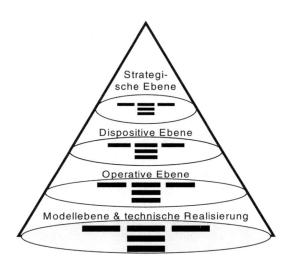

Modellbildung

Um komplexe Zusammenhänge besser zu verstehen, bedient man sich üblicherweise der Modellbildung. Je näher sich die Modelle des Geschäftes auf den verschiedenen Ebenen (strategische, dispositive, operative, systemtechnische) sind, desto einfacher ist die Kommunikation zwischen den Ebenen und desto wertvoller und konsistenter wird auch die Information, da der Interpretationsspielraum bei der Kommunikation abnimmt. Im Idealfall liegt der Betrachtung des Geschäftes auf allen vier Ebenen dasselbe Modell zugrunde. Die Sichten auf dieses Modell unterscheiden sich nur in ihrem Detaillierungsgrad.

In einem solchen, von uns angestrebten Zustand, leistet ein (Daten-)Modell unschätzbare Dienste als Kommunikationsmittel zwischen den verschiedenen Einheiten des Unternehmens und erhöht den Wert jeder Information im Unternehmen. Somit ist das Modell nicht nur für die Informatik, sondern auch für die Geschäftsbereiche wertvoll.

Übergreifendes Datenmodell

Das Konzept der Datenintegration durch Nutzung gemeinsamer Datenbestände, aufbauend auf einem übergreifenden Datenmodell, ist Mitte der achtziger Jahre von vielen Autoren [Vetter 1987; Martin 1990] vertreten worden.

In der Folge dieser Veröffentlichungen und getragen von der Erkenntnis, dass die Daten den stabilen Kern jedes Informationssystems darstellen, wurden in den **Unternehmen Teams von Datenarchitekten** gebildet und mit der Entwicklung eines **Unternehmens-Datenmodells (UDM)** und eines **unternehmensweiten Datenmodells (UwDM)**, welches die gesamten Daten des Unternehmens abbilden sollte, beauftragt.

Beurteilung Diese Teams sind meistens mit grossem Enthusiasmus an ihre Aufgabe herangegangen und haben häufig mehr oder weniger umfangreiche Datenmodelle erstellt und dokumentiert. In den meisten Fällen hat dieses Datenmodell jedoch nach der Präsentation beim IT-Management im Unternehmen keinerlei grössere Bedeutung mehr erlangt.

Zur Beseitigung des Datenchaos haben diese Modelle in der Unternehmenspraxis leider nur wenig beigetragen. Den Autoren ist kein einziges Unternehmen bekannt, das ein top-down entwickeltes unternehmensweites Datenmodell auch konsequent umgesetzt hat. Häufig stand die Frage im Raum: „Wir haben nun ein tolles, sauberes Datenmodell, nur, was machen wir jetzt damit?" Im Folgenden soll untersucht werden, wo die Lücke zwischen Theorie und Praxis liegt.

5.3 Ansätze zur Erstellung einer Datenarchitektur

5.3.1 Datenarchitektur

Zu den grossen Schwachstellen heutiger Informationssysteme gehört in den meisten Unternehmen, dass das implizite Datenmodell des Informationssystems die Organisation des Unternehmens zum Zeitpunkt der Entstehung der ersten Teilsysteme widerspiegelt.

Anforderungen an die Datenarchitektur Da die Organisation des Geschäfts des Unternehmens, das heisst die Ablauf- oder Prozessorganisation, häufigeren Änderungen unterworfen ist, als der Gegenstand des Kerngeschäftes selbst, muss eine tragfähige Datenarchitektur das Geschäft des Unternehmens als Modellierungsgegenstand haben, und das Unternehmen selbst, also dessen Ablauf- und Aufbauorganisation, nur soweit in das Modell einbeziehen, wie es zur Beschreibung des Geschäftes unabdingbar ist.

Dies will heissen, dass eine erfolgversprechende Datenarchitektur resistent gegen organisatorische Änderungen sein muss. Wenn ein Unternehmen seine Geschäftsprozesse in der Zukunft

5.3 Ansätze zur Erstellung einer Datenarchitektur

anders organisiert, muss die Datenarchitektur dennoch stabil bleiben.

Bei der Entwicklung eines umfassenden, das Gesamtunternehmen berücksichtigenden Datenmodells, existieren in der Theorie verschiedene Ansätze und unterschiedliche Vorgehensweisen.

Abbildung 5-5: Abstraktionsebenen von Datenmodellen im Unternehmen

Abstraktionsebenen

Zunächst müssen verschiedene Abstraktionsebenen unterschieden werden. Vergleicht man die möglichen Abstraktionsebenen der Datenmodelle in einem Unternehmen mit den unterschiedlichen Massstäben auf Landkarten, so ist die oberste Ebene des *Unternehmens-Datenmodells (UDM)* die Weltkarte des Unternehmens, die Ebene der *Bereichs-Datenmodelle (BDM)* erklärt die einzelnen Kontinente, und auf der Stufe des *unternehmensweiten Datenmodells (UwDM)* findet man die genauen Beschreibungen jedes einzelnen Landes. Möchte man eine bestimmte Adresse in einer Stadt finden, muss man sich der Stadtpläne bedienen, vergleichbar mit den logischen Datenbankschemata.

In einem Unternehmen können Modelle auf allen hier dargestellten Abstraktionsebenen oder nur auf einzelnen vorhanden sein, häufig auch nur auf der untersten Ebene der Implementierung. Dies ist immer dann der Fall, wenn im Unternehmen zwar Datenbanken im Einsatz sind, jedoch nicht in Datenmodellen dokumentiert sind. Als Modellierungsansatz ist dies allerdings nicht zu bezeichnen, sondern eher als Beweis des Fehlens jeglichen Modellierungsvorgehens. Konzentrieren wir uns daher auf die wichtigsten Modellierungsansätze - das UDM und das UwDM.

Unternehmensdatenmodell
Das Unternehmensdatenmodell (UDM) besteht in der Regel aus fünf bis fünfzehn Datenklassen und beschreibt die wesentlichen Daten des Unternehmens auf einem hohen Abstraktionsniveau. Es entsteht damit eine grobe Architektur, welche das Ziel hat, auf hohem Abstraktionsniveau ein gemeinsames Verständnis für die Unternehmensdaten zu entwickeln und auch eine gewisse Begriffsnormierung durchzusetzen.

Der Detaillierungsgrad eines UDM ist ungeeignet, um bei der Entwicklung von Anwendungssystemen wirklich integrierend wirken zu können. Die Leistung eines UDM besteht vielmehr in der Bereitstellung einer gemeinsamen, das Gesamtunternehmen beschreibenden Terminologie auf hohem Abstraktionsniveau. Es liefert also eine Normierung in der Bezeichnung der wichtigsten Datenklassen des Unternehmens.

Unternehmensweites Datenmodell
Ein unternehmensweites Datenmodell (UwDM) soll im Gegensatz zu einem UDM in einem umfassenden, detaillierten Plan sämtliche relevanten Datenobjekte des Unternehmens abbilden und beschreiben. Dies führt nicht selten zu Modellen mit mehreren hundert Datenobjekten und mehreren tausend Beziehungen zwischen diesen Objekten führt. Diese Modelle sind aufgrund ihrer Detaillierung prinzipiell zur Entwicklung integrierter Anwendungen geeignet.

Branchenmodelle
Unter der Führung von einigen EDV-Anbietern (z.B. IBM) sind in der Vergangenheit Branchenmodelle (z.B. für Banken und Versicherungen) in Zusammenarbeit mit entsprechenden Unternehmen entwickelt worden. Beispielsweise gibt es für Banken Modelle, die eine gesamte Universalbank abbilden oder auch nur spezielle Geschäfte wie etwa Handelsgeschäfte. Solche Modelle haben durch ihren Entwicklungsprozess den Vorteil, dass sie von mehreren Unternehmen mit weitgehend ähnlicher Geschäftstätigkeit erstellt und verifiziert wurden, und daher eine sehr hohe Qualität haben.

Die Modelle sind in unterschiedlichen Detaillierungsstufen erhältlich, also auf der Ebene eines UDM wie auch auf der Ebene eines UwDM. Die UwDM sind aufgrund ihrer Detaillierung zwar prinzipiell zur Entwicklung integrierter Anwendungen geeignet, haben sich aber weder in den einzelnen Unternehmen noch gar in einer ganzen Branche durchsetzen können.

5.3.2 Vorgehensweisen

Top-Down-Ansatz

Der Top-Down-Ansatz bei der Entwicklung eines Unternehmensmodells und unternehmensweiten Datenmodells geht von der Vorstellung aus, als würden die Informationssysteme für das Unternehmen vollständig neu entwickelt. Die existierenden Datenstrukturen werden, zumindest zunächst, nicht in die Betrachtungen miteinbezogen, sondern es werden Soll-Datenstrukturen entwickelt, wie sie das Geschäft des Unternehmens abbilden sollten.

Das Geschäft des Unternehmens wird hinsichtlich seiner Datenanforderungen analysiert und alle Aspekte der Unternehmensdaten werden in einem integrierten Datenmodell beschrieben.

Bottom-Up-Ansatz

Beim Bottom-Up-Ansatz wird entgegengesetzt zum Top-Down-Ansatz vorgegangen. Zunächst werden die vorhandenen Datenstrukturen (oder das implizit existierende Datenmodell aller vorhandenen Anwendungen) im Unternehmen analysiert.

Durch Generalisierungen wird versucht, die Gemeinsamkeiten der Datenstrukturen zu erkennen und in einem Datenmodell des Unternehmens zu beschreiben. Generalisierung ist eine übliche Modellierungstechnik, bei der von speziellen Ausprägungen auf allgemeinere Datenklassen geschlossen wird.

Verwendung von Referenz-Datenmodellen

Wenn Unternehmen ähnlicher Grösse in derselben Branche tätig sind (z.B. grosse Universalbanken), unterstützen sie auch grösstenteils die gleichen Prozesse und Produkte. Bei der Verwendung von Referenzdatenmodellen werden Kosten beim Entwurf eingespart; es muss lediglich das Modell in Bereichen angepasst und adaptiert werden (vgl. Kapitel 5.6).

Kombinationsmöglichkeiten

Aus den beschriebenen Ansätzen und Vorgehensweisen bei der Erstellung einer unternehmensweiten Datenarchitektur ergeben sich folgende Kombinationsmöglichkeiten:

	Unternehmens-Datenmodell (UDM)	unternehmensweites Datenmodell (UwDM)
Top-Down	top-down entwickeltes Datenmodell, das aufgrund der Analyse des Unternehmensgeschäfts als UDM eine Top-Struktur von 5-15 Datenklassen beschreibt	top-down entwickeltes detailliertes Datenmodell, das als UwDM aufgrund der Analyse des Unternehmensgeschäfts alle Datenaspekte des Unternehmens in einem Soll-Modell beschreibt.
Bottom-Up	Bottom-up entwickeltes Datenmodell, das durch Generalisierung die wichtigsten Gemeinsamkeiten der existierenden Datenstrukturen des Unternehmens in einer Top-Struktur von 5-15 Datenklassen zusammenfasst	bottom-up entwickeltes Datenmodell, das durch Generalisierung alle Gemeinsamkeiten der existierenden Datenstrukturen des Unternehmens in einem Detailmodell beschreibt
Referenzmodell	es wird ein branchen-spezifisches Datenmodell eingekauft, welches die wichtigsten, branchenüblichen Datenklassen in einer Top-Struktur zusammenfasst	es wird ein branchen-spezifisches Datenmodell eingekauft, das in detaillierten Datenstrukturen ganze branchen-übliche Anwendungsgebiete beschreibt

Tabelle 5-1: Kombinationsansätze bei der Erstellung einer unternehmensweiten Datenarchitektur

5.3.3 Bewertung der Vorgehensweisen

Top-Down-Vorgehen

Ein reines Top-Down-Vorgehen gibt es eigentlich nicht, da jede Modellierung immer auch auf Erkenntnissen beruht, die man dem bestehenden Informationssystem bottom-up entnimmt.

Das Entscheidende beim Top-Down-Vorgehen ist, dass man das gegebene System nicht als die einzige Möglichkeit akzeptiert, vielmehr sollte man bei der Erstellung eines neuen Modells von der Betrachtung des Geschäftes des Unternehmens ausgehen. Dabei ist nicht nur wesentlich, das gegenwärtig Geschäft des Unternehmens zu analysieren, sondern auch zu versuchen, im Modell bereits die Zukunft zu adaptieren.

Bottom-Up-Vorgehen

Beim reinen Bottom-Up-Vorgehen, wo von der Analyse des bestehenden Informationssystems ausgegangen wird, erreicht man den gewünschten Integrationseffekt durch die Generalisierung

5.3 Ansätze zur Erstellung einer Datenarchitektur

spezieller Ausprägungen in den verschiedenen analysierten Datenmodellen. Man gelangt so zu allgemeineren Datenklassen, die alle Datenstrukturen und Attribute enthalten, welche über einzelne Anwendungsbereiche hinausgehen; die also gemeinsam von vielen Anwendungen verwendet werden können.

Bei diesem Vorgehen besteht die Gefahr, dass viele Schwächen der existierenden Datenstrukturen in das neue Modell übernommen werden und keine zukunftsweisende Datenarchitektur für das Unternehmen entsteht.

Verwendung Referenzmodell

Der Kauf und die Verwendung eines Referenzmodells kann den Prozess der Erstellung eines eigenen Datenmodells erheblich beschleunigen und auch die Qualität des Resultats verbessern.

Die externen Modelle treffen in den Unternehmen meistens auf eine unternehmens-spezifische Terminologie, die nur schwer zu verändern ist. Dies führt zu erheblichem Analyse- und Anpassungsaufwand. Immer wenn ein Modell das Kerngeschäft des Unternehmens abbilden soll, kann ein externes Modell niemals eigene Modellierungsüberlegungen ersetzen, es kann aber als Referenz dienen, um so den eigenen Modellierungsprozess zu beschleunigen. Es wird hauptsächlich als Qualitätssicherungsinstrument verwendet werden (vgl. Kapitel 5.6).

Fehlender Einsatz von qualifiziertem Fachbereichspersonal

Ein weiteres Problem bei der Erstellung eines UwDM besteht in der mangelnden Bereitschaft der Fachbereiche des Unternehmens qualifiziertes Personal für die Modellierung frei zu stellen. Dies liegt meist daran, dass die Fachbereiche nur dann qualifiziertes Personal zur Mitarbeit an Informatikprojekten abzustellen bereit sind, wenn sie einen unmittelbaren Nutzen aus ihrem Engagement ziehen können. Dieser ist bei der Erstellung eines UwDM für dei Fachbereiche zunächst eher gering.

Ohne eine engagierte Mitarbeit der Fachbereiche ist die Entwicklung eines detaillierten Modells, welches das Geschäft des Unternehmens abbildet, von vornherein zum Scheitern verurteilt. Da die Mitarbeit in solchen Projekten für einen qualifizierten Mitarbeiter eines Unternehmensfachbereiches in der Regel nicht als möglicher Karrierepfad anerkannt wird, ist es in jedem Fall ein grosses Problem, entsprechendes qualifiziertes Fachpersonal zu gewinnen.

Hier liegen die wesentlichen Gründe, weshalb es bei aller Notwendigkeit zur Datenintegration über gemeinsame Modelle in der Praxis kaum eine erfolgreiche Implementierung eines UwDM in einem grösseren Unternehmen gibt.

5 Unternehmensdatenmodellierung

Zusammenfassend werden die Vor- und Nachteile der verschiedenen Vorgehensweisen dargestellt:

Ansatz	Unternehmens-Datenmodell (UDM)		unternehmensweites Datenmodell (UwDM)	
	Vorteile	**Nachteile**	**Vorteile**	**Nachteile**
Top-Down	• Unternehmensweite Normierung der Geschäftsbegriffe auf hohem Abstraktionsniveau • kann neue Erkenntnisse über zukünftige Datenarchitektur bringen • wirkt auf die Semantik im Unternehmen auf hohem Niveau integrierend	• ist für die geforderte Datenintegration ungeeignet, wegen fehlender Detaillierung	• theoretisch der exakte Ansatz • führt zu einem umfassenden, detaillierten Datenmodell des Gesamtunternehmens • modelliert das Geschäft, führt so zu einer tatsächlich neuen Datenarchitektur des Unternehmens	• aufgrund der Komplexität kaum beherrschbares Projekt • kostet viel Zeit und Ressourcen • mangelnde Unterstützung durch die Fachbereiche ist die Regel • das Modell ist in der Regel überholt, bevor es fertig ist • in der Praxis gibt es keine Erfolgsstories
Bottom-Up	• repräsentiert auf hohem Abstraktionsniveau die existierenden Datenstrukturen im Unternehmen • hat einen Erklärungswert für das Ist-System • normiert Begriffe	• leistet keinen Beitrag zur Datenintegration • erklärt nicht das Geschäft sondern nur das Informationssystem • übernimmt die Schwächen des Ist-Systems • adaptiert nicht die Zukunft	• dokumentiert die existierenden Datenstrukturen im Detail • deckt meist Redundanzen auf • normiert Begriffe im Detail • kann für neue Anwendungen integrierend wirken	• erklärt nicht das Geschäft wie es modelliert sein sollte • übernimmt die Schwächen des Ist-Systems • adaptiert nicht die Zukunft • sehr aufwendiges Projekt im Verhältnis zum erzielbaren Nutzen
Referenz modell	• besitzt alle Vorteile eines Top-Down-UDM • beschleunigt den Entwicklungsprozess für eigenes UDM • wirkt auch als Qualitätssicherung	• besitzt alle Nachteile eines Top-Down-UDM • kann eigene Modellierungsüberlegungen nicht ersetzen • trifft oft auf völlig andere unternehmens-interne Terminologie	• besitzt alle Vorteile eines Top-Down-UwDM • beschleunigt den Entwicklungsprozess für eigenes UwDM • wirkt auch als Qualitätssicherung	• besitzt alle Nachteile eines Top-Down-UwDM • kann eigene Modellierungsüberlegungen nicht ersetzen • trifft oft auf völlig andere unternehmens-interne Terminologie

Tabelle 5-2: Vor- und Nachteile

Aufwand und Dauer

Bei grossen Unternehmen, etwa einer Bank oder einer Versicherung, ist die Erstellung eines detaillierten unternehmensweiten Datenmodells mit enormen Aufwand an Zeit, Personal und Ressourcen verbunden.

5.4 Das Erfolgsrezept zum Aufbau einer Datenarchitektur

Dauert die Entwicklung des Modells zu lange, besteht die grosse Wahrscheinlichkeit, dass sich die Realität des Unternehmens bereits verändert hat, bevor das Modell fertig ist. Rechnet man darüber hinaus die Einführungszeit nach der Fertigstellung hinzu, so ist offensichtlich, dass solche Modelle noch vor ihrer endgültigen Einführung veraltet sind.

5.4 Das Erfolgsrezept zum Aufbau einer Datenarchitektur

5.4.1 Der Weg zur unternehmensweiten Datenarchitektur

Jedes der geschilderten Vorgehen ist mit Vor- und Nachteilen verbunden, einen Königsweg bei der Erstellung einer unternehmensweiten Datenarchitektur scheint es nicht zu geben. Wie so häufig bietet sich auch hier eine Kombination verschiedener Vorgehensweisen an.

Pragmatischer Ansatz

Dies sollte man sich schon beim Start in ein solches bewusst sein, und nicht auf eine bestimmte, vielleicht theoretisch sehr fundierte, aber praktisch wirkungslose Methode fixiert sein. Die wesentlichen Gründe für das praktische Scheitern vieler derartiger Projekte sind neben der enormen Komplexität, welche solch umfassenden Modellen naturgemäss eigen ist, meistens ein falsch gewählter Modellausschnitt, die mangelhafte Antizipation der Zukunft und das Fehlen von Migrationsszenarien.

Prinzip des Kern-Datenmodells

Aufgrund unserer Erfahrungen haben wir das Prinzip des Kern-Datenmodells entwickelt. Das Prinzip besteht aus zwei Phasen:

1. Ein Top-Down-Vorgehen zur Entwicklung eines detaillierten Datenmodells der Kerndaten, welches die Kerngeschäfte des Unternehmens unterstützten.
2. Ein organisatorisches Rahmenwerk zur Erweiterung des Kern-Datenmodells durch ein kombiniertes Top-Down- und Bottom-Up-Vorgehen mit dem langfristigen Ziel eines integrierten, zukunftsgerichteten unternehmensweiten Datenmodells.

5.4.2 Die Organisation des Projektes

Zunächst ist es für den Erfolg wesentlich, dass der Aufbau einer unternehmensweiten Datenarchitektur als ***Projekt*** organisiert wird. Ist eine grobe Datenarchitektur erst einmal entwickelt, können anschliessend gezielt Teilprojekte initiiert werden, die bestimmte Teilbereiche der Architektur weiter bearbeiten und

5 Unternehmensdatenmodellierung

verfeinern. Ein Projekt zeichnet sich üblicherweise durch folgende Merkmale aus:

1. Es gibt einen **Auftraggeber** für das Projekt.
2. Es besteht ein **Projektauftrag**, welcher die Projektziele und den Auftraggeber benennt.
3. Es gibt ein **Budget** für das Projekt.
4. Es gibt eine **Projektplanung**, welche die Phasen, die Aktivitäten, die Meilensteine und die eingesetzten Ressourcen benennt.
5. Es gibt eine **Rahmenorganisation**, in welche das Projekt eingebettet ist, also zumindest einen Projektsteuerungsausschuss, in dem der Auftraggeber den Vorsitz führt.
6. Es gibt ein **Projektteam**.

Für das Projekt „Aufbau einer unternehmensweiten Datenarchitektur" sollten möglichst folgende Bedingungen zutreffen:

Auftraggeber Geschäftsleitung
1. Der Auftraggeber muss aus der Geschäftsleitung des Unternehmens kommen, um so tatsächlich den unternehmensweiten Anspruch durchsetzen und die notwendigen Ressourcen fachbereichs-übergreifend bereitstellen zu können.

Auftrag aus der Informatikstrategie
2. Der Projektauftrag sollte nicht isoliert entstehen, sondern aus einer umfassenden Informatikstrategie abgeleitet sein. Nur so ist gewährleistet, dass die Erstellung einer Datenarchitektur mit anderen aus der Informatikstrategie definierten Zielen des Unternehmens korrespondiert.

Explizite Budgetplanung
3. Das Budget sollte nicht lediglich ein Teilbudget des Informatikbereiches sein, sondern explizit in der Budgetplanung des Unternehmens ausgewiesen sein. Dies dokumentiert, dass der Aufbau einer Datenarchitektur kein reines IT-Projekt ist, sondern ein Vorhaben des Gesamtunternehmens.

Konkrete Meilensteine
4. Die Projektplanung sollte realistisch sein und nicht über mehrere Jahre gehen. Es sollte vielmehr in Meilensteinen (vgl. Abschnitt 5.4.5) eine erste, grobe Datenarchitektur auf dem Niveau eines UDM entwickelt werden. Danach in Teilprojekten einzelne Bereiche der Datenarchitektur nach Prioritäten weiterentwickelt werden.

Engagement Fachbereiche
5. Die Rahmenorganisation und die Zusammensetzung des Steuerungsgremiums muss das Engagement der Fachbereiche im Projekt sicherstellen. Ohne aktive und engagierte Mitarbeit qualifizierter Mitarbeiter aus den Fachbereichen ist kein

5.4 Das Erfolgsrezept zum Aufbau einer Datenarchitektur

erfolgreiches Projekt dieser Kategorie denkbar. Diese Ressourcen müssen durch ein Steuerungsgremium bewilligt werden, in dem die Fachbereiche dominieren, und nicht der Informatikbereich.

Interdisziplinär besetztes Projektteam

6. Ein heterogen, interdisziplinär besetztes Projektteam ist für den Erfolg ebenso unerlässlich, wie ein Projektleiter, der Erfahrungen im Entwurf umfangreicher Informatikarchitekturen hat. Da in einem Unternehmen solche Projekte eher die Ausnahme bilden, ist ein geeigneter Projektleiter häufig intern nicht zu finden. In solchen Fällen empfiehlt sich das Engagement eines externen Beraters.

5.4.3 Qualitätsmerkmale der Datenarchitektur

Bevor mit der Erstellung der Datenarchitektur begonnen wird, sollten zunächst einige Qualitätsmerkmale der neuen Architektur festgelegt werden. Einige wichtige Merkmale sind hier aufgeführt und kurz charakterisiert:

Dokumentationsqualität

- Die Datenarchitektur ist auf allen Abstraktionsebenen durchgängig zu dokumentieren. Die Dokumentation besteht aus den Datenmodellen in einem CASE-Werkzeug sowie Beschreibungen und Herleitungen in Form von Papierdokumenten. Alle Entwurfsentscheidungen sind zu begründen und zu dokumentieren. Die Entitätsmengen und Beziehungen sind mit eindeutigen Namen, Definitionen, Beschreibungen, Beispielen und Gegenbeispielen zu versehen. Die Attribute werden mit Namen, Definitionen, Attributstypen (Text, Datum, Zahl) und gegebenenfalls mit Wertebereichen beschrieben.

Redundanzfreiheit

- Die Datenmodelle werden in dritter Normalform erstellt, das heisst sie sind frei von Wiederholungen und Redundanzen. Dort, wo Redundanzen unvermeidlich sind, werden sie explizit dokumentiert.

Homonyme / Synonyme

- Es ist darauf zu achten, dass die Datenmodelle frei von Synonymen und Homonymen sind.

Keine Verwendung sprechender Schlüssel

- Es werden prinzipiell keine Schlüsselattribute mit irgendwelcher Semantik (sogenannte sprechende Schlüssel) verwendet, sondern ausschliesslich künstliche, technische Schlüssel. Der Grund besteht darin, dass Schlüsselattribute auf Datenbanken nur mit aller grösstem Aufwand geändert werden können, und die Wertebereiche der sprechenden Schlüssel irgendwann „überlaufen", respektive können keine neuen

5 Unternehmensdatenmodellierung

Flexibilität und Stabilität
- Um die Datenmodelle und die darauf implementierten Anwendungen in der Zukunft möglichst stabil zu halten, müssen die Modelle in jenen Bereichen, die in der Zukunft häufigen Änderungen unterworfen sein könnten, besonders flexibel ausgestaltet werden. Flexibilität sorgt also für Stabilität.

5.4.4 Unterstützung durch Werkzeuge

CASE-Werkzeuge unterstützen gemäss gängiger Entwicklungsmethoden die Entwicklungsphasen Unternehmensplanung, Analyse, Entwurf, Konstruktion, Implementierung, Test und Einführung sowie Wartung und Pflege [Balzert 1992]. Für die Aufgabenstellung der Datenarchitektur ist die Funktionalität in den ersten beiden Phasen Unternehmensplanung und Analyse von besonderer Bedeutung.

Funktionen
Werden Unternehmens- und Geschäftsbereichsmodelle mit einem CASE-Werkzeug erstellt und verwaltet, so verlangt dies folgende Funktionen [Meier/Schwinn 1992]:

- Beschreiben von Datenmodellen und Ausschnitten in verschiedenen Abstraktionsebenen;
- Verändern des Detaillierungsgrades innerhalb eines Modellausschnittes durch Vergrösserungen und Verkleinerungen (Zoom-Funktion);
- Suchen von Modellinhalten nach generischen Stichworten, eventuell ergänzt durch Gewichtsfaktoren;
- automatisches Nachführen von Änderungen innerhalb einer Abstraktionsebene auf über- oder untergeordneten Ebenen.

Bei der Dokumentation der unzähligen unternehmensweiten und geschäftsspezifischen Dateaspekte können nur die hier beschriebenen Funktionen Klarheit und Übersicht verschaffen. Fehlen diese wichtigen Such- und Navigationshilfsmittel auf verschiedenen Abstraktionsstufen oder sind sie zuwenig ausgeprägt, so bleibt ein Einsatz des CASE-Werkzeuges weitgehend auf die Erzeugung isolierter Entity-Relationship-Modelle beschränkt.

Integration der Modelle
Die Integration dieser Modelle auf Unternehmens- oder Bereichebene, die für die Datenarchitektur unerlässlich ist, muss dann durch die Verbindung des CASE-Werkzeuges über ein Metadatenmanagement-System, welches entsprechende Funktionen unterstützt, gewährleistet werden (vgl. Kapitel 6).

5.4 Das Erfolgsrezept zum Aufbau einer Datenarchitektur

5.4.5   **Meilensteine eines Projektes**

Ein erfolgversprechendes, schrittweises Vorgehen kann wie folgt skizziert werden [Meier/Graf/Schwinn 1991]:

Abbildung 5-6: Wesentliche Schritte beim Aufbau einer unternehmensweiten Datenarchitektur

Projektauftrag   Ausgehend von einer durch die Geschäftsleitung festgelegten Informationsstrategie wird zunächst in einem Kreativworkshop der Rahmen für das Projekt abgesteckt, die Systemgrenzen für die unternehmensweite Datenarchitektur festgelegt und ein Projektantrag an die Geschäftsleitung gerichtet. Nach Genehmigung des Antrages wird der konkrete Projektauftrag formuliert und erteilt. Danach beginnt das eigentliche Projekt.

Analyse Kerngeschäft   In Workshops, durch Interviews und mit Hilfe von Re-Engineering-Methoden wird das Geschäft des Unternehmens analysiert, die wichtigsten Entitätsmengen werden definiert und deren Beziehungen in einem semantischen Datenmodell dokumentiert. Dies ist ein iterativer Prozess, in dem immer wieder die Ergebnisse der vorherigen Iterationen durch neue Erkenntnisse ergänzt und konkretisiert werden. Ist die Architektur in dem vorgesehenen Projektrahmen erarbeitet und dokumentiert, folgt die Abnahme durch die Fachgremien.

Umsetzungsplan   Schliesslich muss das Projektteam einen Aktionsplan zur Umsetzung der Architektur erarbeiten. Ohne einen solchen Plan der nächsten strategischen Schritte ist die ganze Architektur wertlos. Ein Teil des Aktionsplans ist die Bestimmung von Teilprojekten zur Verfeinerung der Architektur in bestimmten, priorisierten Bereichen.

5 Unternehmensdatenmodellierung

Präsentation — Am Ende steht die Präsentation der Projektergebnisse, das heisst der Datenarchitektur selbst sowie des Aktionsplanes vor dem Auftraggeber und der Geschäftsleitung.

Weiteres Vorgehen — Diese genehmigt die Ergebnisse, legt die Prioritäten der nächsten Schritte im Rahmen der Gesamtstrategie fest, gibt die Ressourcen frei und erteilt auch den Auftrag zur Erarbeitung einer umfassenden Migrationsstrategie. Darüber hinaus ist zu bestimmen, ob die nächsten Schritte einem Gesamt-Projektmanagement unterstellt und in Teilprojekte unterteilt werden, oder ob die Umsetzung der Datenarchitektur in autonomen Entwicklungsprojekten unter Kontrolle des Datenmanagements evolutionär erfolgen soll.

5.4.6 Projektteam

Notwendige Fähigkeiten — Folgende Fähigkeiten und Erfahrungen sollten neben dem Projektleiter im Projektteam mindestens vorhanden sein:

- Spezialisten in gängigen Software-Engineering-Methoden, vor allem in semantischer Datenmodellierung und/oder Objektmodellierung;
- Spezialisten für zumindest ein CASE-Werkzeug, das im Projekt zum Einsatz kommen sollte;
- Profunde Kenner des existierenden Informationssystems;
- Profunde Kenner der Kerngeschäfte des Unternehmens sowie des dispositiven Umfeldes (internes und externes Rechnungswesen, Buchhaltung, Controlling, Budgetierung, Berichtwesen);
- Kenntnisse und Erfahrungen in Qualitätssicherung und Dokumentation.

Abbildung 5-7: Erforderliche Rollen im Projektteam

Analytiker / Spezialist des Informationssystems

Analytiker / Spezialist des Kern-Geschäftes

CASE-Spezialist

Qualitätssicherung / Dokumentation

Datenarchitekt / System Engineer

Projektleiter

5.5 Beispiel zum Prinzip Kern-Datenmodell

Dieses Beispiel von einer Bank soll die im Kapitel 5.4.1 grob beschriebenen Prinzipien verdeutlichen. Die Ergebnisse können mehr oder weniger für jedes Dienstleistungs- oder Handelsunternehmen angewendet werden.

5.5.1 Bestimmen der Datenklassen

Die wesentlichen Datenklassen des Unternehmens werden auf hohem Abstraktionsniveau bestimmt. Das Ergebnis sind fünf bis fünfzehn Datenklassen, welche das Gerüst für ein UDM bilden. Dies kann je nach der im Unternehmen vorgefundenen Ausgangslage auf unterschiedliche Weise geschehen:

Geschäftsprozessmodell vorhanden
- Liegt beispielsweise bereits ein Geschäftsprozessmodell vor, so kann aus diesem ermittelt werden, welche Daten von den Geschäftsprozessen erzeugt oder verwendet werden.

Referenzmodell vorhanden
- Man kann auch Referenzmodelle aus der eigenen Branche heranziehen und diese an die Gegebenheiten (etwa an die Terminologie) im eigenen Unternehmen adaptieren.

Durchführung Workshop
- Man kann auch in einem Kreativworkshop zunächst versuchen, die wesentlichen Datenklassen zu benennen.

Auf jeden Fall ist das Vorgehen top-down. Das Ergebnis dieses Schrittes ist ein Dokument, welches die gefundenen Datenklassen präzise definiert. Für eine Bank kann man beispielsweise folgende fünf Datenklassen finden und definieren:

Datenklasse: Partner

Definition:	Partner sind alle natürlichen und nicht-natürlichen Personen, welche in einer Beziehung zum Geschäft der Bank stehen. Zu den nicht-natürlichen Personen gehören Organisationen oder Teile davon. Auch die Organisationseinheiten der Bank sind Partner.
Beispiele:	Kunden, Organisationseinheiten, Korrespondenzbanken, Nationalbank, Börse, Makler, potenzielle Kunden, Mitarbeiter, ...
Gegenbeispiele:	alle Personen oder Organisationen, mit denen die Bank in keiner geschäftlichen Beziehung steht

5 Unternehmensdatenmodellierung

Datenklasse: Produkt

Definition:	Produkte sind die Dienstleistungen, welche die Bank am Markt ihren Kunden anbietet. Sie stellen das Angebot der Bank dar, bestimmte Geschäfte abzuschliessen.
Beispiele:	Führen eines Kontokorrentkontos, Ausführen eines Zahlungsauftrages, Durchführen eines Börsenauftrages, Verwahrung von Wertschriften, ...
Gegenbeispiele:	Interne Dienstleistungen wie die Erstellung der Bilanz, Kantinenverpflegung, Wertpapiere, Geld, Aktien, ...

Datenklasse: Handelseinheit

Definition:	Handelseinheiten sind alle Vermögenswerte, die von Partnern und anderen Investoren in ihrem Vermögensbestand gehalten werden können und für die ein Handel möglich ist.
Beispiele:	Aktie, Währung, Gold, Fond, Obligation, Handelswaren wie Kaffee oder Baumwolle
Gegenbeispiele:	Konto, bestimmte Geldnote, ...

Datenklasse: Vertrag

Definition:	Ein Vertrag regelt ein Geschäft eines oder mehrerer Kunden mit der Bank zu bestimmten Konditionen und Preisen. Die Konditionen und Preise sind in der Klasse Produkt beschrieben.
Beispiele:	ein Vertrag über die Führung eines Kontokorrentkontos, ein Hypothekarkreditvertrag, ein Börsenauftrag, ...
Gegenbeispiele:	Arbeitsvertrag zwischen Bank und Mitarbeitern (gehört nicht zum Bankgeschäft)

Datenklasse: Geschäftsfall

Definition:	Ein Geschäftsfall ist ein einzelner Schritt in der Abwicklung eines Vertrages.
Beispiele:	der Abschluss eines Börsenauftrages, die Einbuchung der Wertpapiere in das Kundendepot, die Belastung des Kundenkontos, ...
Gegenbeispiele:	die Änderung der Adresse des Kunden in der Kundendatenbank

5.5.2 Bestimmen der Beziehungen

Die gefundenen Datenklassen werden durch ihre möglichen Beziehungen untereinander ergänzt und damit wird das Unternehmens-Datenmodell (UDM) definiert.

Abbildung 5-8: Beispiel Unternehmens-Datenmodell einer Bank

Die Beziehungen zwischen den Datenklassen des UDM sind Beziehungsaggregate. Sie repräsentieren eine Menge von möglichen Beziehungen, die zwischen Entitätsmengen auf der Detailebene des Modells bestehen können. Wichtig ist hierbei vor allem, dass in einem Dokument die Beziehungsaggregate zwischen den Datenklassen ausführlich hergeleitet und deren Bedeutung festgelegt werden. Dies soll für unser Beispiel anhand des Beziehungsaggregats zwischen Partner und Produkt dargestellt werden.

Beziehungsaggregat: Partner - Produkt

Definition:	Beziehungen zwischen den Datenklassen Partner und Produkt stellen Zuordnungen von Personen, Personengruppen oder Organisationen zu Produkten oder Produktgruppen dar. Durch diese Zuordnungen können verschiedene Sachverhalte wie Verantwortlichkeiten, Zielgruppen oder ähnlichem dargestellt werden.
Beispiele:	Verantwortung des Produktmanagers für seine Produkte, Produktangebot einer bestimmten Niederlassung, Zielkundensegment für eine Produktgruppe
Gegenbeispiele:	die Inanspruchnahme eines Produktes durch Kunden (dies ist ein Vertrag)

5.5.3 Verifikation mit Beispielen

Es sei hier nochmals daran erinnert, dass durch dieses Modell **das Geschäft der Bank** und nicht die Bank selbst dargestellt wird. Wollte man nun streng top-down das Modell zum vollständigen, integrierten unternehmensweiten Datenmodell weiterentwickeln, bestünde die Aufgabe in nichts Geringerem, als sämtliche Geschäftsbereiche der Bank zu modellieren - ein unrealistisches Unterfangen. Um zur angestrebten integrierten Datenbasis zu gelangen ist es allerdings auch gar nicht notwendig, jedes Geschäftsfeld von vornherein in das Kern-Datenmodell einzubeziehen.

Fundamentale Entitätsmengen

Der in Abbildung 5-9 hinterlegte Bereich des Modells mit den Datenklassen **Vertrag** und **Geschäftsfall** bildet im UDM das eigentliche Bankgeschäft ab. Die anderen Datenklassen **Partner**, **Produkt** und **Handelseinheit** existieren hingegen weitgehend unabhängig von bestimmten Geschäftsfeldern. Man nennt solche Datenklassen auch *fundamentale Entitätsmengen*. Wie das Modell zeigt, ist ein spezifisches Geschäft nur abbildbar, wenn Entitäten der fundamentalen Entitätsmengen in der Datenklasse **Vertrag** miteinander in Beziehung gesetzt werden.

Abbildung 5-9: Beispiel Bearbeitung Vertrag und Geschäftsfall

Beispiel 1: Wertschriftenverwahrung

Die Bank (=**Partner**) bietet das **Produkt** Verwahrung von Wertschriften an. Wenn ein Kunde (=**Partner**) bestimmte Wertpapiere (=**Handelseinheit**) bei der Bank verwahren möchte, nimmt er das angebotene **Produkt** in Anspruch. Es entsteht ein **Vertrag** zwischen Kunde und Bank. In der Entitätsmenge **Ver-**

5.5 Beispiel zum Prinzip Kern-Datenmodell

trag werden nun zwei **Partner** (Kunde und Bank), ein **Produkt** (Verwahrung von Wertschriften) sowie **Handelseinheiten** (Wertpapiere) miteinander in Beziehung gesetzt.

Beispiel 2: Börsenauftrag

Die Bank bietet an, für ihre Kunden Kauf- und Verkaufsaufträge an der Börse durchzuführen (=**Produkt**). Ein Kunde erteilt nun eine Kauforder für bestimmte Aktien (=**Handelseinheit**). Die Kauforder stellt einen **Vertrag** zwischen der Bank und dem Kunden dar. Der **Vertrag** setzt die beiden **Partner**, das beanspruchte **Produkt** sowie die involvierten **Handelseinheiten** miteinander in Beziehung. Dieser **Vertrag** kann mehrere **Geschäftsfälle** zur Folge haben, der Abschluss der Kauforder, die Abrechnung, die Lieferung der Titel, die Einbuchung ins Kundendepot sowie die Avisierung des Kunden.

Konsequenz aus den Beispielen

Diese beiden Beispiele zeigen, dass die unterschiedlichen Geschäfte, die mit der Bank getätigt werden können, unabhängig vom Geschäftstyp immer die fundamentalen Entitätsmengen als Referenzdaten benötigen. Falls das Unternehmen neben einem Kern-Datenmodell auch über ein Funktions-/Prozessmodell verfügt, kann man über eine Clusteranalyse jene Datenklassen bestimmen, welche von den meisten Funktionen und Prozessen verwendet werden.

Das bedeutet für das dargestellte Modell, dass in der konkreten Umsetzung der Datenklassen Partner, Produkt und Handelseinheit zunächst der grösste Nutzen für die zukünftige Datenarchitektur zu sehen ist und der grösste Synergieeffekt für die Anwendungsentwicklung zu erzielen ist.

5.5.4

Modellierung fundamentaler Entitätsmengen

Es sind also die detaillierten, konzeptionellen Datenmodelle für Partner, Produkt und Handelseinheit top-down zu entwickeln und in Datenbankanwendungen umzusetzen.

Produktmodellierung

Da im Produkt sämtliche in einer Bank denkbaren Verträge typmässig beschrieben sind, stellt diese Entitätsmenge den wahren Kern der Architektur dar und erfordert von daher eine besondere Sorgfalt bei der Modellierung und eine entsprechend hohe Qualität des Modells. Es versteht sich von selbst, dass dies nur durch eine enge Kooperation mit den Fachabteilungen erreichbar ist.

Adaption Zukunft

Eine besondere Herausforderung besteht in der Adaption der Zukunft. Das Produktmodell muss flexibel genug sein, um auch die heute noch unbekannten Produkte, welche die Bank in einigen Jahren anbieten wird, aufnehmen zu können. Hier versagen die gängigen Modellierungstechniken, vor allem dann, wenn der Anspruch erhoben wird, dass aus dem semantischen Datenmodell die jeweilige Produktlogik erkennbar sein muss. Bei Problemstellungen wie dieser, wo höchste Flexibilität gefordert ist, um zukünftige Modellstabilität zu gewährleisten, muss auf einer höheren Abstraktionsebene modelliert werden. Es wird also nicht mehr das Bankprodukt selbst modelliert, sondern die Elemente, aus denen ein solches Produkt bestehen kann und deren mögliche Kombinatorik. Dies kann man auch, wie in der Industrie, als Stückliste bezeichnen und ist einem Bausteinprinzip, wie wir es vom Lego-Baukasten kennen, sehr ähnlich.

Individuelle Produkte

Im Zusammenhang mit CRM-Systemen und e-Commerce kommt zunehmend auch der Wunsch auf, dass beispielsweise eine Bank oder eine Versicherung auch für den Massenkunden nicht einfach nur Standardprodukte anbietet, sondern dass dem Kunden bedürfnisgerecht auch individuell ein Produkt zusammengestellt werden kann. Ist man bei der Modellierung und der Implementierung der fundamentalen Entitätsmenge Produkt dem oben beschriebenen Bausteinprinzip konsequent gefolgt, ist man der Möglichkeit der individuellen Produktgestaltung schon relativ nahe gekommen. Ein ebenso flexibles Preisbildungssystem unterstützt die Individualisierung weiter.

Modellierung Handelseinheit

Ähnliches gilt auch für das Modell der Handelseinheit. Welche Instrumente in Zukunft am Kapitalmarkt gehandelt werden, ist heute nicht absehbar. Trotzdem ist eine hohe Stabilität des Modells nur erreichbar, wenn Datenstrukturen entwickelt werden, die genügend Flexibilität bieten, um auch komplexe Instrumente und Produkte in der Zukunft beschreiben zu können.

Beispielsweise könnte anstelle der Eigenentwicklung für diesen Bereich ein Branchenmodell eingesetzt werden. So bietet beispielsweise ein Datenlieferant neben einem Datenmodell auch ein System zur Abnahme der Datenlieferung und der konsistenten Speicherung in der Datenbank an.

5.5.5 Modellierung Vertrag-Geschäftsfall

Dieser Schritt hat die Aufgabe zu ermitteln, welche Daten allen möglichen Verträgen und Geschäftsfällen gemeinsam und welche geschäftsspezifisch sind. Die gemeinsamen Daten werden in einem Vertrag-Geschäftsfall-Modell als Teil des weiterentwickelten Kern-Datenmodells beschrieben und in einer zentralen Datenbankanwendung verwaltet.

5.5 Beispiel zum Prinzip Kern-Datenmodell

Datengehalt

Das Vertrag-Geschäftsfall-Modell enthält typischerweise nur wenige Attribute wie zentrale, unternehmensweit eindeutige Vertrags- und Geschäftsfall-Schlüssel, Erstellungsdatum, sowie die Beziehungen zu den fundamentalen Entitäten. Die geschäftsspezifischen Daten werden in speziellen Anwendungen modelliert wobei im Laufe dieses Modellierungsprozesses das Vertrag-Geschäftsfall-Modell durchaus noch Erweiterungen erfahren kann.

Beziehung zu Geschäftsdaten

Die geschäftsfall-spezifischen Datenbanken werden mit den zentralen Vertrag-Geschäftsfalldaten in Beziehung gesetzt. Dies sollte geschehen, indem die zentralen Datenbanken gegen die Anwendungen gekapselt und Services zur Verfügung gestellt werden, die für eine Anwendung den verlangten Vertrag oder Geschäftsfall generiert und den entsprechenden Schlüssel zurückgibt.

Beispiel einer Kreditanwendung

Die Abbildung 5-10 zeigt dies am Beispiel einer Kreditanwendung. Die Anwendung übergibt dem Service „CREATE VERTRAG" die Parameter, welche zum Eröffnen eines Vertrages notwendig sind. In diesem Beispiel sind diese Parameter der Name des Kunden, der Name des Kundenberaters, das in Anspruch genommene Produkt, die relevante Kreditwährung, sowie die Deckung für den Kredit. Aufgrund dieser Parameter kann ein Vertrag erzeugt werden, welcher die gültigen Konditionen enthält. Die Anwendung erhält anschliessend die erzeugte Vertragsnummer zurück. Dieser Schlüssel wird in der Anwendung als Referenzschlüssel geführt.

Abbildung 5-10: Kapselung der zentralen Datenbanken

Zur Kapselung der zentralen Datenbanken kann auch objektorientierte Technologie zum Einsatz kommen. So präsentieren sich die Kerndaten mit ihren Methoden als zentrale Geschäftsobjekte. Die Kommunikation der Anwendungen mit den Kernobjekten erfolgt nur über deren Methoden. Die Kapselung der zentralen Daten ist unabhängig von der Technologie, mit der diese realisiert wird. Sie ist aber unerlässlich in einer integrierten Umgebung, in der viele Anwendungen auf diese Daten zugreifen.

Notwendigkeit der Kapselung

Ohne eine solche Kapselung greifen die geschäftsspezifischen Anwendungen direkt auf die zentralen Datenbanken zu und machen eine Änderung der zentralen Datenstrukturen faktisch unmöglich. Je mehr Programme diese Strukturen direkt referenzieren, desto aufwendiger und risikoreicher sind deren Änderungen. Wird auf die zentralen Daten aber nur über die definierte Serviceschicht zugegriffen, können die Strukturen geändert werden und die Schnittstellen zu den Anwendungen bleiben trotzdem stabil.

5.5.6 Die Fortentwicklung zum unternehmensweiten Datenmodell

Die Nutzung eines gemeinsamen Modells und gemeinsamer Daten bringt nur dort einen entsprechenden Ertrag, wo es tatsächlich Gemeinsamkeiten zwischen den verschiedenen Geschäftsfeldern gibt. Dort, wo dieser Ertrag nicht erzielbar ist, sollten die Entwickler in ihren Geschäftsfeldern ihre Datenmodelle föderalistisch erarbeiten dürfen, wobei sie den durch das Datenmanagement erlassenen Architekturstandard zu folgen haben.

Integration von Anwendungen

Der zentrale, unternehmensweit eindeutige Vertragsschlüssel integriert die Daten jedes einzelnen Geschäftes mit den fundamentalen Entitätsmengen. Mit jeder zusätzlichen Anwendung, welche diese Infrastruktur nutzt, wird die Integrität der Daten des Unternehmens weiter verbessert. Schritt für Schritt entsteht so ein implementiertes, unternehmensweites Datenmodell.

Umsetzungsprinzip

Das Prinzip bei der weiteren Bearbeitung des Datenmodells auf der Basis des entwickelten Kern-Datenmodells muss daher lauten:

> Soviel gemeinsame Top-Down-Modellierung wie nötig, soviel föderalistische, auf gemeinsamen Architekturstandards basierende Modellierung wie möglich.

5.5 Beispiel zum Prinzip Kern-Datenmodell

Beurteilung Vorgehen

Ein derartiges, iteratives Vorgehen hat gegenüber der Top-Down-Entwicklung eines UwDM einige Vorteile. Zum einen wird das entstehende Modell weniger komplex und damit beherrschbarer - es leistet aber trotzdem die geforderte Datenintegration. Zum anderen wird durch die mit entsprechenden Prioritäten versehene schrittweise Einbindung von Anwendungssystemen ins Gesamtmodell frühzeitig Nutzen für die Anwender und das Unternehmen generiert. Die ständige Weiterentwicklung und Innovation des Modells und der darauf basierenden Anwendungssysteme sind diesem Modellansatz immanent.

Abbildung 5-11: Erweiterung des Kern-Datenmodells

Fünf Schritte

Bei der Entwicklung einer neuen Anwendung (z.B. Kapitalmarkt, Kredit, Zahlungsverkehr) sind in Verbindung mit dem Kern-Datenmodell folgende Schritte zu durchlaufen:

1. Es wird geprüft, ob die für die neue Anwendung erforderlichen ***Produkte auf der Produkt-Datenbank*** beschrieben sind. Im negativen Fall werden die Produkte im Produktsystem erfasst.

2. Es wird geprüft, ob die ***notwendigen Handelseinheiten*** vorhanden sind, andernfalls muss die Erfassung im System erfolgen.

3. Es wird geprüft, ob alle ***relevanten Partnerdaten*** verfügbar sind, oder ob diese erst noch zur Verfügung gestellt werden müssen.

4. Für die neue Anwendung wird unter Berücksichtigung der Vorgaben des Kern-Datenmodells ein ***semantisches Da-***

tenmodell erstellt. Je nachdem müssen die Modelle für Vertrag und/oder Geschäftsfall im Kern-Datenmodell noch ergänzt werden, wenn zusätzliche, bisher unberücksichtigte Attribute und Entitätsmengen für das Kern-Datenmodell relevant werden.

5. In der neuen Anwendung werden die **Schlüssel für Vertrag und Geschäftsfall** referenziert und so die Beziehung zwischen Anwendung und Kern-Datenmodell hergestellt.

Unterstützung Projektteams

Beim eigentlichen Entwurf von Datenmodellen unterstützen die Datenarchitekten die Entwicklungsgruppen auf vielfältige Weise. Schon beim Projektstart helfen die Verantwortlichen des unternehmensweiten Datenmodells mit, die Datenbedürfnisse im Anwendungsgebiet zu positionieren und entsprechende Schnittstellen zu erkennen. Die Projektmitarbeiter erhalten auch Unterstützung bei der konkreten Erarbeitung des Datenmodells der Anwendung unter Berücksichtigung des vorliegenden unternehmensweiten Datenmodells.

Abstimmung und Dokumentation

Schliesslich ist das Anwendungsmodell mit Hilfe des CASE-Werkzeuges dokumentiert, mit dem Unternehmens-Datenmodell abgestimmt und in das unternehmensweite Datenmodell integriert.

5.6 Einsatz von Branchenmodellen und Standardsoftware

Für verschiedene Wirtschaftsbereiche sind branchen- oder funktionsspezifische Datenmodelle entstanden, welche an die Stelle eigener Modelle treten oder als Referenzmodelle verwendet werden können.

Unternehmensrealität versus Modell

Innerhalb einer Branche ähneln sich die abgewickelten Geschäfte (z.B. der Sektor der Universalbanken) sehr, jedoch hat jedes dieser Unternehmen die Abwicklung individuell organisiert. Das Modell muss immer das Geschäft der Branche abbilden und darf nur wenige organisatorische Aspekte enthalten.

Wettbewerbsvorteile und Branchenmodelle

In jenen Bereichen, in denen sich durch den gezielten und effizienten Einsatz von Informationstechnologien Wettbewerbsvorteile erzielen lassen, sind immer noch Standardlösungen vorzuziehen. Diese Wettbewerbsvorteile lassen sich vor allem im Kerngeschäft erzielen, welches aber gerade durch Branchenmodelle abgedeckt werden soll.

Unternehmensübergreifende Daten

Dies ist dort der Fall, wo unternehmensübergreifend gemeinsame Daten verwendet werden können. In der Automobilbranche können Bauteile in einer Datenbank beschrieben werden, wel-

5.6 Einsatz von Branchenmodellen und Standardsoftware

che von Zulieferern und Automobilwerk gemeinsam genutzt wird. In der Finanzindustrie sind Wertschriftendaten von allgemeinem Interesse, und es ist nur schwer einzusehen, warum nahezu jede Bank ihre eigene Wertschriftendatenbank mit eigener Bewirtschaftungssoftware unterhält. Ein Wettbewerbsvorteil ist damit nicht zu erzielen.

Standardisierte Geschäftsprozesse

Andere Möglichkeiten für den sinnvollen Einsatz von branchenspezifischen Modellen und darauf standardisierter Software finden sich dort, wo Geschäftsprozesse weitgehend standardisiert ablaufen, wie beispielsweise im Zahlungsverkehr der Banken. Übertragen auf unsere Beispielarchitektur aus Abschnitt 5.5 bedeuten diese Überlegungen, dass die Datenklasse „*Handelseinheit*", die nichts anderes definiert als die Objekte des Bankgeschäftes und vom Finanzmarkt vorgegeben sind, durch ein Standardmodell abgedeckt werden sollte. Dieses Modell, auf das sich mehrere Banken einigen können, ist Individuallösungen vorzuziehen.

Integration in das Unternehmensdatenmodell

Wenn wir davon ausgehen, dass die Standardlösungen die eigene Software nicht ersetzen, sondern ergänzen soll, entsteht immer das Problem der Integration in die eigene Systemwelt. Für den Datenmanager besteht die Aufgabe vor allem in der Integration in das Unternehmensdatenmodell sowie in der Abstimmung mit den Datenbeschreibungen des Data-Dictionaries und der dort verwendeten Terminologie.

Standardsoftware und eigene Datenmodelle

Beim Abgleich der eigenen Software mit der Standardsoftware wird der Datenmanager mit Problemen wie synonyme Bezeichnungen, homonyme Verwendungen und redundante Datenführung konfrontiert. Da Anpassungen von Standardsoftware in den wenigsten Fällen sinnvoll ist und andererseits die eigene Welt bei konsequent betriebenem Datenmanagement wertvoll ist und daher nicht der Standardsoftware geopfert werden darf, ist es meistens erfolgversprechend, beide Welten nebeneinander existieren zu lassen. Sie werden über Brücken kontrolliert miteinander verbunden. Dies setzt voraus, dass zumindest die schnittstellen-relevanten Objekte in der zu integrierenden Standardsoftware und im eigenen Data-Dictionary identifiziert und semantisch aufeinander abgestimmt werden. Das Ergebnis des Abstimmungsprozesses ist schliesslich im Dictionary zu dokumentieren.

Evaluationskriterium Datenmodell

Um dieses leisten zu können, muss die Standardsoftware entsprechend mit Datenmodell und semantischen Datenbeschreibungen dokumentiert sein und im Idealfall über ein eigenes Dictionary verfügen. Diese Kriterien sollten bereits bei der Evaluierung des Softwareproduktes berücksichtigt werden. Anders ist auch die sichere Wartung der Schnittstellen zwischen der Standardsoftware und den eigenen Systemen bei Versionenänderungen kaum zu bewerkstelligen.

5.7 Unternehmensweite Datenarchitektur und Business-Process-Reengineering

Konzentration auf die Prozesse

Eine in letzter Zeit verstärkt aufkommende Forderung lautet, bei der Entwicklung von Informationsarchitekturen die Fokussierung auf die Daten durch eine Konzentration auf die Prozesse des Unternehmens zu ersetzen. Daher soll zum Abschluss dieses Kapitels noch auf den Zusammenhang zwischen dem Konzept unternehmensweiter Datenarchitekturen und des Business-Process-Reengineerings eingegangen werden.

Business-Process-Reengineering

Im Gegensatz zu der unternehmensweiten Datenmodellierung ist das Konzept des Business-Process-Reengineerings (BPR) nicht aus der Informatik, sondern aus der Managementlehre und damit der Betriebswirtschaftslehre entwickelt worden. Im Mittelpunkt der Betrachtung stehen die Kernprozesse des Unternehmens, gemeint sind solche Prozesse, die wertschöpfend sind. Ein Geschäftsprozess ist gekennzeichnet durch einen Anfang und ein Ende, durch klar definierten Input und Output und durch seine zielgerichteten, strukturierten und funktionsübergreifenden Aktivitäten. Das Ergebnis eines solchen Prozesses besteht in der Wertschöpfung. Durch BPR wird die Reduzierung der Durchlaufzeiten, die Konzentration auf wertschöpfende Tätigkeiten und die Erhöhung der Qualität angestrebt.

Ganzheitliche Sicht aufs Unternehmen

Beide Ansätze, unternehmensweite Datenmodellierung und BPR, verlangen eine ganzheitliche Sicht auf das Unternehmen und das Geschäft. Eine unter diesem Prinzip entwickelte unternehmensweite Datenarchitektur löst die Unternehmensdaten aus ihrem funktionalen, anwendungsspezifischen Zusammenhang und stellt sie im Gesamtkontext des Geschäftes dar.

Anwendungsneutrale Datenbanken

Aus der Umsetzung der Datenarchitektur resultieren integrierte, anwendungsneutrale Datenbanken, welche von den verschiedenen geschäftsspezifischen Anwendungen genutzt werden können. Anstatt ein und denselben Sachverhalt in verschiedenen Anwendungssystemen redundant und in der Regel inkonsistent zu beschreiben, um die Daten dann für anwendungsübergreifende Bedürfnisse mit vielen Schnittstellen- und Abgleichprogrammen wieder zusammenzuführen, gilt jetzt bei der Datenspeiche-

5.7 Unternehmensweite Datenarchitektur und Business-Process-Reengineering

rung das Prinzip "one fact, one place". Dies führt zu einer (weitgehend) redundanz- und widerspruchsfreien Speicherung der Daten sowie einer radikalen Reduktion von Schnittstellen.

Geschäftsprozess und Daten — Die Daten, welche ein Geschäftsprozess benötigt und generiert, sind weitgehend unabhängig von der Gestaltung des Prozesses. Der Geschäftsprozess "Kreditgewährung" benötigt Daten über den Kunden, die auch eine Bonitätsprüfung erlauben, Daten über die angebotenen Kreditdienstleistungen, Daten zu den Konditionen und aktuellen Zinssätzen sowie eventuell auch Daten zu den angebotenen Sicherheiten. Der Prozess erzeugt Daten zu einem ganz konkreten Kreditangebot und bei positiver Entscheidung einem konkreten Kreditvertrag. Die Existenz dieser Daten ist unabhängig davon, von wie vielen Schnittstellen sie bearbeitet werden.

Integrierte IT-Lösung — Die Umgestaltung des Prozesses im Sinne von BPR verlangt eine integrierte IT-Lösung und damit auch eine integrierte Datenhaltung. Dort wo die Geschäftsprozesse eines Unternehmens vielfältig ineinander greifen und die Prozesse gemeinsame Daten verwenden und erzeugen, muss auch der Integrationsgedanke bei den Daten über den einzelnen Geschäftsprozess hinausgehen.

Prozessorientierte Sichtweise — Der Zusammenhang zwischen prozess-orientierter Sichtweise und einer unternehmensweiten Datenarchitektur ist um so enger, je mehr die Geschäftsprozesse eines Unternehmens mit Informationsflüssen und daher auch mit Datenflüssen einhergehen. Dies ist naturgemäss vor allem bei Banken, Versicherungen, Dienstleistungsunternehmen und Verwaltungen der Fall. Solche Unternehmen, die in den letzten Jahren in die Erarbeitung und Umsetzung unternehmensweiter Datenarchitekturen investiert haben, sollten diese Investitionen unbedingt bei der anstehenden Umgestaltung ihrer Geschäftsprozesse nutzen.

Ganzheitliches Denken — Jene Unternehmen, die bisher aus welchen Gründen auch immer darauf verzichtet haben, sich mit dem Thema einer unternehmensweiten Datenarchitektur auseinander zusetzen, sollten die Umgestaltung der Geschäftsprozesse zum Anlass nehmen, dies nachzuholen. Dabei muss auf jeden Fall vermieden werden, dass die Daten wie in den sechziger und siebziger Jahren nur aus einer eingeengten Optik zu betrachten. Sowohl die Entwicklung einer unternehmensweiten Datenarchitektur wie auch die Beschreibung und Umgestaltung der Geschäftsprozesse verlangen ganzheitliches Denken.

5.8 Kernaussagen zur Unternehmensmodellierung

1. *Für die Optimierung der Geschäftsprozesse sowie für die erfolgreiche Entwicklung von dispositiven Systemen müssen die Daten des Unternehmens integriert werden.*
2. *Datenintegration wird am effizientesten durch den Zugriff auf dieselben Datenbestände erreicht. Dies schliesst die Verwendung von Replikaten, dass heisst kontrollierter Redundanzen nicht aus.*
3. *Um zu unternehmensweit integrierten Datenbeständen zu kommen, ist die Erstellung einer Datenarchitektur unerlässlich.*
4. *Die erfolgversprechende Umsetzung der Datenarchitektur erfolgt durch einen kombinierten Top-Down- und Bottom-Up-Ansatz, bei dem die zu integrierenden Daten des Unternehmens in einem Kern-Datenmodell beschrieben und implementiert werden, während die geschäfts-spezifischen Daten unter Beachtung der vorgegebenen Datenarchitektur föderalistisch modelliert werden.*
5. *Die Kapselung der zentralen Daten gegen die Anwendungen ist dringend zu empfehlen, um so eine möglichst grosse Unabhängigkeit der Datenstrukturen von der Programmlogik zu gewährleisten.*
6. *Dieses, auf einem Kern-Datenmodell und der Bereitstellung von Kern-Anwendungssystemen basierende Vorgehen, stellt die ständige Weiterentwicklung und Innovation des Gesamtsystems sicher.*
7. *In Teilbereichen kann die Einbeziehung von marktgängigen Datenmodellen und darauf basierender Standardsoftware hilfreich sein.*
8. *Die Datenarchitektur und die Datenmodelle sind mit Hilfe eines CASE-Werkzeuges zu entwickeln und zu dokumentieren.*

6 Metadatenmanagement

In den vorangegangenen Kapiteln standen die Geschäftsdaten, deren Strukturierung und Verarbeitung im Vordergrund der Überlegungen. Im folgenden Teil betrachten wir die Einführung von Systemen, welche die Modellierung der Informationsobjekte und deren verarbeitende Systeme unterstützen sowie die beschreibenden und systemtechnischen Daten - die Metadaten - verwalten. Damit erweitern wir die Aufgaben und Funktionen des Datenmanagements durch ein umfassendes, integrales Metadatenmanagement, um eine effiziente Nutzung der Informationsobjekte möglich zu machen.

Abbildung 6-1: Metadatenmanagement; ein Schritt zur Datenstandardisierung

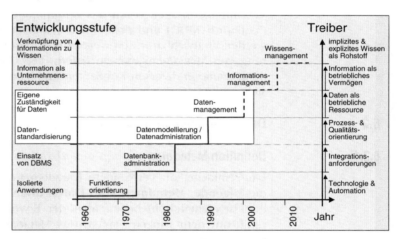

Ein wesentliches Ziel des Metadatenmanagements besteht in der Standardisierung, der Definition und der Beschreibung der Datenobjekte innerhalb eines Informationssystems, sowie in der Verfügbarkeit dieser Informationen für alle relevanten Benutzer und über den gesamten Lebenszyklus der Objekte.

6.1 Motivation

Die Entwicklungsstufen Datenstandardisierung und die Nutzung von Informationen als Unternehmensressourcen setzen Funktionen zur Verwaltung von Metadaten voraus. Das Metadatenmanagement ergänzt die Bemühungen der Datenarchitektur um Da-

6 Metadatenmanagement

tenstandards und Transparenz im unternehmensweiten Informationssystem. Diese Funktionen sind heute, in der vernetzten, durch Internet- und Objekt-Technologien geprägten Systemwelt von grosser Bedeutung. Denn nur durch eine systematische Darstellung und Beschreibung der Metadaten können Weiterentwicklungen und Anpassungen der Systeme zeitgerecht, effizient und in professioneller Qualität durchgeführt werden. Metadaten sind mittlerweile als wesentliche Komponenten von Informatiksystemen anerkannt. Nur durch ein integrales Metadatenmanagement können die oft inkompatiblen SW-Systeme miteinander vernetzt werden.

Standardisierungen

Wenn wir auf die internationalen Aktivitäten im Bereich Metadatenmanagement der letzten zehn Jahre zurückblicken, können wir feststellen, dass viele SW-Systeme den standardisierten Austausch von Metadaten noch nicht unterstützen. Die aktuellen Entwicklungen und Standardisierungen durch Hersteller und Vereinigungen allen voran das Zusammengehen der „Meta Data Coalition" (MDC) und der „Object Management Group" (OMG), werden in absehbarer Zeit wesentliche Impulse zur Implementierung von Metadatensystemen liefern. Die Grundlagen dazu sind mittlerweile in diversen Konzepten und Standardmodellen dargestellt [vgl. OMG 2000].

6.2 Definition Metadatenmanagement

6.2.1 Definition Metadaten

Eine einfache, oft verwendete Kurzdefinition von Metadaten ist die folgende: **Metadaten sind Daten über Daten**. Diese Definition ist nicht falsch, bedarf aber der Erweiterung und Präzisierung, um dem ganzen Umfeld des Metadatenmanagements gerecht zu werden.

Daten und Modelle

In den bisherigen Ausführungen wurde manches über Daten und Modelle geschrieben. Unter Daten wurde hierbei immer die Repräsentierung eines Sachverhaltes der Realität durch konkrete Datenwerte verstanden. Modelle wiederum beschreiben keine konkreten Werte, wie die Namen einer bestimmten Person und deren Alter, sondern eine höhere Stufe der Abstraktion. Sie zeigen zum Beispiel, dass es im Informationssystem Datenstrukturen gibt, welche Personen beschreiben, und dass zu dieser Beschreibung auch das Attribut „Alter" gehört. Voll nutzbar ist das Informationssystem erst dann, wenn die Datenwerte mit den zugehörigen Modellinformationen zusammengebracht werden.

6.2 Definition Metadatenmanagement

Analog dazu werden in objektorientierten Systemen Modelle verwendet, um die Eigenschaften und Interaktionsmechanismen von Objektstrukturen zu beschreiben.

Definition

Die Modellinformationen stellen die Ebene der Metadaten dar. Das Informationssystem besteht (vgl. hierzu Kapitel 2, Zachman-Schema) aus einer ganzen Reihe von unterschiedlichen Modellen. Zusammen zeigen diese Modelle ein exaktes Abbild des gesamten Informationssystems; im besten Fall sind dabei auch die geschäftsrelevanten Leistungsprozesse beschrieben. Wir fassen in unseren Überlegungen diese globale Abbildung und Beschreibung eines aktuellen Informationssystems unter dem Begriff „*Metadaten*" zusammen und **bezeichnen damit alle Fakten zur Beschreibung und Spezifikation eines Informationssystems**.

Betrieblichen und technischen Fakten

Der hier verwendete Metadatenbegriff beschränkt sich somit nicht nur auf den Bereich des Datenmanagements, sondern umfasst alle betrieblichen und technischen Fakten im Zusammenhang mit dem Betrieb von Informationssystemen und den unterstützten Geschäftsprozessen. Damit unterstützen wir die Entwicklung des „Open Information Model" (OIM) der Meta Data Coalition, welches diese Fakten in diversen Teilmodellen abbildet [vgl. MDC 1999].

6.2.2 Abgrenzung Daten, Metadaten und Metadatenmodell

Die Unterscheidung von Daten, Metadaten und Metadatenmodell kann am besten mit der zunehmenden Abstraktion über verschiedene Ebenen erklärt werden.

Abbildung 6-2: Daten, Modelle und Metamodelle

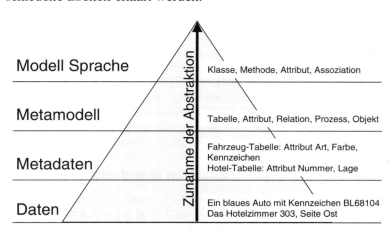

6 Metadatenmanagement

Daten	Wie die Abbildung 6-2 zeigt, bilden die realen Fakten, die Daten, die unterste Abstraktionsebene. Mit ihren Datenwerten beschreiben sie die Unternehmensrealität.
Metadaten	Eine höhere Ebene der Abstraktion wird durch die Metadaten oder die Modellebene beschrieben. Beispielsweise zeigen die logischen und physischen Datenmodelle oder entsprechenden Objektmodelle, in welchen Datenstrukturen die Daten in den Datenbanken gespeichert werden. Die semantischen Datenmodelle beschreiben die Bedeutung der Daten im realen Kontext (Entitätsmenge „Person", Attribut „Alter").
Meta(daten)-modell	Damit die Daten und ihre in den Metadaten repräsentierte Semantik im Informationssystem miteinander zu einer bedeutungsvollen Aussage verbunden werden, müssen die Metadaten in elektronisch gespeicherter Form vorliegen. Auch dem System zur Speicherung von Metadaten liegt wiederum ein Modell zugrunde, das beschreibt, welche Strukturen und welche Bedeutung die Metadaten aufweisen. Dieses Abstraktionsniveau ist die Ebene des Meta(daten)modells. Da wir unter Metadaten alle Fakten zur Beschreibung und Spezifikation eines Informationssystems verstehen, muss das Metamodell die Strukturen und die Semantik aller Elemente und Komponenten (technische, logische, organisatorische, dynamische und statische) eines Informationssystems darstellen können.
Open Information Model	Das „Open Information Model" (OIM) der Meta Data Coalition [MDC 1999] kann heute als ein Standard angesehen werden, welcher die Abbildung von Metadaten unterschiedlicher Werkzeuge und verschiedener SW-Systeme ermöglicht, sowie durch namhafte Hersteller unterstützt wird.
Unified Modeling Language	Die Modellierung und Beschreibung von Metamodellen, den Meta-Meta Modellen, kann mittels der „Unified Modeling Language" (UML) erfolgen. Diese anerkannte Beschreibungssprache ermöglicht die Darstellung abstrakter Modellsysteme und deren Implementierung in SW-Systemen. Damit wird eine universelle Modellierungssprache verwendet, welche die Beschreibung jeder Art von informationstechnologischen Strukturen unterstützt und zur Standardisierung beiträgt.

6.2.3 Klassifikation von Metainformationen

Metainformationen lassen sich klassifizieren. Wir unterscheiden primär die beiden Klassen der **betrieblichen (fachlichen)** und der **technischen Metainformationen**.

6.2 Definition Metadatenmanagement

In der Klasse der fachlichen Metainformationen fassen wir alle Fakten zusammen, welche die betrieblichen und unternehmensspezifischen Sachverhalte sowie deren Organisation und Prozesse beschreiben. Technische Metainformationen bilden Fakten aus den Informationssystemen und deren technische Implementierung ab. Die untenstehende Tabelle zeigt eine Übersicht.

Tabelle 6-1: Klassifikation von Metadaten

Fachliche Metainformationen	Technische Metainformationen
• Organisationsstruktur	• Systemstruktur
• Geschäftsprozesse	• Systemkomponenten
• Anwenderanforderungen	• Leistungsmerkmale
• Datenklassen	• Netzwerkdefinitionen
• Datenelemente	• Schnittstellen
• Dateninhalte	• Objekteigenschaften
• Werte und Domänen	• Methoden
• Synonyme/Homonyme	• Datenquellen
• Datenverantwortung	• Datenhierarchien
• Dateneigentümerschaft	• Relationen
	• Aggregationen
	• Periodizität
	• Zugriffsberechtigung
	• Benutzerverwaltung

6.2.4 Integrationsplattform Metadatenmanagement

Dort, wo Informatiksysteme entworfen, Daten entstehen und genutzt werden, finden wir auch Metadaten.

Abbildung 6-3: Metadaten zur Datenintegration

103

6 Metadatenmanagement

Dies kann am Lebenszyklus von Daten und den korrespondierenden Metadaten veranschaulicht werden.

Informationsbedürfnis
1. Auf der fachlichen Seite, die wir in Abbildung 6-3 als Informationsmanagement dargestellt haben, entsteht ein Informationsbedürfnis.

Entwicklung von Informationssystemen
2. Dieses Bedürfnis wird mit den Informatikverantwortlichen diskutiert und resultiert in der Entwicklung eines neuen oder der Erweiterung eines bestehenden Anwendungssystems. Den hierfür verantwortlichen Bereich haben wir als Anwendungsmanagement bezeichnet.

Betrieb von Informationssystemen
3. Ist das Anwendungssystem technisch realisiert und produktionsreif, wird es dem Systemmanagement übergeben, um dort das System zu betreiben und zu überwachen.

Nutzung von Informationssystemen
4. Gleichzeitig wird das neue Informationssystem im Fachbereich (Informationsmanagement) eingesetzt. Neue Daten werden in das System eingegeben oder von anderen Systemen übernommen, die Daten werden bearbeitet und genutzt. Sie können zu einem späteren Zeitpunkt auch gelöscht werden, womit der Lebenszyklus an seinem Ende angekommen ist.

Der oben beschriebene Lebenszyklus der Daten deckt sich auch mit dem Lebenszyklus der zugehörigen Metadaten. *Es ist unwesentlich, mit welcher Technologie das System erstellt wird; jedes informationstechnische System wird durch eine Menge von Metadaten beschrieben.*

Metadaten Anwendungsmanagement
Wenn im Bereich des Anwendungsmanagements neue Anwendungssysteme entwickelt werden, entstehen durch den Modellierungsprozess (vgl. Zachman-Schema in Kapitel 2) auch Meta-Informationen, wie Daten- und Funktionsmodelle, Objektmodelle, Systemmodelle und weitere. Diese Modelle beschreiben zunächst das zukünftige Anwendungssystem aus konzeptioneller und logischer Sicht. Aus diesen logischen Modellen werden dann die Technologiemodelle abgeleitet. Bei der Verwendung eines SW-Werkzeuges können diese Modelle oft direkt generiert werden. Aus den Technologiemodellen werden schliesslich die detaillierten physischen Modelle wie etwa das physische Schema einer relationalen Datenbank.

Metadaten Systemmanagement
Die Technologiemodelle und ihre physischen Repräsentierungen werden nach der Inbetriebnahme des neuen Systems im Bereich des Systemmanagements genutzt. So sind viele der im Kapitel 4 geschilderten Aufgaben der Datenbankadministration auf die

6.2 Definition Metadatenmanagement

Metadaten des Datenbankkataloges gestützt. Dabei stehen die physischen und logischen Datenbankstrukturen ebenso zur Verfügung wie statistische Informationen über den aktuellen Zustand der Datenstrukturen und Datensätze.

Metadaten Informationsmanagement

Die konzeptionellen und logischen Modelle, welche während des Entwicklungsprozesses entstehen, werden von den Anwendern im Fachbereich des Informationsmanagements zu Referenzzwecken genutzt. Diese Modelle beschreiben das System aus fachlicher Sicht in einer Sprache und Struktur, welche der Anwender verstehen kann. Ein konzeptionelles, semantisches Datenmodell definiert beispielsweise die Datenzusammenhänge aus der Sicht des Fachbereiches sowie die Transformationsprozesse zur Datengewinnung. Damit sind die Anwender in der Lage, sich über die Metadaten Informationen zu beschaffen welche Daten in welcher Struktur im Informationssystem zur Verfügung stehen. Sind die fachlichen und die technischen Modelle miteinander verbunden, können die Benutzer mit Hilfe von geeigneten Werkzeugen direkt in den Datenstrukturen navigieren. Diese Funktionalität wird heute von diversen Softwaresystemen unterstützt.

Metadaten Wartung

Führen Änderungs- oder Erweiterungswünsche des Fachbereiches dazu, dass das System erneut im Anwendungsmanagement bearbeitet werden muss, dienen die Metadaten dazu, die Auswirkungen von Änderungen auf das System und der Schnittstellen, welche das System benötigt oder bedient, analysieren zu können. Um beispielsweise das Format eines Datenfeldes ändern zu können, muss die Verwendung dieses Feldes im gesamten Informationssystem (in Programmen, auf Bildschirmmasken, auf gedruckten Berichten usw.) bekannt sein, um die Auswirkungen dieser Änderung zu kennen und die notwendigen Anpassungen an allen betroffenen Komponenten vornehmen zu können.

Jahr-2000-Problem

Ein bekanntes Beispiel der Vergangenheit für die Notwendigkeit solcher Analysen war das "Jahr-2000"-Problem. Hier mussten zweistellige Jahreszahlen sowie deren Verarbeitung auf vierstellige Jahreszahlen umgestellt werden, damit die Systeme ab dem 1.1.2000 zwischen dem Jahr 2000 und dem Jahr 1900 unterscheiden konnten. Solche Umstellungen waren in integrierten Informationssystemen nur möglich, wenn die Auswirkungen auf alle Systemkomponenten bekannt waren und berücksichtigt werden konnten. Die enormen Aufwände, welche Grossanwender in die Bewältigung der Jahrtausendproblematik investiert haben, hatte gezeigt, dass im Bereich des integrierten Metadatenmanagements gravierende Defizite mit entsprechend hohen Folgekosten in deren Nachbearbeitung vorhanden waren.

Nutzen von Metadaten

Der volle Nutzen aus den während des Entwicklungsprozesses entstehenden Metadaten (Modellinformationen) kann für das Unternehmen nur dann entstehen, wenn die Modelle miteinander verbunden werden, aktuell sind und damit ein komplettes, integeres Modell des gesamten Informationssystems verfügbar ist. Hierfür müssen dem Metadatenmanagement die notwendigen Mittel, Prozesse und Werkzeuge zur Verfügung stehen.

6.3 Metadatenmanagement-System

6.3.1 Metadatenmanagement und Informationsmanagement

Die Komplexität im Informationsmanagement hat durch grosse, verteile und teilweise redundante Datenbanken und deren verarbeitende Systeme stark zugenommen, was die Notwendigkeit für ein Metadatensystem zur Verwaltung, Steuerung und Analyse sichtbar macht. Nur wenn die informationstechnologischen Strukturen transparent werden, können neue Systeme integriert und Altsysteme weiterentwickelt werden.

Dabei haben vor allem analytische Data Warehouse Systeme sowie die Vernetzung durch Internet-Technologien die Notwendigkeit von verfügbaren Metadaten hervorgehoben. Dabei werden oft Datenbestände redundant verwendet oder auf andere Plattformen transformiert. Zu dem werden durch die unternehmensweite Vernetzung einer Vielzahl von Anwendungen zur Verfügung gestellt. Wollen diese Systeme überwacht und kontrolliert werden und zu einem umfassenden Informationsmanagement ausgebaut werden, kann dies ohne Metadatensysteme nicht realisiert werden.

6.3 Metadatenmanagement-System

6.3.2 Werkzeuge mit Metadatenverarbeitung

Bei der Erstellung, Verwaltung, Steuerung und Nutzung von Informationssystemen entstehen verschiedene Klassen von Metadaten.

Abbildung 6-4: Ein Metadaten-Management-System

Die Erstellung und Nutzung der Metadaten erfolgt mit unterschiedlichen Methoden und Werkzeugen. Auch die Speicherung der Metainformation geschieht nach unterschiedlichen Regeln und normalerweise in werkzeugspezifischen Datenspeichern. Damit ein Metadatenmanagement mit einer umfassenden Sicht auf das Gesamtsystem realisiert werden kann, müssen die verschiedenen Metadatenverwaltungs-Systeme miteinander verbunden werden.

Werkzeuge in der Anwendungsentwicklung

Im Bereich des Anwendungsmanagements respektive der Anwendungsentwicklung werden die Methoden des Software-Engineerings angewendet. Diese werden unterstützt durch CASE-Werkzeuge, welche es erlauben, verschiedene Komponenten eines Anwendungssystems durch logische Modelle und Technologiemodelle zu beschreiben. Dafür kann ein einziges Werkzeug ausreichen, welches die Entwicklung aller relevanten Modelle erlaubt, oder es können für verschiedene Systemkomponenten (Datenmodelle, Datenbankstrukturen, Objektmodelle, Prozessmodelle, usw.) unterschiedliche, spezialisierte Werkzeuge zum Einsatz kommen. Normalerweise haben diese Werkzeuge zur Speicherung ihrer Metadaten eigene Datenspeicher.

Werkzeuge im Systemmanagement

Im Systemmanagement werden Metadaten zur Steuerung und Überwachung des Informationssystems benötigt. Solche Daten liegen beispielsweise in Verzeichnissen von Workflow-Systemen zur Steuerung von Prozessabläufen in den Rechenzentren oder in den Katalogen der Datenbanksysteme vor. Spezielle Werkzeuge zur Systemadministration nutzen diese Metadaten. Ebenso gehören Systeme zur Datentransformation und Datenmigration in Data Warehousing Systemen in diesen Bereich.

Werkzeuge im Informationsmanagement

Das Informationsmanagement setzt Werkzeuge zur Datenanalyse, Berichterstellung, Entscheidungsunterstützung und Datenmanipulation ein. Vor allem die analytischen Systeme für Data Warehousing, Data Mining und Customer Relationship Management (CRM) sind auf Metadaten angewiesen. Auch diese Werkzeuge besitzen für ihre speziellen Zwecke eine eigene Verwaltung von Metadaten.

6.3.3 Typen von Metadatenverwaltungs-Systemen

Der Umfang des implementierten Metamodells sowie der Aufbau und die Funktionsweise der Verwaltungssoftware lassen eine Typisierung von Systemen zur Metadatenverwaltung zu.

Data Dictionary Systeme (DDS)

Data Dictionary Systeme (DDS) gelten als die ersten kommerziellen Metadatenverwaltungs-Systeme. Sie sind primär auf die Verwaltung von Datenelementen und -strukturen, meist in Verbindung mit einem entsprechenden Datenschema, ausgerichtet.

Datenbank-Katalog

Der Datenbank-Katalog verwaltet alle Datenbankobjekte und Systeminformationen, die vom DBMS während der Laufzeit aktiv benötigt werden. Ergänzt wird das Verzeichnis durch Angaben über den Zustand der Objekte (etwa Zeitpunkt der letzten Reorganisation, Mengenangaben, usw.).

Repositorysysteme

Repository Systeme stellen eine Weiterentwicklung der DDS dar und sind meistens als Bestandteile von Softwareentwicklungs- und CASE-Umgebungen entwickelt worden. Sie zeichnen sich durch grosse, umfassende Metamodelle, standardisierte und vielfältige, anpassbare Schnittstellen sowie durch Möglichkeiten für benutzerdefinierte Erweiterungen aus. Sie verfügen über universelle Eigenschaften, einen grossen Funktionsumfang und veränderbare Strukturen. Ein Repository ist nicht für ein einzelnes Werkzeug entwickelt, sondern besitzt die Eigenschaften zur Integration von Metadaten aus verschiedenen Systemen und Anwendungsbereichen (vgl. Kapitel 6.3.5). Das Repositorysystem verbindet verschiedene Werkzeuge und Benutzer in den Bereichen

Anwendungsmanagement, Systemmanagement und Informationsmanagement und stellt dafür die geeigneten Schnittstellen zur Verfügung.

6.3.4 Standardisierung im Bereich Metadaten Integration

Um die Metadaten des gesamten Informationssystems über ein integrierendes System miteinander verbinden und austauschen zu können, müssen die Schnittstellen der verschiedenen Metadaten-Systeme aufeinander abgestimmt, respektive standardisiert sein.

Gemeinsames Informationsmodell

Da die meisten Systeme ihre Metadaten gemäss einem proprietären, werkzeug-spezifischen Informationsmodell gespeichert haben, muss die geforderte Standardisierung auf der Modellebene stattfinden. Auf solche Modellstandards und Datenaustauschformate müssen sich die Hersteller der Systeme einigen. Wir können feststellen, dass viele Entwicklungen zur Zeit noch andauern.

Open Information Model

Hingegen ist mit dem „Open Information Model" (OIM) der Meta Data Coalition und einigen namhaften Herstellern nun eine Basis für ein gemeinsames Informationsmodell geschaffen worden, welches die Integrationsfunktion ermöglicht. Das Modell besteht aus folgenden Teilmodellen, die teilweise noch nicht alle vollständig dokumentiert sind [vgl. MDC 1999]:

- **Business Engineering Model**
    - Business Goal Model
    - Organizational Model
    - Business Rule Model
    - Business Process Model
- **Analysis / Design Model:**
    - Unified Modeling Language (UML)
    - UML Extensions
    - Common Data Types
    - Generic Elements
- **Object / Component Model**
    - Component Description Model
- **Database / Warehousing Model**
    - Database Schema
    - OLAP Schema
    - Data Transformations
    - Record Oriented Databases
    - Report Definitions
- **Knowledge Management Model**
    - Knowledge Description Format
    - Semantic Definitions

Dabei wird UML als universelle Modellierungssprache für die Beschreibung dieser Modelle verwendet. Durch die Zusammenarbeit mit der OMG (Object Management Group) und die Fokussierung auf objektorientierte Methoden und Technologien wie „Common Object Request Broker Architecture" (CORBA) werden in Zukunft auch Metadaten-Standards im Bereich von Objekt-Technologien zu erwarten sein.

Uni- oder bidirektionale Schnittstellen

Die Analyse von kommerziell vertriebenen CASE- und Repositorysystemen zeigt erhebliche Schwächen im Austausch der Metadaten über Schnittstellen auf. Viele Werkzeuge und die meisten Repositorysysteme verfügen über uni- oder bidirektionale Schnittstellen zu den jeweils fremden Systemen. Dadurch muss der jeweilige Hersteller unzählige Integrationsfunktionen und Metadaten-Modelle zu den Fremdsystemen berücksichtigen.

XML für Metadaten Integration

Mit dem Entstehen der „eXtensible Markup Language" (XML) ist eine auf Standardised General Markup Language (SGML) basierende Technologie entwickelt worden, welche den standardisierten Daten- und Metadatenaustausch über Systemgrenzen und Internettechnologie ermöglicht. Zur universellen Schnittstellenintegration von Metadatensystemen wurde von der OMG die Spezifikation zum „Metadata Interchange Format" (XMI) entworfen. Mit XML, XMI und dem OIM ist eine wesentliche Basis für Weiterentwicklungen und Standardisierungen im Bereich Metadatenmanagement geschaffen worden. Die Zukunft wird zeigen, wie die SW-Werkzeuge diese Möglichkeiten nutzen werden.

Eigene Standards

Fehlende, nicht anerkannte und unterstützte internationale Standards machen es für den Anwender von integrierten Metadatenmanagement-Systemen notwendig, die verwendeten Metadatenelemente und Informationsobjekte in einem gewissen Umfang selbst zu standardisieren und diese Konventionen innerhalb der System- und Anwendungsentwicklungs-Prozesse durchzusetzen.

Zukunftsperspektiven

Auch im Bereich Metadatenmanagement und Metadaten-Integration müssen wir heute - wie in anderen Informatikbereichen - mit der Situation von teilweise fehlenden, weltweit anerkannten Standards leben. Unsere Erfahrung mit bestehenden Systemen zeigt, dass bei der Integration von Metadaten-Komponenten noch ein wesentlicher Aufwand durch qualifizierte die Systemspezialisten geleistet werden muss. Wir rechnen aber damit, dass sich die Technik der Beschreibungssprachen basierend auf SGML, UML und XML durchsetzen wird und entsprechende Standards formuliert werden.

6.3.5 Das Metadatenmanagement-System

Bei der Schaffung einer Integrationsplattform für Metadaten ist der Aufbau einer zentralen Meta-Datenbank, basierend auf einem Metadatenmodell und entsprechender Verwaltungssoftware, notwendig.

Abbildung 6-5: Bausteine eines Metadatensystem

Repository-Informationsmodell	Das Repository-Informationsmodell (RIM) ist ein Datenmodell, welches das gesamte Informationssystem mit allen Komponenten beschreibt. Je umfangreicher das Informationsmodell ist, desto vollständiger ist die Beschreibung des Informationssystems.
Repository Datenbank	Die zentrale Komponente des Repositorysystems ist die Datenbank, welche die Objekte (die Metadaten) gemäss dem definierten Informationsmodell aufnimmt.
Verwaltung	Zur Verwaltung der Metadaten auf der Datenbank verfügt das Repository über eine umfangreiche und komplexe Funktionalität. Das Versions- und Konfigurationsmanagement erlaubt, Objekte in einem integeren Zustand zu halten.
Erweiterung Informationsmodell	Eine wichtige Funktion stellt die Möglichkeit zur Erweiterung des Informationsmodells dar, um zusätzliche und nicht standardmässig vorhandene Informationsbedürfnisse abdecken zu können.
Offene Schnittstelle	Die offene Schnittstelle erlaubt die Verbindung mit den erwähnten Werkzeugen, welche Metadaten erzeugen oder nutzen. Die Möglichkeit, Metadaten über die definierten Schnittstellen zwischen dem Repositorysystem und anderen Werkzeugen austauschen zu können, macht das Repository zur Integrationsplattform für Metadaten.

6.3.6 Aktive und passive Metadatenmanagement Systeme

Je nach Verwendungszweck und Integrationsgrad in den Entwicklungs- und Nutzungsprozess können Systeme als aktive oder passive Metadatenmanagement-Systeme ausgelegt sein.

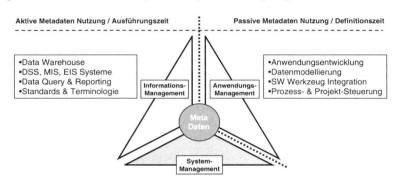

Abbildung 6-6: Aktive und passive Metadaten-Systeme

Passives System

Von passiven Systemen reden wir, wenn das Metadaten-System lediglich zur Speicherung von Definitionen verwendet wird und primär im Bereich der Anwendungsentwicklung Verwendung findet. Die meisten Data-Dictionary-Systeme sind passiv. Die Dokumentation der Metadaten auf dem Data-Dictionary und das reale Informationssystem sind durch keine Logik miteinander verbunden und damit systemtechnisch voneinander unabhängig. Es gibt **keine systemkontrollierte Konsistenz** zwischen Systembeschreibung und Systemrealität.

Aktives System

Die aktiven Systeme kann man nach ihrem Integrationsgrad im Entwicklungs- und Nutzungsprozess differenzieren. Es gibt Metadatenverwaltungs-Systeme, welche den gesamten Entwicklungsprozess von der Modellierung bis zur Generierung des lauffähigen Anwendungssystems unterstützen. Ein solches System garantiert die Konsistenz der Modelldaten mit den technischen Metadaten des Anwendungssystems, da sie auf einem gemeinsamen Metamodell beruhen und in einem definierten, durchgängigen, mehrstufigen Prozess entstanden sind.

Da das Anwendungssystem aus den Metadaten **generiert** wird, gibt es eine **systemkontrollierte Konsistenz** zwischen Systembeschreibung und Systemrealität. Die meisten Enzyklopädie-Systeme sind aktive Systeme im Anwendungsentwicklungsprozess.

Daneben gibt es solche Systeme, die auch **während der Laufzeit** des Anwendungssystems aktiv sind und ein Teil der Logik des Anwendungssystems oder ein Teil der Steuerung enthalten. Datenbankkataloge oder Component-Broker-Systeme sind Beispiele für aktive Metadatenverwaltungs-Systeme.

6.4 Vorgehen bei der Metadaten-Integration

Hat man sich entschlossen, die verschiedenen Metadaten-Systeme eines Unternehmens zusammenzuführen, muss als nächstes das Vorgehen bei dieser Integration festgelegt werden. Ein praxiserprobtes Vorgehen wird hier kurz skizziert.

Informationsmodell

1. Zuerst muss das unternehmens-spezifische Informationsmodell festgelegt werden, es wird bestimmt, wie das Informationssystem, welches durch die Metadaten beschrieben werden soll, aussieht, aus welchen Komponenten es besteht und welche dieser Komponenten relevant genug sind, um im Repository definiert zu werden. Da ein solches Informationsmodell aus mehreren hundert Objekten und Beziehungen bestehen kann, die zu einem grossen Teil nicht unternehmens-spezifisch sind, empfiehlt sich die Verwendung eines Referenzmodells (vgl. [CCRIM 1990], [ANSI 1985], [MDC 1999]).

Evaluierung

2. Das Referenzmodell wird zur Evaluierung eines Repositorysystems verwendet. Je höher der Deckungsgrad des werkzeug-proprietären Informationsmodell mit dem unternehmens-spezifisch definierten Modell ist, desto geringer ist der zu erbringende Anpassungs- und Einführungsaufwand.

Metadatenfluss

3. Stehen das ausgewählte Repositorysystem und die zu integrierenden anderen Metadatenverwaltungs-Systeme fest, muss der Metadatenfluss definiert werden wo entstehen welche Metadaten, wo werden sie gespeichert, wie kommen sie in das Repository, welche holen sie aus dem Repository ab, verwenden und verändern sie? Der Metadatenfluss legt für jedes Metadatenobjekt fest, welches System jeweils „Master", und welches „Slave" ist.

Metadaten-Standards

4. Parallel zum Schritt 3 können die Metadaten-Standards wie Namenskonventionen, Versionenmanagement, und anderes festgelegt werden. Diese sind unabdingbar, da nur über definierte Standards die Wiederverwendbarkeit und die Austauschbarkeit von Metadaten gewährleistet werden kann.

6 Metadatenmanagement

Schnittstellen-formate

5. Auf der Basis von Schritt 3 und 4 werden die Schnittstellenformate und Austauschprozesse festgelegt und die zu integrierenden Systeme priorisiert.

Nutzung

6. Aufgrund der Priorisierung werden die Metadaten-Systeme über das zentrale Repositorysystem miteinander verbunden, und es entsteht Schritt für Schritt ein integriertes Metadatenmanagement-System.

6.5 Nutzen des Metadatenmanagements

> "... Kein Maschinenbauingenieur würde eine Schraube neu konstruieren, wenn sie als Normteil vorliegt. Das häufig vorgebrachte Argument, Termindruck und Kosten verhindern die Einhaltung von Standards, muss als „Eigentor" gewertet werden. Die Beschneidung der Software-Entwickler in der Möglichkeit, eigene Datenfelder zu kreieren, könnte in Energien umgesetzt werden, die besser in einem ... strukturierten Programmsystem zum Ausdruck kämen." [Ortner 1990]

Standardisierung

Das genannte Zitat weist auf die Problematik der oft fehlenden oder mangelhaften Arbeitsmethodik sowie deren Dokumentation mit entsprechend standardisierten und allgemein verständlichen Spezifikationen von SW-Systemen hin. Was heute für die standardisierte und klare Beschreibung eines technischen Systems in allen Ingenieurbereichen, der Industrie in der Planung, der Konstruktion und der Qualitätsüberwachung als anerkanntes Arbeitsprinzip gilt, scheint in der Informatik und im Datenmanagement noch keineswegs etabliert zu sein. Nur so ist zu erklären, dass Daten-, Prozess- und Objektmodelle in nicht normierten Darstellungen beschrieben werden, Datenelemente in mehr oder weniger unstrukturiertem Prosatext modelliert werden und das System-Management oft durch willkürliche Definitionen des jeweiligen Administrators durchgeführt wird. Die tägliche Praxis zeigt, wie dieses fehlende und chaotische Metadatenmanagement zu Ineffizienz und Behinderungen im Umgang mit den Informationssystemen führt. Damit verbunden sind erhöhte Entwicklungskosten, Qualitätsmängel und Fehlfunktionen der entsprechenden Systeme.

Transparenz und Flexibilität

Informationsobjekte mit allen zugehörigen Daten haben einen Lebenszyklus. Sie entstehen bei der ersten Erfassung, werden verändert und möglicherweise zu einem bestimmten Zeitpunkt gelöscht oder archiviert. Bei diesen Datenmanipulationen sind diverse unterschiedliche Geschäftsprozesse und SW-Systeme be-

6.5 Nutzen des Metadatenmanagements

teiligt. Nur wenn es gelingt, alle im Datenmanagement-Prozess eingesetzten Funktionen mit Hilfe von Metadatenmanagement-Systemen zu erfassen und zu steuern, kann der Datenverarbeitungsprozess transparent dargestellt werden. Dabei hat die Analyse des Verarbeitungsprozesses und der Funktionen eine enorme Bedeutung bei der Vorhersage von Auswirkungen auf Systemänderungen. Oft können heute Weiterentwicklungen bestehender Systeme nur unter grossen Schwierigkeiten erfolgen, da die Transparenz der entsprechenden Zusammenhänge nicht gegeben ist. Auch das Zusammenführen verschiedener Informationssysteme (z.B. Einführung von Standardsoftware oder die Zusammenführung der Systeme von zwei Unternehmen oder Unternehmensbereichen) wird durch die umfassende und integere Dokumentation erheblich vereinfacht oder überhaupt erst ermöglicht.

Wiederverwendbarkeit

Ein weiterer Punkt liegt in der Wiederverwendbarkeit von Informationsobjekten und insbesondere von Datenelementen. Wiederverwendbarkeit ist nicht eine Frage der eingesetzten Methode oder Technologie, sondern wird massgeblich durch die Organisation (Vorgehensmodell, Metadatenmanagement) der Informatik-Prozesse bestimmt.

Informationsobjekte und unternehmensweite Datenstrukturen können nur dann von vielen Anwendungen und Benutzern gemeinsam verarbeitet und genutzt werden, wenn eine konsistente und jederzeit aktuelle Spezifikation der Systeme vorhanden ist. Deshalb ist die Erfassung der Metainformationen und die Pflege dieser Daten in alle Informatik-Prozesse aktiv einzubinden. Damit werden Redundanzen zuverlässig verhindert oder kontrolliert erfasst. Wer Wiederverwendbarkeit will, muss entsprechende Investitionen im Metadatenmanagement vornehmen.

Standardisierung Systemspezifikation

Das Metadatenmanagement erfordert die strukturierte Erfassung und Beschreibung der Systemkomponenten mit allen Metadaten-Elementen. Durch die Standardisierung der Metadaten-Elemente kann eine klare Systemspezifikation erreicht werden, und es lassen sich umfassende und vollständige Dokumentationen bereitstellen.

Effiziente Datenmanagementprozesse

Transparenz, Wiederverwendbarkeit und Standardisierung im Datenmanagement führen zu messbaren Kosteneinsparungen. Viele Analysen und Entwicklungsarbeiten sowie Tätigkeiten im Systemmanagement werden durch das Metadatenmanagement von wiederkehrenden Routine- und Recherchearbeiten entlastet und können somit effizienter realisiert werden.

Qualitätsverbesserung
Die Analyse- und Administrationsmöglichkeiten, welche mittels des Metadatenmanagements eingeführt werden, machen Datenqualität erfass- und messbar. Damit ist die Voraussetzung geschaffen, Qualität im Informationsmanagement zu messen und zu verbessern. Denn ohne ein integriertes Metadatenmanagement sind Qualitätsüberlegungen im Bereich der Datenverarbeitung schwierig.

6.6 Kritische Erfolgsfaktoren

Warum zeigt die Realität des Metadatenmanagements bei den meisten grossen EDV-Anwendern ein so erschreckend schlechtes Bild? Warum scheitern viele Bemühungen um den Aufbau eines integrierten Metadatenmanagements?

Die Praxis lehrt die folgenden wesentlichen kritischen Erfolgsfaktoren:

Kosten-Nutzen-Betrachtung
1. Die Einführung eines Metadatenmangementsystems stellt ein komplexes und umfangreiches Infrastrukturprojekt dar, das einer kurzfristigen Kosten-Nutzen-Betrachtung nicht standhält. Es ist für die Verfechter solcher Systeme ausserordentlich schwierig, den monetären Nutzen zu quantifizieren. Statt einer Kosten-Nutzen-Betrachtung sollte eher eine Risikoanalyse vorgenommen werden. Wie hoch ist das Risiko, durch fehlende Transparenz im Informationssystem schwerwiegende Fehler zu forcieren und inflexibel für notwendige Anpassungen zu werden? Wie hoch sind die Opportunitätskosten bei der verzögerten Einführung einer Internetlösung mit DBMS Integration?

Notwendigkeit Standardisierungen
2. Die Notwendigkeit für Standardisierungen wird exakt soweit akzeptiert, wie man nicht selbst dafür verantwortlich ist. Es ist allgemein anerkannt, dass Client-Server-Systeme, Komponentensoftware, unternehmens- oder weltweite Netzwerke sowie Web-Technologien und elektronischer Datenaustausch ohne Standardisierungen nicht denkbar sind. Doch unterliegen die eigenen Systeme und Prozesse häufig keinen Standards oder die vorhandenen Normierungen werden nicht durchgesetzt. Anwendungsentwickler empfinden Standards häufig als Einschränkung ihrer Kreativität und lassen nichts unversucht, diesen auszuweichen. Dabei hat uns die Industrialisierung gelehrt, dass Standardisierung der einzige Weg zur Wiederverwendbarkeit von Komponenten ist. Dies ist unabhängig von der verwendeten Technologie.

6.6 Kritische Erfolgsfaktoren

Heutige Werkzeuge

3. Die verfügbaren Metadatenmanagement-Systeme erfüllen nur teilweise die gestellten Anforderungen. Dies ist nur partiell die Schuld der Anbieter, denn die fehlende Standardisierung der Informationsmodelle und Metadatenformate macht es für die Hersteller notwendig, viele Schnittstellen zu unterschiedlichen Werkzeugen und Metadaten-Systemen zu unterhalten. Hier hilft nur Druck durch grosse Anwender und Anwendergruppierungen auf die Hersteller und die Mitarbeit in Standardisierungsgremien sowie Benutzerorganisationen. Gleichzeitig muss auch davor gewarnt werden, mit dem Aufbau eines integrierten Metadatenmanagements Leistungen zu versprechen, die mit dem heutigen Stand der Technologie und der Standards (noch) nicht erreichbar sind.

Mitarbeitermotivation

4. Infrastrukturprojekte wie das Metadatenmanagement sind häufig sehr komplex, aber gleichzeitig selten geeignet, um sich als EDV-Spezialist zu profilieren. Das macht solche Projekte für gute Fachleute unattraktiv. Somit scheitern viele Metadatenprojekte, weil unqualifizierte Fachleute jahrelang ohne sichtbaren Erfolg daran arbeiten. Es sollte darüber nachgedacht werden, wie die besten Mitarbeiter durch Zielfokussierung, Bonusprogramme und internationale Kontakte an Fachkongressen zur Mitarbeit motiviert werden können.

Planung

5. Schliesslich muss die Einführung eines integrierten Metadatenmanagements sorgfältig geplant sein, methodisch angegangen und durchgeführt werden. Als Teil einer Strategischen Informationsplanung sind die Erfolgsaussichten am besten.

6.7 Kernaussagen zum Metadatenmanagement

1. *Das integrierte Metadatenmanagement ergänzt die Bestrebungen der Datenarchitektur um Datenstandards und Transparenz im unternehmensweiten Informationssystem.*
2. *Metadaten beschreiben im Idealfall das gesamte Informationssystem durch konzeptionelle, logische und technologische Modelle.*
3. *Die Metadaten werden in den Bereichen der Entwicklung, des Betriebes und der Nutzung von Anwendungssystemen erstellt und verwendet.*
4. *Ein integriertes Metadatenmanagement führt die unterschiedlichen Modelle und Metadaten in einem Metadatenmanagement System zusammen. Die bevorzugte Integrationsvariante nutzt ein Repositorysystem zur Metadaten-Integration.*
5. *Die Standardisierungen der OMG, der Meta Data Coalition sowie der Notationssprachen UML, XML und XMI sind wegweisend.*
6. *Der Nutzen des Metadatenmanagements besteht in der Standardisierung, der Förderung von Transparenz und Flexibilität, des Ermöglichens von Wiederverwendbarkeit, der Steigerung von Effizienz in den Datenmanagementprozessen sowie der Verbesserung der Dokumentations- und Datenqualität.*
7. *Metadatenmanagement vermindert Kosten und Risiken im Betrieb des Informationssystems. Der Aufbau eines integrierten Metadatenmanagements hingegen erfordert erhebliche Investitionen und ein methodisches, zielgerichtetes Vorgehen.*
8. *Unternehmensweites Datenmanagement ist ohne ein integriertes Metadatenmanagement nicht denkbar.*

7 Erfolgreiche Datenmigration aus Altsystemen

Moderne Datenbankmanagementsysteme stellen die notwendige Technologie, die Disziplin der Datenmodellierung und –standardisierung den konzeptionellen Überbau zur Verfügung, um die Unternehmensressource Daten effizient erschliessen zu können. Die Migration von Alt-Systemen in neue Architekturen kann daher als ein Signal für den Übergang zur Entwicklungsstufe Datenmanagement gesehen werden.

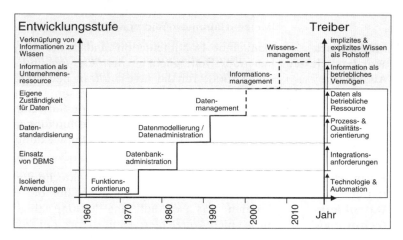

Abbildung 7-1: Treiber der Datenmigration

Viele Datenbestände sind im Laufe der Zeit strukturell verändert und stückweise erweitert worden. Als Resultat existieren heute in vielen Unternehmen inkonsistente und redundante Datenbestände, die im Laufe der Zeit auf eine neue Basis gestellt werden müssen. Eine Migration von Daten aus einem oder mehreren Quellsystemen in eines oder mehrere Zielsysteme vorzunehmen, kann sehr unterschiedlich motiviert sein. Die Gründe können in inadäquaten Datenstrukturen liegen, in kaum noch wartbaren Anwendungssystemen, oder im Wunsch neue Datenbanktechnologie einzuführen, wie auch in der Zusammenführung mehrerer Informationssysteme zu einem einheitlichen System.

7 Erfolgreiche Datenmigration aus Altsystemen

7.1 Motivation

Inadäquate Datenstrukturen

In Kapitel 5 wurde dargelegt, wie sich inadäquate Datenstrukturen im Informationssystem auswirken. Sie führen aufgrund schlechter Datenintegration zu einer mangelhaften Unterstützung der kundenorientierten Geschäftsprozesse und der Managementprozesse des Unternehmens. Zudem wurde illustriert, welche *konzeptionellen* Wege es gibt, Datenstrukturen unternehmensweit zu definieren. Wir haben bei der Beschreibung des Vorgehens darauf hingewiesen, dass es bei der Modellierung neuer Datenstrukturen nicht bleiben darf, wenn das Unternehmen tatsächlich einen Nutzen aus den Modellierungsüberlegungen ziehen will. Vielmehr muss sich zwingend die Planung der Migration vom bestehenden System in ein neues Informationssystem anschliessen unter Berücksichtigung der getätigten Investitionen [Meier/ Haltinner/ Widmer 1993].

Mangelhafte Wartbarkeit der Altsysteme

Mangelnde Dokumentationsqualität der Altsysteme, Schwerfälligkeit oder Unmöglichkeit der Wartung und hohe Betriebskosten sind Gründe für die Investition in neue Informationssysteme. Es ist keine Seltenheit, dass in grossen IT-Umgebungen 80% der Personalkosten auf den Wartungsaufwand entfallen und nur noch 20% der Ressourcen für die funktionale Weiterentwicklung bestehender Systeme oder die Entwicklung neuer Systeme zur Verfügung stehen.

Einführung neuer Datenbanktechnologie

Die Einführung neuerer Datenbanktechnologie bringt eine ganze Reihe von erheblichen Vorteilen, auf die ein modernes Unternehmen, das sich auf eine leistungsfähige Informatik stützen muss, nicht verzichten kann. Trotz der zunehmenden Verbreitung von objekt-orientierten Methoden und Techniken ist für die breite kommerzielle Nutzung nach wie vor die relationale Datenbanktechnologie von Bedeutung. Für Unternehmen mit grossen, zentralen Datenmengen, hohen Transaktionsraten und umfangreichen Datenanalyseprozessen ist heute und in absehbarer Zukunft das relationale Datenbankmodell die richtige Wahl. Für spezifische Anwendungen, wie beispielsweise im Rahmen des Electronic Business, drängen sich objektorientierte oder objektrelationale Erweiterungen auf, vgl. [Meier/Wüst 2000]. Damit lassen sich Datenbanken im World Wide Web einbinden und multimediale Dokumente besser abspeichern.

Zusammenführung Systeme

Wenn Unternehmensteile mit jeweils eigener Informatik zusammengelegt werden oder wenn im Zuge des Konzentrationsprozesses in der Wirtschaft Unternehmen fusionieren oder von anderen Unternehmen übernommen werden, erzwingt dies in der

Regel eine Migration von Daten zwischen den neu zusammengeführten Informationssystemen. Dies kann geschehen, indem die Daten des einen Informationssystems in das andere übernommen werden oder indem die Daten beider Systeme in ein neues Informationssystem migrieren [Meier/Dippold 1992].

7.2 Analyse des Ist-Systems - eine Standortbestimmung

Migration bedeutet soviel wie Bewegung oder Wanderung. Wenn wir von einer Migration von Informationssystemen sprechen, ist damit die Ablösung bestehender „Alt-"Systeme durch neue Systeme mit gleicher oder erweiterter Funktionalität gemeint. Wer sich bewegt oder wandert sollte wissen, wo sein aktueller Standort ist und wo sein Ziel liegt. Nur so kann der Weg vom Ist- zum Sollzustand bestimmt werden.

Standortbestimmung

Da die Daten und die im Altsystem definierten Geschäftsregeln ein Vermögen des Unternehmens und damit ein wertvolles und schützenswertes Gut darstellen, muss der sicheren Übernahme der Daten als auch Teilen der Logik in das neue Informationssystem besondere Aufmerksamkeit und eine seriöse Planung gewidmet werden. Dies beginnt mit einer Standortbestimmung in drei Bereichen:

- die konzeptionelle Datenarchitektur und die Semantik der Daten,
- die Qualität der Dateninhalte,
- die Datenbanktechnologie.

7.2.1 Konzeptionelle Datenarchitektur und die Semantik der Daten

Auf der konzeptionellen Ebene müssen die existierenden expliziten oder impliziten Datenmodelle analysiert werden. Unter expliziten Datenmodellen verstehen wir semantische Datenmodelle, die beispielsweise mittels eines CASE-Werkzeuges bei dem Entwurf einer neuen Datenbank erstellt wurden.

Nachdokumentation

Besonders bei älteren Datenbanken liegen solche semantischen Datenmodelle nicht vor. In diesen Fällen muss aufgrund der Datenbankstruktur das implizite Datenmodell nachdokumentiert werden. Hierfür können auch Werkzeuge mit Re-Engineering-Funktionalität eingesetzt werden. Die Datenstrukturen, die Semantik der Daten, die Verwendung der Daten in verschiedenen Anwendungssystemen ist zu dokumentieren.

Intensive Analyse

Bei der Analyse ist vor allem auf strukturelle Stärken und Schwächen zu achten. Die fehlerhafte Verwendung von Datenfeldern ist beispielsweise auf Synonyme und Homonyme zurückzuführen. Diese Analyse kann nur eingeschränkt durch Re-Engineering-Werkzeuge unterstützt werden und erfordert immer einen intensiven manuellen Analyseprozess. Am Ende dieses Prozesses ist ein vollständiger Datenkatalog vorhanden, der alle für das Migrationsvorhaben relevanten Informationen über das Ist-System enthält.

Dokumentation im Repositorysystem

Wichtig ist vor allem, dass nicht nur die Daten und Datenstrukturen, sondern auch deren Verwendung in den Anwendungssystemen sowie die Zusammenhänge und Abhängigkeiten zwischen den Systemen genau analysiert und beschrieben sind. Der Datenkatalog wird auf einem Repositorysystem dokumentiert. Ist ein solches System nicht vorhanden, werden die sehr aufwendigen Dokumentationen rasch veralten und damit verloren gehen.

Mit diesem Verzeichnis sind die bestehenden Datenbestände zumindest auf einer strukturellen Ebene dokumentiert. Der nächste Schritt besteht in der Analyse der inhaltlichen Qualität der Daten.

7.2.2 Qualität der Dateninhalte

In diesem Schritt muss die Qualität der Dateninhalte analysiert und bewertet werden. Da die Übernahme von Daten mit schlechter Qualität in ein neues System wenig sinnvoll ist, muss ein Verzeichnis über bekannte Qualitätsprobleme erstellt werden, das als Basis für Verbesserungsmassnahmen dient. Die typischen Qualitätsprobleme bei älteren Datenbankanwendungen lassen sich wie folgt umschreiben:

Homonyme Datenfelder

- Unter Homonymen versteht man Datenfelder gleichen Namens, aber mit unterschiedlicher Bedeutung. Solche Homonyme sind ausserordentlich schwierig aufzudecken, da hierzu die Verwendung der Datenfelder in den verschiedenen Programmen und Anwendungen analysiert werden muss, ein blosser Vergleich zwischen dem Dateninhalt mit der Beschreibung des Attributes im Repository genügt nicht. Homonyme entstehen meistens dann, wenn mehrere Anwendungen dieselben Datenbanken ohne Koordination durch das Datenmanagement verwenden und jede Anwendung die Datenfelder in einer anderen Weise interpretiert.

Codeüberladungen

- Unter Codeüberladungen versteht man diskrete Wertebereiche von Attributen, die nicht disjunkt sind, das heisst deren Werte sich überlappen können. Dies führt zu komplexer und

7.2 Analyse des Ist-Systems - eine Standortbestimmung

damit fehleranfälliger Interpretationslogik und schränkt die Wiederverwendbarkeit solcher Attribute ein.

Redefinierte Felder
- Redefinierte Felder sind ein Relikt aus der Zeit, bevor Datenbanken benutzt wurden. Damals war es schwierig oder unmöglich, den Daten ein bestimmtes allgemeingültiges Format unabhängig von ihrer Verwendung in einem bestimmten Programm zu geben. Solche Datenfelder enthielten meist freien Text, dessen einzelne Zeichen von Programmen in einer bestimmten, programmspezifischen Weise interpretiert wurden. So konnte beispielsweise in einem zehn Zeichen langen Textfeld das erste Zeichen aussagen, wie die restlichen neun Zeichen des Textes von einem Programm interpretiert werden sollten. Solche unstrukturierten, redefinierten Felder sind aus verschiedenen Gründen in modernen Informationssystemen unerwünscht. Zum Beispiel lassen sich solche Felder durch Abfragewerkzeuge für den Endbenutzer nicht interpretieren.

Feldmissbrauch
- Feldmissbrauch entsteht dann, wenn Daten in einem Datenfeld erfasst werden, die aufgrund der inhaltlichen Beschreibung des zugehörigen Attributes dort nicht hingehören; beispielsweise wird in einem mehrstelligen numerischen Feld eine Telefonnummer anstelle einer Personalnummer eingetragen.

Vorbereitung notwendig

Die Analyse und Bewertung der aufgeführten Qualitätsprobleme ist teilweise schwierig und zeitaufwendig. Oft helfen Stichprobenverfahren, häufig müssen auch Datenbanken und Programme analysiert werden. Trotz aller Schwierigkeiten ist diese Arbeit als Vorbereitung von Datenmigrationsvorhaben auf jeden Fall wichtig, da sonst die Gefahr besteht, einen Teil der Datenqualitätsprobleme des „Alt"-Systems mit grossem Aufwand in das neue Zielsystem einfach zu übernehmen.

7.2.3 Datenbanktechnologie

Situation heute

Zur Zeit finden sich in grossen IT-Umgebungen keine einheitliche Datenbankarchitekturen mehr, sondern unterschiedliche Datenbankmodelle auf unterschiedlichen Plattformen mit oder ohne Datenverteilung, mit oder ohne verteilter Verarbeitung.

Standortbestimmung

Es muss analysiert werden, in welcher technischen Umgebung die verschiedenen Anwendungssysteme ihre Daten speichern. Insbesondere muss geklärt werden, wo relationale, wo verteilte und wo objektorientierte respektive objektrelationale Datenbanktechnologie eingesetzt werden soll.

7.2.4 Bewertung des Ist-Systems

Die Analyse des Ist-Systems bezweckt eine Bewertung der Stärken und Schwächen. Dies ist wichtig, weil bei einer Migration in ein neues Informationssystem die Stärken übernommen und die Schwächen eliminiert werden sollen. Folgende Tabelle zeigt ein grobes Raster für eine Stärken-/Schwäche-Analyse eines Ist-Systems aus Datenmanagementsicht.

	Stärken	Schwächen
Daten/ Daten-strukturen	• Qualitativ gute Daten innerhalb einer Anwendung resp. Geschäftsfunktion • Gute Unterstützung einzelner Geschäftsfunktionen • Teilweise integrierte Daten • Teilweise gute Dokumentation auf einem Data-Dictionary	• inadäquate Strukturen für effiziente Geschäfts-Prozessunterstützung • inadäquate Strukturen für Managementprozess-Unterstützung • Qualitätsprobleme bei Zusammenführung von Daten aus mehreren Geschäftsfunktionen • häufig schlechte Dokumentationsqualität
Daten-zugriffe/ Funktionen	• Programme enthalten viel Wissen über Geschäftsregeln • Robustes System • Viel Wissen über Programme bei den Entwicklern vorhanden	• Programme greifen direkt auf Datenbanken zu • hohe Inflexibilität zentraler Datenbanken durch mangelnde Kapselung der Datenzugriffe • Redundanzen in den Geschäftsregeln • häufig schlechte Dokumentationsqualität
Datenbank-Techno-logie	• robuste, ausgereifte, auf hohe Transaktionsraten ausgerichtete Technologie • zentrale Steuerung und Verwaltung der wichtigsten Anwendungssysteme auf dem Grossrechner	• nichtrelationale Datenbanksysteme erlauben keine Client/Server-Anwendungen • nichtrelationale Datenbanksysteme erlauben kein End-User-Computing • nichtrelationale Datenbanksysteme erlauben keinen 7x24-Stunden-Betrieb • relationale Datenbanksysteme haben ein semantisch stärkeres Datenmodell als hierarchische Datenbanksysteme • alle neueren Entwicklungen im Datenbankbereich basieren auf dem Relationenmodell oder dem Objektmodell
Daten-qualität	• im allgemeinen gute Datenqualität innerhalb einer Anwendung • z.T. existieren institutionalisierte Qualitätsüberprüfungen und -verbesserungen	• mangelnde Dokumentation auf einem Repository oder Data-Dictionary • Synonyme nicht auf einem Data-Dictionary gekennzeichnet • Verwendung von Homonymen • Codeüberladungen • Missbrauch von Feldern für Daten, die nicht mit der Definition übereinstimmen

Tabelle 7-1: Stärken-Schwächen-Aufstellung des Ist-Systems

Zusammengefasst wird man bei der Analyse des Ist-Systems in einer grossen IT-Umgebung heute einen Grossteil der Anwendungssysteme in einem renovationsbedürftigen Alter und Zustand vorfinden. Die zentralen Daten der Unternehmen werden meistens noch nicht vollständig in relationalen Datenbanken geführt. Zudem sind die Datenstrukturen oft auf Einzelgeschäfte und nicht auf das Gesamtunternehmen ausgerichtet.

7.3 Entwurf des Zielsystems

Auf der Basis der Stärken-Schwäche-Analyse des Ist-Systems wird mit dem Entwurf eines Zielsystems begonnen. Wir gehen auf die drei Bereiche konzeptionelle Datenarchitektur, Datenqualität und Datenbanktechnologie ein.

7.3.1 Konzeptionelle Datenarchitektur

Die Datenbank-Technologie kann man kaufen, die Datenarchitektur in der Regel nicht. Wie man zu einer konzeptionellen Zielarchitektur kommt, wurde in Kapitel 5 dargestellt. Diese Datenarchitektur definiert nun aus der Datensicht konzeptionell das Zielsystem, in das zu migrieren ist. Ohne eine solch umfassende und übergreifende Architektur bleiben alle Migrationsüberlegungen Stückwerk, die vielleicht einige taktische Umstellungen einzelner Anwendungen erlauben, nicht aber das strategische Ziel einer wirklichen Erneuerung des Informationssystems treffen.

Vorgehen zur Entwicklung Datenarchitektur

Je nach der Motivation, welche der geplanten Datenmigration zugrunde liegt, kann man bei der Entwicklung der Datenarchitektur des Zielsystems auch mehr oder weniger eingeschränkt sein. Geht es beispielsweise um die schnelle Zusammenführung mehrerer Informationssysteme oder um die Übernahme der Daten eines Systems in ein anderes, ist häufig die Datenarchitektur des Zielsystems schon vorgegeben und nur noch wenig veränderbar. Ob hierbei genügend Zeit zur Verfügung steht, um auch konzeptionelle Schwächen des Zielsystems zu analysieren und zu beheben, ist fraglich. Auf diese Weise kann es in solchen Fällen zu einer mehrstufigen Migration kommen. Zuerst werden die Daten der Informationssysteme in einem gegebenen Zielsystem zusammengeführt, anschliessend wird eine neue Datenarchitektur entwickelt um bestehende Schwächen zu eliminieren. Schliesslich wird das konsolidierte Informationssystem in die neue Architektur migriert.

7.3.2 Qualität der Dateninhalte

Für die Entwicklung des Zielsystems sollten prinzipielle Vorgehensweisen festgelegt werden, die eine hohe Qualität der Dateninhalte für die Zukunft sicherstellen. Basierend auf unseren bisherigen Überlegungen könnten einige Prinzipien wie folgt formuliert werden:

Dokumentieren im Repository
- Alle Datenstrukturen und Attribute sind auf einem Repositorysystem zu dokumentieren. Hierfür werden Standards festgelegt. Auf dem Repositorysystem finden sich sowohl aus fachlicher wie auch aus technischer Sicht alle Definitionen und Beschreibungen in standardisierter Form. Am besten ist dies gewährleistet, wenn das Repositorysystem aktiv in den Anwendungsentwicklungsprozess integriert ist.

Vermeiden von Synonymen und Homonymen
- Synonyme sind zu vermeiden, Homonyme sind verboten. Dort, wo die Verwendung eines Synonyms nicht umgangen werden kann, muss dies auf dem Repositorysystem durch einen Verweis zwischen den synonymen Attributen gekennzeichnet werden. Die Bildung von Homonymen ist auf jeden Fall verboten.

Keine Codeüberladungen
- Wertebereiche sind so zu definieren, dass disjunkte Bereiche entstehen. Die Wertebereiche sind auf dem Repository zu dokumentieren.

Verhindern von Feldmissbrauch
- Es sind Validierungsregeln bei den Datenerfassungstransaktionen zu implementieren, welche die missbräuchliche Verwendung von Datenfeldern zumindest erschweren. Völlig zu verhindern ist Feldmissbrauch alleine durch technische Massnahmen nicht. Diese sind durch Ausbildungsmassnahmen für Mitarbeiter, die mit Datenerfassungs- und Datenbearbeitungsaufgaben betraut sind, zu begleiten. Dabei sollte die Bedeutung hoch-qualitativer Daten für das Unternehmen vermittelt werden.

Kapselung der Daten
- Keine Transaktion aus einem Anwendungssystem, welche Daten in einer zentralen Datenbank verändert, greift direkt auf die Daten zu. Die Daten der zentralen Datenbanken werden gekapselt. Veränderungstransaktionen greifen nur über diese Kapsel auf die zentralen Daten zu.

7.3.3 Systemarchitektur und Datenbanktechnologie

Moderne Anwendungsentwicklung folgt heute einem Verteilungskonzept. Dabei besteht ein Entscheidungsspielraum, wie und wo Anwendungskomponenten verteilt werden [Dadam 1996]. Wie die Präsentation, die Logik und die Daten einer Anwendung im Netz eines Rechnerverbundes prinzipiell verteilt werden können, lässt sich schematisch wie folgt darstellen:

Abbildung 7-2: Mögliche Verteilungsmodelle

Komplexität des Verteilungsmodells

Die Komplexität des Verteilungsmodells gemäss Abbildung 7-2 nimmt von links nach rechts zu. Besonders die verteilte Datenhaltung stellt hohe konzeptionelle und technische Anforderungen in bezug auf die Transaktions- und die Datensicherheit. Dies führt auch dazu, dass nach anfänglicher „Verteilungseuphorie" im Zusammenhang mit der aufkommenden Client-Server-Technologie heute der Trend eher wieder zurück zur zentralen Datenhaltung geht. In manchen Fällen ist aber die Verteilung von Daten aus Gründen der Leistungsfähigkeit des Systems oder der Verfügbarkeit der Daten auch bei Netzunterbruch angebracht. Dabei gilt das Prinzip: *Soviel zentrale Datenhaltung wie möglich, soviel dezentrale Datenhaltung wie nötig.* In einer solchen Architektur wird der Grossrechner immer mehr zum zentralen Daten-Server im Unternehmen, welche die Transaktionen auf den zentralen Datenbanken des Unternehmens kontrolliert.

Beurteilung Modell 1

Das Modell 1 in der Abbildung 7-2 stellt ein Anwendungssystem dar, das vollständig auf einem einzigen Rechner implementiert ist und dessen Daten, Verarbeitung und Präsentation nur von diesem Rechner gesteuert wird. Dieses Modell spielt bei der Be-

7 Erfolgreiche Datenmigration aus Altsystemen

stimmung des Zielsystems nur noch eine untergeordnete Rolle. Die alles steuernden Grossrechnersysteme gehören eindeutig der Vergangenheit an. In Einzelfällen sind noch isolierte Systeme denkbar, die aus Sicherheitsgründen, beispielsweise wegen sensitiver Daten nicht mit anderen Systemen vernetzt sein dürfen. Die im Aussendienst eingesetzten Laptops, die von Zeit zu Zeit übers Netz neue Daten erhalten und diese auf die lokale Datenbank laden, können aber als isolierte Systeme betrachtet werden.

Zukunftsweisende Systemarchitektur

Eine zukunftsweisende Systemarchitektur für die Anwendungssysteme eines Unternehmens sollte die Verteilungsmodelle 2 bis 4 in einem vernetzten Rechnerverbund zulassen. Allerdings ist nicht jedes Verteilungsmodell für jede Art von Anwendung gleich gut geeignet. Die Anwendungsarchitektur bestimmt die Verwendung des jeweiligen Verteilungsmodells.

Anmerkungen zur Datenhaltungsebene

Ganz wesentlich bei der Definition der zukünftigen technischen Datenarchitektur ist die Berücksichtigung der Überlegungen aus dem Kapitel 5 hinsichtlich der Kapselung zentraler Daten gegen direkte Datenbankzugriffe. Es sollten keinerlei direkten Zugriffe auf die *zentralen* Datenbanken mehr zugelassen werden. Nur so ist einerseits die Wiederverwendung zentraler, unternehmensweiter Regeln zu gewährleisten und andererseits wird die Wartbarkeit und Flexibilität der zentralen Datenbanken erhöht. Eine wesentliche Hilfe bei der Definition der Zugriffsschicht auf die zentralen Datenbanken liefert die Analyse der Zugriffslogik in den bestehenden Anwendungssystemen und die Isolierung dieser Logik in Zugriffsmodulen. Diese Module können in vielfältiger Weise implementiert werden, entweder gekapselt oder als „stored procedures.

Abbildung 7-3: Mögliche Systemarchitektur

In der Systemarchitektur gemäss Abbildung 7-2 gibt es einen unternehmensweiten Datenserver. Dieser garantiert die Datenkonsistenz bei den zentralen Daten, hohe Transaktionsraten und die Bewältigung umfangreicher Batchverarbeitung. Auf dem unternehmensweiten Datenserver wird ebenfalls, nahe bei den Daten, die unternehmensweit gültige und von allen Anwendungssystemen verwendbare zentrale Logik zur Verarbeitung der zentralen Daten ausgeführt. Darauf aufbauend werden Anwendungssysteme entwickelt und zur Verfügung gestellt, die je nach Anforderung einem der Verteilungsmodelle gemäss Abbildung 7-1 folgen.

Realisierbarkeit Eine solche Systemarchitektur ist durch den Einsatz relationaler Datenbanktechnologie realisierbar. Relationale Datenbanksysteme auf Grossrechnern ermöglichen heute hohe Transaktionsraten und garantieren die Konsistenz der Daten auch bei der Verteilung über verschiedene Systeme und mehrere Plattformen. Die normierte Schnittstelle SQL erlaubt den Einsatz verschiedener Werkzeuge zur Datenpräsentation und -auswertung auf unterschiedlichen Plattformen.

7.4 Migrationsvarianten

Wir kennen heute eine ganze Reihe von technischen Möglichkeiten, welche die Migration der Daten in ein neues Informationssystem vereinfachen oder die Nutzung der Daten aus alten und neuen Informationssystemen heraus ermöglichen. Grundsätzlich lassen sich fünf Varianten unterscheiden [Meier/Dippold 1992] [Meier 1997]:

5 Varianten
1. Die Neuentwicklung der Anwendungssysteme bzw. der Einsatz von Standardsoftware und die einmalige Migration.
2. Die Datenmigration und die Programmkonversion.
3. Die Umsetzung von relationalen Datenbankzugriffen auf bestehende Datenbestände.
4. Die Umsetzung der prozeduralen Datenbankzugriffe auf die relationalen Datenbanken.
5. Die synchrone oder asynchrone Propagierung der Datenänderungen auf relationale Datenbanken.

Diese Varianten werden mit ihren Chancen und Risiken in den folgenden Abschnitten dargestellt und bewertet.

7 Erfolgreiche Datenmigration aus Altsystemen

7.4.1 Variante 1

Die Neuentwicklung des Anwendungssystems oder die Beschaffung von einer Standardsoftware stellen die Ausgangslage für diese Variante dar. Mit einer einmaligen Datenmigration beziehungsweise Datenübernahme werden die Daten vom alten System ins neue überführt.

Vorgehensweise

Nach intensiven Tests des neuen Anwendungssystems wird die Migration vorgenommen. Hierzu müssen die zu migrierenden Altsysteme gestoppt werden, um weitere Veränderungen der Daten auf den Datenbanken während des Migrationsprozesses zu verhindern. Danach werden die Daten mit Hilfe von Extraktions- und Ladeprogrammen abbildungsregelkonform in die neuen Datenbanken überführt. Nun kann die neue Anwendung gestartet werden. Es ist zumindest für die ersten Stunden ein Parallellauf von alten und neuen Systemen vorzusehen, um bei auftauchenden Problemen mit den neuen Systemen (mangelhaftes Laufzeitverhalten, fehlende Komponenten, Fehlfunktionen, usw.) auf das alte, bewährte System zurückgehen zu können.

Abbildung 7-4: Datenmigration

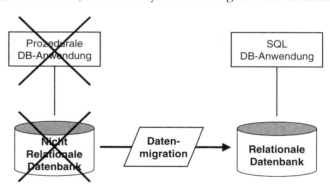

Chancen

Diese Variante ist die einzige, welche es erlaubt, das System völlig neu und ohne Kompromisse, die aufgrund von Rücksichten auf die Funktionen des bestehenden Systems eingegangen werden müssten, neu zu bauen. Die Resultate eines eingehenden Business-Process-Reengineerings könnten so in Anwendungssysteme umgesetzt werden, welche die neu entworfenen Geschäftsprozesse effizient unterstützen. Nach einem erfolgreichen Wechsel auf die neuen Anwendungssysteme können die Altsysteme eliminiert werden. Zudem werden die Wartungskosten reduziert, da kein Parallellauf beider Systeme über längere Zeit erforderlich ist.

7.4 Migrationsvarianten

Risiken Diese Variante erfordert einen sogenannten "Switchover", dies bedeutet zu einem fixen Zeitpunkt werden dann die migrierten Altsysteme auf das Zielsystem umgestellt und nach kurzem Parallellauf wird das Altsystem abgeschaltet. Ein Zurückgehen auf das Altsystem ist, ohne massiven Datenverlust nur während weniger Stunden möglich. Dies birgt das grosse Risiko in sich, dass Fehler, die erst spät entdeckt werden, nicht mehr durch ein Zurückgehen auf das Altsystem umgangen werden können. Je kritischer und transaktionsintensiver die umgestellten Anwendungssysteme sind und je grösser das Datenvolumen ist, desto grösser ist das Risiko, welches getragen werden muss.

Bewertung Das mit einem Switchover verbundene Risiko kann in der Regel nur für einige wenige, unkritische Anwendungssysteme in Kauf genommen werden. Je integrierter und umfangreicher die Anwendungssysteme sind, desto weniger ist diese Variante tragbar. Für überschaubare Anwendungssysteme, für welche das Risiko getragen werden kann, sollten die Chancen, ein völlig neu entwickeltes System zu erhalten, genutzt werden.

7.4.2 Variante 2

Die Variante Datenmigration und Programmkonversion ist der ersten ähnlich, geht aber von der Programmlogik und den Daten vom bestehenden System aus. Im Gegensatz zur Variante 1 werden die Programme nicht neu entwickelt, sondern es wird eine automatisierte Konversion der bestehenden Programme vorgenommen.

Vorgehensweise Die prozeduralen Datenbankaufrufe eines Anwendungsprogrammes werden mit Hilfe von Konversionsroutinen teilweise automatisch in relationale Datenbankaufrufe für das Zielsystem übersetzt [Meier 1998].

Abbildung 7-5: Datenmigration und Programmkonversion

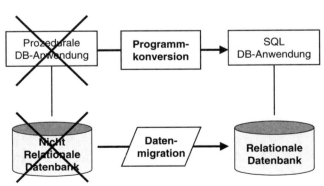

In einigen Fällen müssen die Konversionen von Hand nachgebildet oder überarbeitet werden. Dies wird vor allem dort der Fall sein, wo Laufzeitprobleme bei den Datenbankaufrufen zu erwarten sind. Nach der erfolgreichen Konversion der Programme ist die Situation dieselbe, wie bei Variante 1. Auch hier wird nach intensiven Tests des neuen Anwendungssystems die Migration vorgenommen. Ebenso wie bei Variante 1 müssen die zu migrierenden Altsysteme gestoppt werden. Die Daten werden mittels Extraktions- und Ladeprogrammen abbildungsregelkonform in die neuen Datenbanken überführt. Danach werden die neuen Anwendungsprogramme gestartet.

Chancen Bei dieser Variante kann die Logik der bestehenden Programme übernommen werden, lediglich die Datenbankaufrufe werden auf das neue Zielsystem konvertiert. Dies gewährleistet einen hohen Investitionsschutz bei qualitativ guter Software. Da ein grosser Teil der Konversion automatisiert werden kann, ist das Verfahren effektiv. Im Gegensatz zur Variante 1 besteht aber nicht die Möglichkeit eines echten Re-Engineerings der Prozesse und damit auch der Anwendungssysteme. Die Funktionalität des neuen Systems ist dieselbe wie diejenigen des alten Systems.

Risiken Auch diese Variante erfordert einen Switchover mit den bei der Variante 1 geschilderten Konsequenzen und Risiken. Ein zusätzliches Risiko besteht darin, dass die Verarbeitung der Daten in relationalen Systemen eine prinzipiell andere ist als in traditionellen, beispielsweise bei hierarchischen Systemen. Die Verarbeitung in älteren Datenbanksystemen wie etwa dem hierarchischen Datenbanksystem IMS von IBM erfolgt satzorientiert, das heisst mit jedem Datenbankzugriff (lesen, schreiben, verändern, löschen) wird genau ein Datensatz in der Datenbank bearbeitet. Relationale Systeme arbeiten jedoch prinzipiell mengenorientiert, will heissen mit einem Datenbankzugriff können mehrere Datenbanksätze bearbeitet werden. Selbstverständlich kann auch in einem relationalen Datenbanksystem auf einzelne Datensätze zugegriffen werden. Dies kann in vielen Situationen die Verarbeitung erheblich verlangsamen. Da nun bei einer Konversion der Datenbankzugriffe von einem traditionellen beispielsweise hierarchischen auf ein relationales System häufig die satzorientierte Verarbeitungsweise erhalten bleibt, kann dies zu Leistungsverlusten führen. Das wiederum macht teilweise umfangreiche Nachbearbeitungen notwendig. Auf jeden Fall ist diesem Aspekt bei den intensiven Tests mit den konvertierten Programmen auf repräsentativen Datenmengen Beachtung zu schenken.

7.4 Migrationsvarianten

Bewertung Das mit einem Switchover verbundene Risiko ist bereits unter der Variante 1 diskutiert worden. Der Vorteil gegenüber der Variante 1 besteht in der teilweisen Automatisierung der Umstellung auf ein neues Datenbanksystem durch automatische Konversion der meisten Datenbankzugriffe. Erkauft wird dieser Vorteil mit dem Nachteil, dass durch eine reine Konversion keine erweiterte Funktionalität möglich ist und dass die Programme teilweise auch noch manuell nachbearbeitet werden müssen. Denkbar ist in bestimmten Fällen eine Kombination der Varianten 1 und 2. In einem ersten Schritt wird ein Teil der Programme, deren Logik erhalten werden muss und deren Datenbankzugriffe relativ einfach und unkritisch sind, konvertiert. Anschliessend können notwendige funktionale Erweiterungen dieser Programme zusätzlich programmiert werden. Im nächsten Schritt wird der Rest des neuen Systems für den sich eine Konversion entweder nicht lohnt oder die Funktionalität neu ist völlig neu entwickelt.

7.4.3 Variante 3

Ein herkömmliches Datenbanksystem wird durch eine generelle Softwareschicht ergänzt, welche es erlaubt, deskriptive SQL-Aufrufe zu formulieren und diese dann an das herkömmliche Datenbanksystem zu richten.

Abbildung 7-5: Transformation SQL Zugriffe

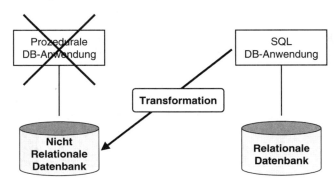

Vorgehensweise Es werden die mengenorientierten Ausdrücke auf die vorhandene prozedurale Schnittstelle des herkömmlichen Datenbanksystems transformiert [Meier 1998].

Eine eigentliche Datenmigration findet nicht statt, die Daten bleiben in den Datenbanken des Altsystems. Es ist nun möglich, neue Anwendungen im neuen Zielsystem zu entwickeln. Die neuen Daten werden dort in relationalen Datenbanken gespeichert, der Zugriff auf die alten Datenbestände erfolgt mittels SQL über die generelle Schnittstelle, welche die SQL-Aufrufe transformiert.

Es sind ausserdem verschiedene Abfragewerkzeuge auf dem Markt erhältlich, welche es erlauben, mit der standardisierten Sprache SQL auf Daten in nichtrelationalen Datenbanken zuzugreifen. Damit kann Endbenutzern sehr schnell und effektiv mittels der deskriptiven Sprache SQL Zugriff auf die meisten Daten des Unternehmens gegeben werden.

Chancen Der Übergang auf ein neues Informationssystem geschieht sanft und allmählich, eine eigentliche Datenmigration erfolgt nicht, was das Risiko erheblich reduziert. Trotzdem kann bereits frühzeitig einer der grossen Vorteile der relationalen Systeme, nämlich die standardisierte, deskriptive Sprache SQL genutzt werden. Wenn später doch eine Migration von Daten aus dem Altsystem in die relationalen Datenbanken vorgenommen wird, bestehen in den neu entwickelten Systemen bereits viele Zugriffe auf die Daten in relationaler Logik (unter der Prämisse, dass sich die Datenstrukturen durch die Migration nicht wesentlich ändern). Der Zeitplan des Übergangs auf ein neues System ist weniger durch die Technik bestimmt als vielmehr durch die Erfordernisse, neue Anwendungssysteme mit verbesserter oder erweiterter Funktionalität entwickeln zu müssen. Dieser Umstand erleichtert häufig die Rechtfertigung der Kosten im Unternehmen.

Risiken Weil eine Migration der Daten in neue, relationale Datenbanken nicht vorgenommen wird, entfallen alle strukturellen Verbesserungen der Daten. Ausser der Nutzung von SQL stehen für diese Daten und ihre Anwendungssysteme alle anderen oben diskutierten Vorteile der relationalen Systeme nicht zur Verfügung. Die Umsetzung der mengenorientierten SQL-Aufrufe in prozedurale Aufrufe der herkömmlichen Datenbanken kann mit erheblichen Leistungseinbussen in bezug auf die Antwortzeiten verbunden sein. Dies kann dazu führen, dass bei der Formulierung der SQL-Aufrufe zu sehr Rücksicht auf die Eigenheiten des Altsystems und der Schnittstelle zum Altsystem genommen werden muss. Die so entstehenden SQL-Aufrufe sind dann häufig untauglich, um sie effizient auch auf ein relationales System anwenden zu können.

Bewertung Diese Variante ist attraktiv in Situationen, in denen man mit den Strukturen der Daten und der Funktionalität der Anwendungssysteme in der alten Systemumgebung zufrieden ist nun aber langsam in eine neue, auf relationaler Datenbanktechnologie basierende Zielumgebung wachsen will. In allen anderen Fällen ist eine echte Migration unumgänglich. Diese Variante unterstützt die Entwicklung von Portalen, wie sie im Electronic Business zum Beispiel für das Bereitstellen von Produktekatalogen vermehrt zur Anwendung gelangen [Meier 2001]. Verschiedene Hersteller bieten Enterprise Portale an, welche erlauben, von einer einheitlichen Oberfläche auf Datenbestände in verschiedenen Systemen zuzugreifen, ohne dass der Benutzer deren Eigenarten kennen muss. Portale sind keine Migrationshilfen, erlauben aber Datenbestände auf Altsystemen zu belassen und zu nutzen, bis sie abgelöst werden.

7.4.4 Variante 4

Hier wird das relationale Datenbanksystem um eine generelle Softwareschicht ergänzt, welche die prozeduralen Aufrufe in die relationale Sprache SQL übersetzt [Meier 1998]. Die existierenden Anwendungsprogramme können belassen und deren Datenbankaufrufe mittels der Schnittstelle auf das relationale Zielsystem umgeformt werden.

Abbildung 7-6: Zugriff auf relationale Datenbestände aus bestehenden Anwendungen

Vorgehensweise

Wenn die neuen Datenstrukturen entworfen sind, werden die Regeln definiert, wie die alten Strukturen auf die neuen abgebildet werden müssen. Diese Abbildungsregeln werden in einem Verzeichnis festgehalten. Die bestehenden Programme werden automatisch analysiert und die jeweiligen Datenbankzugriffe in SQL-Zugriffe umgesetzt.

Es findet, ähnlich wie bei den Varianten 1 und 2 die Datenmigration statt, indem die alten Datenbanken gestoppt werden und die Daten mittels Extraktions- und Ladeprogrammen abbildungskonform in die neuen Datenbanken geladen werden. Danach können die alten Programme die Daten in den neuen Datenbanken verarbeiten, indem die Datenzugriffe gemäss den definierten Transformationsregeln nach SQL konvertiert werden.

Chancen Der Ablauf ist einfach und es gibt Werkzeuge am Markt, welche den Prozess des Umsetzens der Datenzugriffe in bestehenden Programmen weitgehend automatisieren. Nach der Migration der Daten in die neuen, relationalen Datenbanken und dem erfolgreichen Start der konvertierten Datenbankzugriffe, können die abgelösten Datenbanken gelöscht werden. Ein teurer und aufwendiger Parallellauf der alten und neuen Datenbanken entfällt. Es können neue Anwendungssysteme ausschliesslich auf der Basis relationaler Datenbanktechnologie entwickelt werden, und – falls erforderlich - auch Zug um Zug alte Programme auf die neuen Datenbanken umgestellt werden. Diese Umstellung erfolgt, im Gegensatz zur Programmkonversion der Variante 2 nicht automatisch, sondern durch Neuentwicklung der Programme. Damit kann eine neue Logik und effiziente, relationale Verarbeitung in die neuen Programme eingebaut werden.

Risiken Das Vorgehen hat einige gravierende Nachteile. So können die neuen Datenstrukturen nicht völlig frei entworfen werden, sondern es müssen die bestehenden Datenstrukturen und deren Verarbeitungslogik berücksichtigt werden, da nicht jede beliebige Abbildungsregel zwischen den Systemen unterstützt werden kann. Diese Einschränkung betrifft sowohl Regeln, die im Anwendungssystem begründet sind, wie auch solche, die im Datenbankzugriff selbst liegen. Nicht jeder Zugriff auf eine satz- und adressorientierte Datenbank, wie etwa IMS, kann in einen äquivalenten Zugriff eines relationalen, mengenorientierten Datenbanksystems umgesetzt werden. Häufig ist die Umsetzung nicht möglich oder sie wird durch Laufzeitprobleme erkauft.

Die erwähnten Schwierigkeiten erfordern teilweise eine manuelle Überarbeitung der Datenbankzugriffe und die Verwendung von zusätzlicher prozeduraler Logik in Form von Exitroutinen. Das Ausmass der zusätzlichen manuellen Arbeit hängt davon ab, wie intensiv die spezifischen Möglichkeiten des alten Datenbanksystems ausgenutzt wurden. Je mehr Spezifika in den alten Programmen vorhanden sind, desto grösser wird der Überarbeitungsaufwand.

Auch bei dieser Variante kommt es letztlich zum Switchover der Anwendungssyteme. Nach der Migration der Daten ins neue, relationale Datenbanksystem werden die Daten nur noch in diesem System verarbeitet. Sorgfältiges Testen der alten Programme

7.4 Migrationsvarianten

mit der neuen Zugriffslogik ist essentiell. Hierbei ist auch dem Laufzeit- und Antwortzeitverhalten der umgestellten Anwendungssysteme besondere Aufmerksamkeit zu widmen.

Bewertung Bei unkritischen Anwendungssystemen, bei denen die Tests überschaubar bleiben und die nur einen geringen Integrationsgrad ins gesamte Informationssystem und damit nur wenige Abhängigkeiten zu anderen Systemen aufweisen, ist dies eine denkbare Migrationsvariante. Auch in Kombination mit anderen Varianten kann dieses Vorgehen für ausgewählte Anwendungssysteme sinnvoll sein.

7.4.5   Variante 5

7.4.5.1   Grundlagen

Die synchrone oder asynchrone Propagierung ist die technisch komplexeste Variante und die einzige, welche die Datenmigration auf der Ebene des Datenbankmanagementsystems bewältigt. Wir gehen nun näher auf die synchrone Porpagierung ein. Beispiele für die asynchrone Propagierung finden sich in der Literatur [Meier et al. 1994] und im folgenden Abschnitt 7.4.6.

System-kontrollierte Daten-redundanz Diese Variante geht davon aus, dass die Daten jener Anwendungssysteme, die migriert werden sollen, zunächst *parallel und synchron* in den alten und in den neuen, relationalen Datenbanken geführt werden. Es handelt sich bei diesem Verfahren um eine systemkontrollierte Datenredundanz.

Datenintegrität durch Trans-aktionsprinzip Der Hauptvorteil besteht darin, dass die Daten in beiden Systemen konsistent gehalten werden. Man spricht von der Sicherstellung der *Datenintegrität*. Die Datenintegrität wird bei der Verarbeitung von Daten in Datenbanken klassischerweise durch das Transaktionsprinzip garantiert.

Eine Datenbanktransaktion führt die Daten in einer Datenbank von einem konsistenten Zustand in einen anderen konsistenten Zustand über. Erst wenn die Transaktion erfolgreich endet, werden die Datenveränderungen auf der Datenbank auch tatsächlich nachgeführt. Ist der erfolgreiche Abschluss einer Transaktion aus irgendwelchen Gründen (Netzunterbruch, Verarbeitungsfehler, Fehler in der Hardware, usw.) nicht möglich, werden die Daten in ihren vorherigen konsistenten Zustand zurückversetzt.

Jede Veränderung von Daten in einer Datenbank wird nach dem Transaktionsprinzip entweder vollständig oder gar nicht durch-

7 Erfolgreiche Datenmigration aus Altsystemen

Konsistenz zwischen zwei DBMS

geführt. Das Datenbankmanagementsystem garantiert damit die Datenintegrität auf der jeweiligen Datenbank.

Das grosse Problem bei der Datenpropagierung aus herkömmlichen Datenbank in relationale Datenbanken besteht darin, dass zwei unterschiedliche Datenbankmanagementsysteme beteiligt sind. Die unabdingbare Voraussetzung für diese Variante besteht in der technischen Fähigkeit des alten und des neuen Datenbankmanagementsystems, eine Veränderung von Daten, die redundant sowohl im alten wie im neuen System vorhanden sind, so durchzuführen, als würde die Veränderung in einer einzigen Datenbanktransaktion durchgeführt. Nur so ist gewährleistet, dass die Daten von einem konsistenten Zustand in einen anderen konsistenten Zustand überführt werden.

Tatsächlich sind aber zwei unterschiedliche Datenbankmanagementsysteme beteiligt, die jeweils ihre eigenen Datenbanktransaktionen durchführen, um innerhalb ihres Systems die Datenintegrität sicherzustellen. Die zunächst jeweils unabhängigen Datenbanktransaktionen im alten und im neuen System müssen dementsprechend synchronisiert werden. Dieses erfordert einen Transaktionsmanager, der zwischen beide Systeme geschaltet ist und die Transaktionen erfolgreich überwacht (siehe Glossar 2 Phasen Commit).

7.4.5.2 Vorgehensweise Phase 1

Synchrone Datenpropagierung

Aufgrund des logischen und physischen Entwurfs der neuen Datenbanken müssen die Abbildungsregeln definiert und festgehalten werden, nach denen die Daten der alten Strukturen auf die Logik der neuen Strukturen abgebildet werden

Abbildung 7-8: Datenpropagierung und Koexistenz Phase 1

7.4 Migrationsvarianten

Diese Regeln werden in einem Verzeichnis des Transaktionsmanagers beschrieben, um später während der Verarbeitung für die abbildungsgerechte Verarbeitung der Daten in beiden Systemen genutzt zu werden.

Nach der Implementierung der neuen Datenbanken werden die alten Datenbanken, welche die zu migrierenden Daten enthalten, gestoppt, die Daten werden mittels Extraktions - und Ladeprogrammen abbildungskonform in die neuen Datenbanken **redundant** übertragen, die Daten sind jetzt sowohl in den alten wie auch in den neuen Datenbanken vorhanden. Nach dem Starten der Datenbanken und des zentralen Transaktionsmanagers können die bestehenden Anwendungsprogramme im Altsystem wieder gestartet werden. Jede Datenbanktransaktion wird jetzt synchron und abbildungskonform sowie unter Wahrung der Datenintegrität in beiden Systemen sowohl in den alten wie auch in den neuen Datenbanken durchgeführt. Man spricht in diesem Fall von einer Ein-Weg-Propagierung (Alt nach Neu).

Vorgehensweise Phase 2

Damit ist die Basis für eine echte Migration gelegt. Ab jetzt sollten alle Erweiterungen oder Neuentwicklungen nur noch auf der Basis der relationalen Datenbanken durchgeführt werden. Auf der Seite des Altsystems werden keine Erweiterungen oder gar Neuentwicklungen mehr erlaubt.

Abbildung 7-9: Datenpropagierung und Koexistenz Phase 2

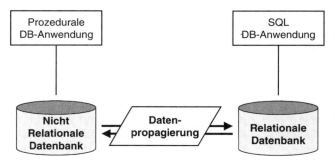

Gleichzeitig können bestehende Anwendungssysteme schrittweise vom Altsystem ins neue System migriert werden. Damit die Daten, welche auf der alten Seite in noch nicht umgestellten Anwendungen aktuell bleiben, kann die Rückwärts-Propagierung eingeschaltet werden. Dadurch werden jene Datenbankänderungen, welche auf der relationalen Seite ausgelöst werden, ins alte System propagiert. Entscheidend ist natürlich, dass für alle Daten jeweils feststehen muss, wo sich das Original sowie die nachzuführende Kopie befindet. Für jedes Datenelement ist entweder

139

7 Erfolgreiche Datenmigration aus Altsystemen

die alte oder die neue Seite führend, und die jeweils andere Seite wird propagiert. Es darf kein Datenelement geben, welches im Altsystem wie auch im Neusystem durch Anwendungssyteme verändert wird.

Vorgehensweise Phase 3

Die letzte Phase bildet den Abschluss der Migration. Alle Anwendungssysteme und ihre Daten sind auf das neue, relationale Zielsystem migriert, sodass die Altsysteme endgültig abgeschaltet werden können.

Abbildung 7-10: Datenpropagierung und Koexistenz Phase 3

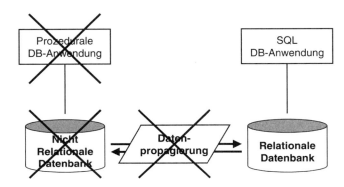

Chancen

Die Datenpropagierung bietet eine Reihe erheblicher Vorteile. Ein entscheidender Vorteil gegenüber allen anderen Varianten besteht darin, dass die Migration der Daten ins neue, relationale System für die alten, bestehenden Anwendungssysteme transparent ist. Es muss zunächst nichts umgestellt oder angepasst werden. Der notwendige Aufwand wird in dieser Phase weitgehend von einigen wenigen Datenbank- und Systemspezialisten erbracht. Schon in dieser Phase können die Daten in den relationalen Datenbanken genutzt werden. Die Datenpropagierung ermöglicht eine langsame und auch für sehr integrierte Daten unkritische Migration, da kein Switchover notwendig wird. Die Daten stehen sowohl im Altsystem wie im neuen Umfeld zur Verfügung, die Datenintegrität wird durch die Datenbankmanagementsysteme gewährleistet.

Risiken

Der wesentlichste Nachteil dieser Variante besteht in den technischen Voraussetzungen, die vorherrschen müssen und leider nur in den wenigsten Fällen gegeben sind. So gibt es bis heute nur ein einziges Produkt auf dem Markt, das eine synchrone Datenpropagierung von einem herkömmlichen Datenbanksystem in ein relationales System unterstützt (Produkt DPROP/NR von IBM). Und auch dieses Produkt unterstützt standardmässig nur eine eingeschränkte Zahl von Abbildungsregeln. Darüber hin-

7.4 Migrationsvarianten

ausgehende Abbildungsanforderungen müssen individuell programmiert und an den vom Produkt zur Verfügung gestellten Schnittstellen angeschlossen werden. Da diese Module sowohl die Vorwärts- wie auch die Rückwärts-Propagierung unterstützen, ist dies keine triviale Aufgabe.

Ein weiteres Risiko muss in der technischen Komplexität gesehen werden, die bei massiver Nutzung der Vorwärts- und Rückwärts-Propagierung im täglichen Betrieb der Datenbanken bewältigt werden muss. Diese Variante kann daher nur von EDV-Organisationen ernsthaft ins Auge gefasst werden, die über gut ausgebildetes und erfahrenes Personal in der Datenbankadministration und im Rechenzentrumsbetrieb verfügen.

Bewertung

Überall dort, wo Anwendungssysteme mit stark integrierten Daten vorliegen und wo die erwähnten technischen sowie personellen Voraussetzungen gegeben sind, kann dieser Migrationsansatz verfolgt werden. Dieser Weg ist in einem integrierten Systemumfeld der sicherste und am besten planbare.

7.4.5.3 Asynchrone Datenpropagierung

Da es sich hierbei um keine echte Migrationsvariante handelt, führen wir die asynchrone Datenpropagierung hier nur der Vollständigkeit halber kurz auf.

Wir können grundsätzlich zwei verschiedene Arten der asynchronen Propagierung unterscheiden, nämlich die zeitpunktbezogene Variante (point-in-time) und die kontinuierlich-asynchrone Variante.

Zeitpunktbezogene Variante

Bei der zeitpunktbezogenen Variante werden die Daten zu einem jeweils festgelegten Zeitpunkt auf der Kopie nachgeführt, also beispielsweise am Tagesende. Dieser Ansatz wird von verschiedenen am Markt verfügbaren Produkten unterstützt und häufig für das Nachführen der Daten in einem Data-Warehouse eingesetzt (vgl. Kapitel 9).

Kontinuierlich-asynchrone Variante

Die kontinuierlich-asynchrone Variante bringt die Daten so schnell wie möglich und mit einer minimalen Verzögerung von einigen Sekunden in die Kopie. Dieser Ansatz wird oft zur Pflege der Daten in einem Katastrophen-Backup-Zentrum genutzt oder um reine, zeitnahe Auswertungsdatenbanken zu pflegen (vgl. Kapitel 9 Operational Data Store).

7.4.6 Zusammenfassung der Migrationsvarianten

Wir fassen die Migrationsvarianten mit ihren Chancen und Risiken in der folgenden Tabelle zusammen.

Variante	Szenario	Chancen	Risiken	Bewertung
1	Neuentwicklung oder Standardsoftware und einmalige Datenmigration	• Entwurf des Neusystems ohne Kompromisse • Kauf einer Lösung • kein langer Parallellauf, schnelle Ablösung des Altsystems	• Switchover • hohes Risiko von Datenverlust	Möglich für unkritische Anwendungen, die wenig integrierte Daten verwalten
2	Datenmigration und Programmkonversion	• Investitionsschutz der bestehenden Programme • teilweise automatisierbar	• Switchover • DB-Zugriffe teilweise schwer umsetzbar • Leistungs-Einbussen und schlechtes Laufzeitverhalten möglich	Ähnlich wie Variante 1 zu bewerten, ggf. sind beide Varianten kombinierbar
3	Umsetzung relationaler Zugriffe auf bestehende Datenbanken	• frühe Nutzung von SQL • kein Switchover nötig • bedürfnisorientierter Zeitplan möglich	• keine eigentliche Datenmigration • nicht geeignet für sehr integrierte Systeme • keine grosse Qualitätsverbesserung im Altsystem • langer Parallellauf	Erlaubt langsames Wachsen in die relationale Datenbank-Technologie, stellt aber eigentlich keine echte Migration dar
4	Umsetzung der prozeduralen Zugriffe auf die relationalen Datenbanken	• weitgehend automatisierbar • schneller Nutzen der relationalen Datenbanktechnologie	• Kompromisse beim Entwurf des neuen Systems • teilweise manuelle Überarbeitung nötig • Leistungseinbussen und schlechtes Laufzeitverhalten möglich	Bei unkritischen, wenig integrierten Anwendungssystemen mögliche Variante
5	Synchrone Datenpropagierung	• Transparent für bestehende Anwendungssysteme • System garantiert die Datenintegrität • langsame und unkritische Migration möglich • auch bei sehr integrierten Systemen geeignet	• sehr dezidierte technische Voraussetzungen • technisch komplex • hohe Anforderungen an das technische Personal	Wenn die technischen und personellen Voraussetzungen gegeben sind, bevorzugte Variante bei komplexen und integrierten Anwendungssystemen

Tabelle 7-2: Zusammenfassung der Migrationsvarianten

7.5 Rolle der Metadaten im Migrationsprozess

Eine entscheidende Hilfe zur erfolgreichen Bewältigung eines Migrationsvorhabens ist ein funktionsfähiges Metadatensystem. Im Laufe der Analyse des Ist-Systems und des Entwurfs des Zielsystems werden wichtige Fakten über das bestehende und das kommende Informationssystem erhoben. Ohne die Dokumentation und die Pflege dieser Informationen in einem Metadatensystem bleibt es bei einer Momentaufnahme, die sehr schnell ihren Wert verliert.

Beherrschung der Komplexität

Ein weiterer Nutzen des Metadatensystems liegt in der Beherrschung der Komplexität des Datengebildes, das sich während der einzelnen Migrationsphasen entwickelt. Einige unternehmens-kritische Daten werden durch komplexe Regeln und mit technisch anspruchsvollen Verfahren in unterschiedlichen Systemumgebungen unterhalten. Dies stellt hohe Anforderungen an die konzeptionelle und technische Administration der Daten. Eine Datenadministration ist ohne ein Metadatensystem wesentlich aufwendiger und mit erheblichen Risiken verbunden.

Einführen Datenstandards

Das Migrationsvorhaben kann auch als Chance betrachtet werden, um Ordnung in die Datenbestände zu bekommen. Man kann neue oder abgeänderte Datenstandards einführen (vgl. ISO-Normierungen für Datenelemente), die Kapselung der zentralen Daten gegen direkten Zugriff durch normierte Schnittstellen durchsetzen, die Dokumentationsqualität insgesamt erhöhen oder ein umfangreiches und für den Endanwender nutzbares Metadatensystem aufbauen. Ein umfangreiches Migrationsvorhaben, welches diese Chancen nicht nutzt, verschwendet einen grossen Teil des aufgewendeten Kapitals.

7.6 Ein möglicher Fahrplan für die Migration

Welche Migrationsvariante gewählt wird und wie komplex die Durchführung der Migration wird, hängt von vielen Faktoren ab, die zuvor bestimmt werden müssen. Je nach der Motivation für eine Migration und nach dem Integrationsgrad des zu migrierenden Systems verändert sich die Komplexität und die Möglichkeit, bestimmte Migrationsvarianten einzusetzen.

7.6.1 Bestimmung Migrationsvariante

Betrachten wir die Komplexität von bestehenden Systemen, welche meist über 20 oder mehr Jahre gewachsen sind, ist es im allgemeinen unrealistisch, ein ganzes Informationssystem auf einmal und mit einer einzigen Technik ablösen zu wollen. Vielmehr ist eine Migrationsstrategie zu entwickeln, welche die Balance zwischen Chancen und Risiken hält, und die je nach Teilsystem die Vorteile verschiedener Verfahren nutzt.

Notwendige Abklärungen

Wenn man das Ist-System sorgfältig analysiert hat und das Zielsystem bestimmt ist, sind noch weitere Abklärungen zu treffen, um schliesslich die geeignete Migrationsstrategie und damit auch die technischen Migrationsvarianten zu bestimmen. Die folgenden Punkte sind nur eine Auswahl von Fragestellungen, die noch zu bearbeiten sind:

- Wie integriert sind die Daten der zu migrierenden Anwendungssysteme im Altsystem und/oder im neuen System?
- Welche Abhängigkeiten gibt es zwischen den Systemen?
- Welche Prioritäten bestehen in den Fachabteilungen hinsichtlich der Neuentwicklung bestimmter Anwendungssysteme und welche Auswirkungen hat dies auf die Migrationsplanung?
- Wie komplex sind die Geschäftsregeln, die vom Altsystem übernommen werden müssen?
- Wie komplex sind die Abbildungsregeln zwischen den alten und den neuen Datenstrukturen?
- Bei welchen Anwendungssystemen kann das Risiko eines Switchover getragen werden und bei welchen auf keinen Fall?

Sind die offenen Fragen beantwortet, wird die geeignete Migrationsstrategie festgelegt.

7.6.2 Beispiel einer Migration

Am Beispiel eines integrierten Informationssystems einer Bank oder Versicherung, mit starken Abhängigkeiten der meisten Anwendungssysteme zu zentralen Kunden- und Vertragsdaten, wird eine solche Migrationsstrategie kurz skizziert.

Phase 1: Ist-System dokumentieren

Die Analyse des Ist-Systems liefert eine vollständige Dokumentation des abzulösenden Informationssystems, die soweit wie möglich auf einem Repository festgehalten und den aktuellen Veränderungen entsprechend nachgeführt wird. Der Integrationsgrad der einzelnen Systeme und deren gegenseitige Abhängigkeiten sind transparent und auf dem Repository nachvollziehbar. Die strukturellen und inhaltlichen Schwächen des Ist-Systems sind aufgedeckt und dokumentiert worden. Die Stärken sind ebenfalls bekannt und werden zusammen mit den aufgedeckten Schwächen in einem Katalog festgehalten.

Phase 2: Zielsystem entwerfen

Das Zielsystem wird unter Berücksichtigung des Stärken-/Schwächen-Katalogs des Ist-Systems entworfen. Es werden Massnahmen zur Verbesserung und Sicherung der Datenqualität vorgesehen. Die Standards, nach denen das neue System zu entwickeln und zu dokumentieren ist (beispielsweise auch Namensstandards auf dem Repository), werden festgelegt.

Phase 3: Konversionsregeln festlegen

Auf der Basis der Dokumentation des Ist-Systems und dem Entwurf des Zielsystems werden die Abbildungsregeln festgelegt, nach denen die Daten von einem System auf das andere zu konvertieren sind. Dabei kann in einigen Fällen eine Überarbeitung des Zielentwurfs notwendig werden, wenn die Konversionsregeln zu komplex werden und durch eine der möglichen Migrationstechniken nicht bewältigt werden können.

Phase 4: Migrationsvariante bestimmen

Die geeignete Migrationsvariante ist pro Teilsystem zu bestimmen. In unserem Beispiel eines integrierten Umfelds, in dem starke Abhängigkeiten zu den zentralen Datenbanken bestehen, wählen wir für die Kerndaten des Systems die synchrone Datenpropagierung (Migrationsvariante 5). Diese Technik können wir auch für solche Daten vorsehen, die strukturell und inhaltlich in gutem Zustand sind sowie schnell und effizient in die neuen Datenbanken übernommen werden sollen.

Für alte Teilsysteme oder für Systeme aus jenen Geschäftsbereichen, die einem Business-Process-Reengineering unterzogen werden, wählen wir die Migrationsvariante 1 (Neuentwicklung).

Überall dort, wo wir mit den Systemen funktional zufrieden sind, aber relationale Datenbanktechnologie nutzen wollen, wird die Migrationsvariante 2 mit Datenmigration und Programmkonversion vorgesehen.

Durch die Möglichkeit, mittels Datenpropagierung die Daten systemkontrolliert redundant in beiden Datenbankumgebungen führen zu können, müssen die Migrationsvarianten 3 und 4, das heisst die Umsetzung von Datenbankzugriffen nicht betrachtet werden. Für die Erstellung und Pflege von Datenbanken für reine Auswertungszwecke kann bei Bedarf die asynchrone Datenpropagierung verwendet werden.

Phase 5: Migrationsschritte planen

Die Migrationsschritte werden konkret geplant. Da in unserem Szenario die meisten Anwendungssysteme von gewissen zentralen Daten stark abhängig sind, werden diese Kerndaten mittels synchroner Datenpropagierung zuerst im neuen Umfeld zur Verfügung gestellt. Die Migration der weiteren Systeme werden aufgrund fachlicher oder technischer Priorisierungen mit der geeigneten, vorher festgelegten Migrationstechnik vorangetrieben. Auf der Basis dieser konkreten Planung werden Erweiterungen oder gar Neuentwicklungen auf der Seite des Altsystems mit dem Migrationsvorhaben so koordiniert, dass alle Synergien möglichst ausgeschöpft werden können und die Verschwendung von Ressourcen und Kapital unterbleibt.

Phase 6: Altes System abschalten

Ist die Migration erfolgreich abgeschlossen, können die alten Systeme abgeschaltet werden. Es mag erstaunen, aber gerade diese letzte Phase wird häufig nicht geplant und am Ende auch nicht durchgeführt. Aufgrund mangelhafter Ist-Analysen oder unkoordinierter Weiterentwicklung im Altsystem während der Migrationsphase besteht plötzlich grosse Unsicherheit, ob das System wirklich abgeschaltet werden kann. Dieses Verhalten wird mit einer Vergeudung von Ressourcen und Kapital bezahlt. Denn es war doch sicher nicht das erklärte Ziel des Migrationsvorhabens, am Ende neben dem neuen System auch noch das alte System zusätzlich betreuen zu müssen.

7.7 Ansatz Enterprise Application Integration

Durch die Aufteilung der Softwareumgebung in Komponenten und durch den Einsatz eines Komponentenbrokers bietet sich ein neuer Weg der Migration an. Auf dieser neuen Plattform, kontrolliert durch einen Integrationsbroker, werden die Altsysteme einbezogen, ohne sie zu migrieren. Es muss lediglich ein Adapter für das entsprechende Altsystem geschrieben werden.

Abbildung 7-11: EAI

Diese neue Architektur mit Komponenten- und Integrationsbroker befindet sich zur Zeit noch in einer Experimentierphase, uns ist noch keine produktive Installation mit hohem Load bekannt. Beispielsweise entwickeln verschiedene Informatiklieferanten zur Zeit neue Rechnerarchitekturen und Plattformen, die einen Komponenten- und Integrationsbroker unterstützen.

7.8 Kernaussagen zur Datenmigration

1. *Die Motivation zur Datenmigration kann in inadäquaten Datenstrukturen, mangelhafter Wartbarkeit der Altsysteme, dem Wunsch nach dem Einsatz moderner Datenbanktechnologie oder der Zusammenführung mehrerer Informationssysteme liegen. Die Motivation bestimmt auch das Vorgehen bei der Migrationsplanung.*

2. *Die seriöse Analyse des zu migrierenden Ist-Systems nach den Kriterien Datenarchitektur, Datenqualität und Datenbanktechnologie bildet die Grundlage für einen Stärken-/Schwächen-Katalog des Ist-Systems. Dieser Katalog ist beim Entwurf des Zielsystems und beim Migrationsvorgehen zu berücksichtigen.*

3. *Der Entwurf des Zielsystems legt die neue Datenarchitektur, Massnahmen zur Sicherstellung der Datenqualität sowie die neue Datenbanktechnologie fest. Neue Datenstandards sind ebenfalls zu definieren.*

4. *Die Konversions- und Abbildungsregeln zwischen den Daten im Ist-System und den Daten im Zielsystem müssen bestimmt werden.*

5. *Die Ergebnisse der Analyse- und der Entwurfsphasen inklusive der Konversions- und Abbildungsregeln sind in einem Repository zu dokumentieren und zu pflegen.*

6. *Basierend auf den Resultaten der Analyse- und Entwurfsphasen, der Komplexität der Konversionsregeln, der technischen Gegebenheiten, der fachlichen und technischen Prioritäten sowie der Bewertung der verschiedenen Migrationstechniken ist eine Migrationsstrategie zu entwickeln und in eine konkrete Planung umzusetzen.*

7. *Das Ziel jeder Migration muss die vollständige Ablösung des Altsystems sein. Andernfalls werden Provisorien zum Standard erhoben und wertvolle Ressourcen in der Verwaltung von Systemen verschwendet, die keinen zusätzlichen Geschäftsnutzen mehr erbringen.*

8 Erfolgreiche Organisation des Datenmanagements

Wir haben bislang gesehen, dass der Treiber für den Übergang zur Stufe „Datenbankadministration" die Einführung neuer Technologie war. Der Übergang zur Entwicklungsstufe „Datenmodellierung/Datenstandardisierung" entstand durch die Forderung nach mehr Datenintegration. Der Treiber für den Übergang zur Entwicklungsstufe „Datenmanagement" ist ein anderer.

Abbildung 8-1: Treiber der Organisation Datenmanagement

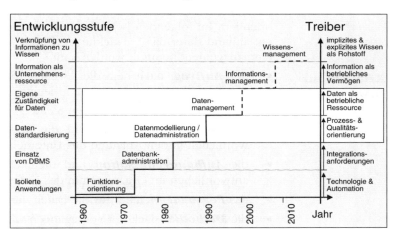

8.1 Motivation

Die Wahrnehmung der Daten als Unternehmensressource führt zwangsläufig zu der Konsequenz, auch Zuständigkeiten und Verantwortlichkeiten für Daten zu definieren und eine Organisationseinheit zu schaffen, die mit der Erfüllung der wesentlichen Aufgaben rund um die Daten beauftragt ist.

Höchste Stufe Die höchste Stufe der Verantwortung für die Daten eines Unternehmens ist erreicht, wenn in einer Organisationseinheit „Datenmanagement" die technischen Aufgaben der Datenbankadministratoren, die konzeptionellen Aufgaben der Datenarchitekten sowie die Standardisierungsaufgaben der Datenadministratoren wahrgenommen werden. In fortschrittlichen Unternehmen kommen noch andere Verantwortungsbereiche wie beispielsweise Data Warehousing hinzu.

8 Erfolgreiche Organisation des Datenmanagements

Voraussetzungen

Allein mit der Bildung einer neuen Organisationseinheit ist allerdings das Datenproblem des Unternehmens nicht zu lösen. Das Datenmanagement kann nur erfolgreich sein, wenn die Zielsetzungen klar sind, die Kompetenzen dem Auftrag entsprechen, die ablauf- und aufbau-organisatorische Einordnung stimmt, sowie die methodischen, technischen und personellen Voraussetzungen gegeben sind. Ausschlaggebend für den Erfolg des Datenmanagements scheint uns zu sein, dass das Unternehmen insgesamt reif für diese Entwicklungsstufe ist.

8.2 Reifegrad des Datenmanagements eines Unternehmens

Für die Bewertung des Reifegrads eines Unternehmens müssen diejenigen Kriterien definiert sein, an denen sich die Bewertung orientiert. Im folgenden benennen wir die wesentlichsten Kriterien, anhand derer das Entwicklungsstadium zum integrierten Datenmanagement beurteilt werden kann:

Kriterien zur Bewertung

- den *Auftrag,* nach dem die jeweilige, für die Daten verantwortliche Organisationseinheit arbeitet;
- den *Auftraggeber* und dessen Stellung im Unternehmen;
- die *Ablauforganisation* und die Rolle der Datenverantwortlichen in den Abläufen des Unternehmens;
- die *Aufbauorganisation* und die Stellung der Datenverantwortlichen im Organigramm des Unternehmens;
- das *Personal*, welches für die Daten verantwortlich ist;
- die *Methodik*, nach der vorgegangen wird;
- die *Technologie*, welche jeweils im Einsatz ist;
- die *Unternehmenskultur*, in welche die Informatik als Ganzes und die Datenverantwortlichen als Teil davon eingebettet sind.

8.2.1 Kriterium Auftrag

Die Aufträge für die einzelnen Funktionen des Datenmanagements ändern und erweitern sich mit zunehmender Entwicklung zum integrierten Datenmanagement. Von einer mehr oder weniger isolierten Fixierung auf die technischen Aspekte des Datenbankbetriebes bis zur ganzheitlichen Verantwortung der Unternehmensressource *Daten.*

8.2.1.1 Entwicklungsstufe Datenbankadministration

Der Auftrag an die Datenbankadministration besteht auf dieser Entwicklungsstufe im wesentlichen in der Sicherstellung der technischen Qualität der Datenbanken sowie der technischen Sicherheit der Daten. Diese Aufgaben umfassen typischerweise die Tätigkeitsgebiete

Aufgaben Datenbankaministration

- Entwurf logischer Datenbankschemata,
- Bestimmung der technischen Parameter der Datenbanken,
- Test des Laufzeitverhaltens der Datenbankanwendung,
- Einführung der Datenbanken in die Produktion,
- Periodische Sicherstellungen der Datenbanken,
- Festlegung der Back-Up- und Recovery-Prozeduren,
- Durchführung von Wiederherstellungsmassnahmen bei Datenverlusten aufgrund technischer Datenbankprobleme,
- Überwachung des Datenbankbetriebes, Datenverteilung und Replikation
- Technische Unterstützung der Entwickler
- Einleiten und Durchführen von Massnahmen zur Verbesserung des Laufzeitverhaltens von Datenbankanwendungen,
- Beurteilung und Einführung von Datenbank-Software.

8.2.1.2 Entwicklungsstufe Datenmodellierung/-standardisierung

Mitte der achtziger Jahre wurden in den Unternehmen Teams gebildet, die einen konzeptionelleren und funktionsübergreifenderen Auftrag hatten. Die Daten des Unternehmens sollten umfassend analysiert, neu strukturiert und standardisiert werden. Zum einen bestand der Auftrag in einer Standardisierung der Daten des Unternehmens, zum anderen darin, die Daten aus ihrer isolierten, funktions- und anwendungsspezifischen Sicht herauszulösen und in einen Gesamtunternehmenskontext zu stellen.

Auftrag und Verantwortung

Im Idealfall wird ein solcher Auftrag aus einem übergeordneten Auftrag zur Erarbeitung einer Strategischen Informationsplanung für das Gesamtunternehmen abgeleitet. Viele Methoden des Software- oder Information-Engineerings, für welche die Datenmodellierung einen Teilbereich darstellt, basieren auf der Erstellung einer umfassenden Informationsplanung. Nur wenn der Auftrag an ein Datenmodellierungsteam zur Erstellung einer unternehmensweiten Datenarchitektur den Datenaspekt einer Strategischen Informationsplanung abdeckt, ist auch die Abstimmung mit anderen Aktivitäten im Unternehmen gewährleistet wie etwa der Entwicklung einer Anwendungsarchitektur, der Einführung eines Vorgehensmodells, der Einführung von CASE-Werkzeugen und der damit verbundenen Methoden oder der Einführung eines Repositorysystems zur Standardisierung und Kontrolle des Life-Cycles von Daten und Anwendungen zu gewährleisten. Das gesamte Vorgehen muss auf dieser Entwicklungsstufe aufeinander abgestimmt sein und einem übergeordneten Auftrag folgen.

8.2.1.3 Entwicklungsstufe Datenmanagement

Lebenszyklus der Daten

Die Erkenntnis, dass die Daten des Unternehmens eine betriebliche Ressource darstellen und infolgedessen ein verantwortliches Management über ihren gesamten Lebenszyklus wachen muss, führt zum Übergang auf die Entwicklungsstufe „*Datenmanagement*". Es ergeht ein Auftrag an eine Organisationseinheit „Datenmanagement":

Auftrag Datenmanagement

> Es sind alle konzeptionellen, technischen, methodischen und organisatorischen Massnahmen zu ergreifen und durchzusetzen, um eine hohe Qualität der Daten des Unternehmens über ihren gesamten Lebenszyklus zu gewährleisten und sie ihrem grösstmöglichen Nutzen zuzuführen.

Damit werden die isolierten Aufträge an unterschiedliche Bereiche, wie etwa die Datenmodellierung und die Datenbankadministration, einem umfassenderen Auftrag „Datenmanagement" unterstellt und aufeinander abgestimmt.

8.2.2 Kriterium Auftraggeber

Mit dem Übergang von der Entwicklung isolierter Anwendungen ohne ausdrückliche Berücksichtigung der Datenaspekte hin zum unternehmensweiten Datenmanagement ändert sich auch die Stellung des Auftraggebers im Unternehmen.

8.2.2.1 Entwicklungsstufe Datenbankadministration

Häufig ist die Datenbankadministration aus der Systemprogrammierung oder dem Rechenzentrumsbetrieb hervorgegangen. Der Auftraggeber für die Datenbankadministration ist daher bei der Produktionsverantwortung zu finden. Oft ist es der Leiter des Rechenzentrumsbetriebes oder einer separaten Abteilung „Systemtechnik" oder „Systemplanung", der als Mittler zwischen Anwendungsentwicklung und Rechenzentrumsbetrieb etabliert ist und für Infrastrukturbelange zuständig ist.

8.2.2.2 Entwicklungsstufe Datenmodellierung/-standardisierung

Wer der Auftraggeber eines Datenmodellierungs- und/oder Datenadministrationsteams ist, hängt meist von der Organisation des Informatikbereiches des Unternehmens zum jeweiligen Zeitpunkt ab sowie davon, ob der Auftrag tatsächlich Teil einer umfassenden Strategischen Informationsplanung ist. In diesem Fall ist der Auftraggeber möglicherweise gar der Leiter des Informatikbereiches selbst, was aus den bereits im Abschnitt 8.2.1.2 dargestellten Gründen typischerweise nicht der Fall ist.

Auftraggeber in Abteilung SW-Entwicklung

Wir finden Auftraggeber daher häufiger in der eigentlichen Entwicklungsabteilung, in einer Abteilung „Systemplanung" oder in einer Abteilung „Methoden und Verfahren". Da der Auftrag an die Datenmodellierung und -administration auch Standardisierungsaufgaben enthält, die einmal definierten Standards aber im Entwicklungsprozess durchgesetzt werden müssen (=Legislative), hat ein Auftraggeber in der Regel einen schweren Stand. Ihm fehlt die notwendige Unabhängigkeit zum eigentlichen Entwicklungsprozess.

8.2.2.3 Entwicklungsstufe Datenmanagement

Der Auftraggeber für ein umfassendes Datenmanagement muss unabhängig von funktions-orientierten Interessen innerhalb des Informatikbereiches sein. Solche Interessen verfolgen etwa die Leiter von Entwicklungsabteilungen, die in erster Linie ihre Projekte termin- und budgetgerecht abschliessen wollen. Dieses Interesse ist legitim, führt aber häufig dazu, dass Standardisierungsmassnahmen, Vorgehensmodelle oder bestimmte vorgeschriebene Methoden als hinderlich und zeitraubend betrachtet und daher missachtet werden.

Leiter des Informatikbereiches als Auftraggeber

Soll das Datenmanagement in die Lage versetzt werden, seinen Auftrag erfolgreich zu erfüllen, muss der Auftraggeber für das Datenmanagement hierarchisch hoch genug angesiedelt sein, um über solchen funktions-orientierten Interessen zu stehen und das Gesamtinteresse vor Augen zu haben. In der Regel eignet sich daher der Leiter des Informatikbereiches als Auftraggeber. Auf diese Weise bestehen bei echten Konflikten zwischen Datenmanagement und anderen Funktionsbereichen der Informatik auch Eskalationsmöglichkeiten mit dem Ziel eines Interessenausgleiches. Eine andere Möglichkeit besteht darin, dass der Auftraggeber aus einem Ausschuss der Geschäftsleitung kommt. Diese Organisation bietet den Vorteil, dass die Fachbereiche des Unter-

8.2.3 Kriterium Ablauforganisation

Organisatorische Veränderungen

Die Ablauforganisationen der Unternehmen und anderer grosser Organisationen haben sich in den letzten Jahren im Zuge der verstärkten Ausrichtung auf die Kunden teilweise dramatisch geändert oder sind noch mitten in diesem Änderungsprozess. War die Informatik früher vor allem selbst der Auslöser von organisatorischen Veränderungen in den verschiedenen Unternehmensbereichen, so ist sie heute selbst zunehmend Gegenstand massiver organisatorischer Veränderungen.

8.2.3.1 Entwicklungsstufe Datenbankadministration

Mit der Einführung von Datenbankmanagementsystemen erhöht sich die technische Komplexität der Anwendungen im Vergleich zur Verarbeitung von Datensätzen ganz erheblich.

Spezialisierung der Mitarbeiter

Dies verlangt die Spezialisierung einzelner Mitarbeiter auf diese Technologie. Die Folge ist die Einführung einer Stelle „Datenbankadministration". Damit sind die Anwendungsentwickler nicht mehr alleine für die technische Qualität ihrer Anwendungen verantwortlich. Vielmehr ist für alle Datenbankbelange diese Stelle dem eigentlichen Produktionsbetrieb vorgeschaltet. Somit ist mit der Einführung dieser Stelle auch eine Änderung der Ablauforganisation verbunden. Die Entwickler müssen alle Datenbankentwurfsentscheidungen der Datenbankadministration vorlegen und von dieser genehmigen lassen.

Zusammenarbeit mit Spezialisten des Datenbankteams

In einigen Unternehmen wird der Datenbankentwurf auch ausschliesslich durch die Spezialisten des Datenbankteams vorgenommen. Davon ist im allgemeinen abzuraten, da für einen guten Datenbankentwurf die Kenntnis der gesamten Anwendung unabdingbar ist. Diese Phase sollte kollektiv mit den Entwicklern durchlaufen werden. Neben den Entwicklern haben die Datenbankadministratoren auch den Rechenzentrumsbetrieb als Schnittstelle. Hier ist die Datenbankadministration dem Produktionsbetrieb für die technische Qualität der Datenbanken verantwortlich. In Zusammenarbeit mit den Produktionsverantwortlichen sind Einführungen und technische Massnahmen in der Produktion zu koordinieren und gemeinsam durchzuführen.

8.2.3.2 Entwicklungsstufe Datenmodellierung/-standardisierung

Mit der Einführung der Datenmodellierung als eigenständige Disziplin im Entwicklungsprozess und einer Organisationseinheit, welche für die Integration der verschiedenen Anwendungs-Datenmodelle in eine übergreifende Datenarchitektur verantwortlich ist, ändert sich auch die Ablauforganisation bei der Entwicklung von Informationssystemen. Auf dieser Entwicklungsstufe finden sich drei Modelle zur Integration der Datenmodellierung in die Ablauforganisation:

Zentrale Gruppe Datenmodellierung

1. Die Gruppe Datenmodellierung ist zentral für die Erstellung aller Datenmodelle zuständig. Bei diesem Modell findet Datenmodellierung nicht (mehr) in den Entwicklungsteams statt, sondern nur noch zentral bei den Spezialisten des Datenmodellierungsteams.

   Dieses Modell hat den Vorteil, dass der Integrationsauftrag am konfliktfreiesten durchgesetzt werden kann. Das Team, welches ausschliesslich für den Datenentwurf zuständig ist, verfolgt primär diesen Integrationsauftrag. Bei diesem Modell überwiegt jedoch der Nachteil der zentralen Einheit, welche meist einen Engpass darstellt. Dieser Engpass kann auch durch eine ausreichende personelle Ausstattung nur vordergründig behoben werden. Neben der Anzahl der Mitarbeiter ist zudem deren fachlicher Hintergrund entscheidend. In einem grossen Unternehmen gibt es so viele unterschiedliche Fachbereiche, dass es praktisch unmöglich wird, in einer zentralen Einheit das Detailwissen über die verschiedenen Geschäfte des Unternehmens zu bündeln. Datenmodellierung setzt aber voraus, dass der zugrundeliegende Modellierungsgegenstand im Detail verstanden wird. Dieses Detailwissen ist im Entwicklungsteam ohnehin vorhanden. Mit einer rein zentralen Datenmodellierungsverantwortung müsste ein Teil des Wissens redundant vorgehalten werden, was letztendlich unwirtschaftlich ist.

Datenmodellierung in Entwiclungsteams

2. Datenmodellierung findet ausschliesslich in den Entwicklungsteams statt. Die Datenmodellierungsgruppe ist nur für die Abnahme der erarbeiteten Datenmodelle zuständig. Dies ist ein Modell, das sich auf dieser Entwicklungsstufe in den Unternehmen häufig findet.

   Ein Datenmodellierungsteam, das zur reinen Abnahmeinstanz degradiert ist, wird sehr rasch jedes Wissen über das Geschäft des Unternehmens verlieren - falls es jemals vorhanden war - und nur noch einen rein formalen, an erlassenen Standards orientierten Verwaltungsakt durchführen. Zur angestrebten Datenintegration wird diese Organisation aufgrund des auf Dauer fehlenden Verständnisses für die fachlichen Zusammenhänge ebenso wenig beitragen wie zur Motivation guter Mitarbeiter, eine Aufgabe im Datenmodellierungsteam zu übernehmen.

Datenmodellierungsteam als Dienstleister

3. Die dritte Variante besteht aus einer Verbindung der beiden ersten Modelle und die jeweiligen Schwächen fallen weg. Durch den jeweiligen Entwicklungs-Projektleiter werden Mitarbeiter des Datenmodellierungsteams für einige Zeit in das Entwicklungsteam integriert, um den Datenmodellierungsprozess zu leiten. Das Datenmodellierungsteam tritt als Dienstleister auf.

Das fachliche Wissen über den Modellierungsgegenstand bringen die Entwicklungsteams und die Mitarbeiter aus dem jeweiligen Fachbereich mit ein, der Datenmodellierungsspezialist ergänzt dies durch seine Methodenkenntnisse und der Erfahrungen mit der unternehmensweiten Datenarchitektur. Gemeinsam wird das Datenmodell der Anwendung entworfen und mit der Datenarchitektur abgestimmt. Eine formale Abnahme durch die Datenmodellierungsgruppe erübrigt sich, weil die Beachtung aller Standards und ein methodisches Vorgehen durch die aktive Mitarbeit der Datenmodellierungsgruppe gewährleistet ist.

Qualitätssicherung

Die Qualität liegt im Entwicklungsprozess selbst und muss nicht am Ende „erprüft" werden. Das Dienstleistungsangebot wird auf dieser Entwicklungsstufe und in diesem Organisationsmodell häufig ergänzt durch die Abhaltung von Datenmodellierungsseminaren. In diesen werden Informatikmitarbeiter und Mitarbeiter aus den Fachbereichen gemeinsam in die Prinzipien der semantischen Datenmodellierung eingeführt. Der Sinn und der Zweck einer unternehmensweiten Datenarchitektur wird erklärt und die unternehmensspezifische Architektur vorgestellt.

8.2.3.3 Datenmanagement Auftrag

Entwicklungsstufe Datenmanagement

Die „richtige" Ablauforganisation für das Datenmanagement muss sich am Datenmanagement-Auftrag orientieren. In Abschnitt 8.2.1.3 „Entwicklungsstufe Datenmanagement" wurde der Auftrag wie folgt skizziert: *__Es sind alle konzeptionellen, technischen, methodischen und organisatorischen Massnahmen zu ergreifen und durchzusetzen, um eine hohe Qualität der Daten des Unternehmens über ihren gesamten Lebenszyklus__*

8.2 Reifegrad des Datenmanagements eines Unternehmens

zu gewährleisten und sie ihrem grösstmöglichen Nutzen zuzuführen." Zunächst ist daher zu klären, wie der Lebenszyklus von Daten aussieht und welchen Einflussfaktoren die Daten in den verschiedenen Lebensphasen unterworfen sind.

Abbildung 8-2: Phasen im Lebenszyklus von Daten und Informationen

Der Lebenszyklus von Daten und Informationen ist im wesentlichen geprägt durch folgende Phasen:

Informationsbedürfnis
1. Zunächst entsteht irgendwo im Unternehmen ein Informationsbedürfnis, welches durch die vorhandenen Informationssysteme nicht oder nicht ausreichend erfüllt werden kann. Das Informationsbedürfnis ist immer auch verbunden mit dem Bedürfnis nach zusätzlichen Daten oder einer anderen Strukturierung, Darstellung, Aggregierung, Erschliessung der Daten.

Auftrag
2. Das Bedürfnis wird formuliert und mit den EDV-Verantwortlichen besprochen. Es entsteht ein Auftrag, zur Erstellung, Änderung, Erweiterung oder Verbesserung eines Informationssystems. Zur Erstellung des Informationssystems gehören auch alle Datenaspekte und die Bereitstellung der Daten im System.

Einführung
3. Nachdem das Informationssystem fertiggestellt ist, wird es im Unternehmen eingeführt und technisch betrieben.

Nutzung
4. Schliesslich kann das Informationssystem vom Anwender genutzt werden. Damit verbunden ist immer eine Nutzung der Daten. Diese kann im Laufe der Zeit zu weiteren Informationsbedürfnissen führen, womit eine weitere Iteration des Lebenszyklus erreicht ist.

8 Erfolgreiche Organisation des Datenmanagements

Migration

5. Irgendwann wird das Informationssystem ersetzt. Dies beendet dann zwar den Lebenszyklus des Informationssystems, selten aber denjenigen der Daten, weil diese generell in einem neuen System genutzt werden. Die Daten stellen den stabilen Kern des Systems dar, unabhängig von der technischen Implementierung und der Art ihrer Nutzung.

Eine Ablauforganisation des Datenmanagements, welche sich an diesen Prozessen orientiert, sieht dann wie folgt aus:

Abbildung 8-3: Schematische Ablauforganisation im Datenmanagement

Diese Organisation unterstützt den Lebenszyklus von Daten und Informationen über die vier oben dargestellten Stadien folgendermassen:

Projektstart

1. Bereits bei der Definition und dem Start eines Projektes wird das Datenmanagement involviert (Projekt-Start). Die Verantwortlichen des Datenmanagements erheben das Bedürfnis nach neuen Daten oder veränderter Datenbereitstellung. Dies gleichen sie anschliessend mit dem vorhandenen unternehmensweiten Datenmodell ab und geben eine Abschätzung der Möglichkeiten und des Aufwandes seitens des Datenmanagements zur Befriedigung des Bedürfnisses. Gemeinsam mit dem Auftraggeber und den Entwicklungsverantwortlichen wird eine Projektplanung erstellt (Datenmanagement-Assessment).

8.2 Reifegrad des Datenmanagements eines Unternehmens

System-Entwicklung

2. Das Informationssystem wird entwickelt. Aus dem Datenmanagement nehmen Spezialisten zur Datenmodellierung teil, die unter anderem für die Datenstandardisierung, die Definition neuer Daten im Repository und die Beachtung der unternehmensweiten Datenarchitektur (Wiederverwendung von Daten, Erweiterung des unternehmensweiten Datenmodells) verantwortlich sind. Nach der Erstellung des konzeptionellen Datenmodells erfolgt durch die Datenbankspezialisten der Datenbankentwurf, die Festlegung der Prozesse zur technischen Datensicherheit sowie die technische Einführung der Datenbanken und Prozesse.

Wartungsphase

3. Nach der Einführung der Datenbanken in das Produktionssystem beginnt die Wartungsphase für die Datenbanken.

Nutzung der Daten

4. Das Datenmanagement unterstützt unter Verwendung des unternehmensweiten Repositorysystems und verschiedener Zugriffswerkzeuge die Nutzung der Daten im unternehmensweiten Informationssystem durch die Bereitstellung der Daten und Beratung von Anfragen.

Effizienz und Qualität

Jede der oben schematisch aufgezeigten Phasen im Ablauf innerhalb des Datenmanagements ist mit einer Vielzahl von teilweise sehr komplexen Tätigkeiten und Aktivitäten verbunden. Je nach Grösse des Unternehmens laufen viele Projekte parallel, müssen viele Datenbanken gewartet und viele Anwender in der Auskunftsbereitschaft unterstützt werden. Nur eine gute und durchdachte Ablauforganisation kann schliesslich für Effizienz und Qualität sorgen.

DM als Teil des Prozesses

Leider ist es in vielen Unternehmen immer noch so, dass die verschiedenen an der Anwendungsentwicklung beteiligten Stellen nicht prozessorientiert arbeiten, sondern sehr arbeitsteilig organisiert sind. Dies führt zu unterschiedlichen, funktionsorientierten Zielsetzungen und ineffizienten Abläufen, welche dadurch geprägt sind, dass das Datenmanagement und seine Funktionsträger als Instanz und nicht als wesentlicher Teil des Prozesses wahrgenommen werden. Ein erster, wichtiger Schritt, dies zu ändern, besteht darin, im Datenmanagement selbst zu prozessorientierten Abläufen zu kommen, den ganzen Entwicklungsprozess als Qualitätsprozess zu begreifen und die Entwicklungsteams dahingehend zu unterstützen und zu beraten.

8 Erfolgreiche Organisation des Datenmanagements

8.2.4 Kriterium Aufbauorganisation

Eine gute und durchdachte Aufbauorganisation berücksichtigt immer zuerst die Ablauforganisation. Mit anderen Worten: ***die Aufbauorganisation folgt den Prozessen***. Damit sind auch je nach Ablauforganisation und Grösse des Unternehmens verschiedene aufbau-organisatorische Szenarien denkbar.

8.2.4.1 Entwicklungsstufe Datenbankadministration

Häufig findet man auf dieser Entwicklungsstufe generell in der Informatik eine Unterteilung der Zuständigkeiten in zwei, drei oder vier Bereiche. Es gibt eine generelle Trennung zwischen Produktionsbetrieb einerseits und Anwendungsentwicklung andererseits. Oft wird noch weiter unterteilt in den reinen Produktionsbetrieb und eine zusätzliche Abteilung „Systemtechnik" oder „Systemplanung", die für Infrastrukturbelange verantwortlich ist. Auch innerhalb der Anwendungsentwicklung findet häufig eine weitere Unterteilung in einen Organisationsbereich und einen eigentlichen Entwicklungsbereich statt.

Organisatorische Eingliederung

Je nach Organisation der Informatik im Unternehmen ist die Datenbankadministration auf dieser Entwicklungsstufe organisatorisch dem Rechenzentrumsbetrieb oder einer separaten Abteilung „Systemtechnik" oder „Systemplanung" zugeordnet. Sie ist auf jeden Fall dem technischen Bereich unterstellt und von den späteren Anwendern der Informationssysteme relativ weit entfernt.

Abbildung 8-4: Beispielhafte Aufbauorganisation Datenbankadministration

Je nach organisatorischer Ausgestaltung der Informatik vereint die Datenbankadministration sowohl die Verantwortung für den Datenbankentwurf und für die Datenbankinfrastruktur als auch

8.2 Reifegrad des Datenmanagements eines Unternehmens

für die Datenbankwartung. Möglich ist auch, dass die eigentliche produktive Verantwortung für den Datenbankbetrieb beim Rechenzentrumsbetrieb liegt.

Funktions- Innerhalb der Datenbankadministration werden drei Funktions-
bereiche bereiche unterschieden.

Datenbank- Es gibt ein Team, das sich ausschliesslich mit dem Entwurf von
Entwurf Datenbanken in Zusammenarbeit mit den Anwendungsentwicklern der Funktionsbereiche beschäftigt.

Datenbank- Das Wartungsteam, welchem die Datenbanken vom Entwurfs-
Wartung team zur produktiven Einführung übergeben werden, ist unter anderem dafür zuständig, das Verhalten der Datenbanken im Produktionsbetrieb zu beobachten. Das Wartungsteam steuert die Prozesse zur Gewährleistung der technischen Datensicherheit, überwacht die Leistungsfähigkeit der Datenbanken und ergreift die Korrekturmassnahmen.

Datenbank- Ergänzt wird die Datenbankadministration mit einem Team, wel-
Infrastruktur ches die Datenbankinfrastruktur bereitstellt und auf dem technisch neuesten Stand hält. Zur Infrastruktur zählen Werkzeuge für den Datenbankentwurf, für die technischen Einführungen und Änderungen von Datenbanken, für die Überwachung und Analyse des Leistungsverhaltens von Datenbanken sowie zur Sicherstellung der technischen Datensicherheit.

8.2.4.2 Entwicklungsstufe Datenmodellierung/-standardisierung

Abhängig von der in Abschnitt 8.2.3.3 beschriebenen Variante der Ablauforganisation kann auch die Aufbauorganisation der Datenarchitektur unterschiedlich aussehen.

Datenarchi- Bei der oben geschilderten Variante 1 ist die Datenarchitektur-
tekturgruppe gruppe zentral für die Erstellung aller Datenmodelle zuständig
zentral mit dem entsprechenden Integrationsauftrag. In einer solchen Situation ist die Datenarchitekturgruppe als Teil einer Stabsstelle des Informatikleiters denkbar, die allgemein für Informatikarchitekturen zuständig ist.

Teil der Die Variante 2, in welcher die Datenmodelle ausschliesslich in
Systemplanung den Entwicklungsteams erstellt und anschliessend nur noch von der Datenarchitekturgruppe abgenommen werden, kann man aufbauorganisatorisch ebenso wie die Variante 1 (als Stabsstelle) lösen. Die Datenmodellierungsgruppe kann in der Infrastrukturabteilung „Systemplanung" implementiert werden, dadurch entzieht sich die Datenarchitektur als Abnahmeinstanz den Einflüssen des Leiters der Anwendungsentwicklung.

8 Erfolgreiche Organisation des Datenmanagements

Datenmodellierung als Dienstleister

Die von uns favorisierte Variante 3, die Datenmodellierung als Dienstleister zu verstehen und aktiv in den Entwicklungsprozess einzubeziehen, führt ebenfalls zum Vorschlag, die Datenarchitekturgruppe einer Infrastrukturabteilung zuzuordnen.

Abbildung 8-5: Beispielhafte Aufbauorganisation Datenarchitektur

Datenarchitekturgruppe

Die Datenarchitekturgruppe – sie ist insgesamt verantwortlich für die Integration der Unternehmensdaten in einer unternehmensweiten Datenarchitektur - unterteilt sich in die Datenmodellierung und die Datenadministration. Erstere unterstützt die Projektgruppen in der konzeptionellen Datenmodellierung und pflegt das unternehmensweite Datenmodell. Letztere ist für die Datenstandardisierung und die Definitionen der Daten im Repository verantwortlich.

8.2.4.3 Entwicklungsstufe Datenmanagement

Wie bereits erwähnt, folgt eine gute Aufbauorganisation den in der Ablauforganisation definierten Prozessen. Nehmen wir nun das in Abschnitt 8.2.3.3 gezeigte Ablaufschema als Grundlage für die Herleitung der beispielhaften Aufbauorganisation des Datenmanagements.

Abbildung 8-6: Beispielhafte Aufbauorganisation Datenmanagement

8.2 Reifegrad des Datenmanagements eines Unternehmens

Grosse Unternehmen
Die hier dargestellte Unterteilung in verschiedene Funktionsbereiche des Datenmanagements ist typisch für grosse Unternehmen. Die Zusammenfassung einzelner Funktionsbereiche ist, angepasst an die Grösse des Unternehmens und die Anzahl der Mitarbeiter des Datenmanagements, jederzeit möglich. Die Ergänzung um den Funktionsbereich „Data Warehouse" wird im nächsten Kapitel erläutert. In einem derart organisierten Datenmanagement-Bereich sind die wichtigsten Funktionsbereiche des Datenmanagements gemäss der in Abschnitt 8.2.3.3 beschriebenen Abläufe zusammengefasst.

Daten-Migrationsgruppe
Zu den auf der *Entwicklungsstufe Datenmodellierung/-standardisierung* wahrgenommenen Funktionen der Datenarchitektur wird auf der *Entwicklungsstufe Datenmanagement* noch eine spezielle Migrationsgruppe hinzugefügt, die sich vor allem mit der Ausarbeitung von Migrationsszenarien beschäftigt. Aufgrund der im Kapitel über Migration beschriebenen besonderen Bedeutung von Datenmigrationen hat eine gesonderte Einheit im Datenmanagement, welche sich mit dieser besonderen Problematik auseinandersetzt, ihre Berechtigung. Die Datenarchitektur ist insgesamt auch verantwortlich für die Durchführung der Phase 1 (Projekt-Start, Daten-Assessment) gemäss den oben beschriebenen Abläufen.

Funktionen Datenbankadministration
Im technischen Datenbankbereich unterscheiden wir jene drei Unterfunktionen, die auch bereits auf der *Entwicklungsstufe Datenbankadministration* ihre Berechtigung hatten.

Datenbankentwurf
Die Gruppe Datenbankentwurf ist quasi der Partner für die Datenmodellierung. Nachdem im Entwicklungsprojekt die Phase Datenmodellierung abgeschlossen ist, wird das konzeptionelle Datenmodell durch die Beschreibung der Datenzugriffe ergänzt und an die Datenbankentwurfsgruppe weitergegeben. Gemeinsam mit den Entwicklern und unter Mitarbeit der Datenmodellierer wird ein physischer Datenbankentwurf erarbeitet. Zu diesem Entwurf zählt auch die Festlegung aller Prozesse zur Gewährleistung der technischen Datensicherheit, wie etwa die regelmässigen Sicherstellungen der Daten oder die Durchführung technischer Datenbankreorganisationen.

Datenbank-Wartung
Nach der Fertigstellung des Anwendungssystems geht die Verantwortung an das Datenbank-Wartungsteam über.

Datenbank-Infrastruktur
Im Datenbank-Infrastrukturteam werden neben den klassischen Mitteln der Datenbanktechnik auch Werkzeuge zur Datenmigration und -replikation zur Verfügung gestellt und unterhalten.

8 Erfolgreiche Organisation des Datenmanagements

Funktionsbereich Information Center

Mit diesen bisher beschriebenen Funktionsbereichen sind die „klassischen" Funktionen des Datenmanagements abgedeckt. Zur Erfüllung der Aufgaben des Datenmanagements in der Phase 4 „Nutzung des Informationssystems" muss jedoch ein zusätzlicher Funktionsbereich in die Datenmanagementorganisation aufgenommen werden. In diesem Bereich, der hier als Information Center bezeichnet wird, sollten Funktionen zusammengefasst werden, welche die Nutzung des unternehmensweiten Informationssystems unterstützen.

Auskunftsbereitschaft

Zunächst ist eine Stelle oder Gruppe für die Bereitstellung von Auskünften zu organisieren, die etwa den Endanwendern im Unternehmen bei der Erstellung von Berichten, der Suche nach Daten und Informationen, der Erschliessung neuer Datenquellen, der Zusammenführung von Daten oder der Interpretation von Daten hilft. Eine solche Auskunftsbereitschaft fungiert als zentrale Anlaufstelle für alle Anwender bei Problemen mit der Auswertung, Interpretation und Analyse von Daten. Es empfiehlt sich bei grossen Unternehmen mit vielen unterschiedlichen Geschäftsbereichen, diese zentrale Stelle durch dezentrale Organisationseinheiten in den Geschäftsbereichen zu ergänzen, welche das jeweilige Geschäft des Bereiches besser verstehen als dies eine zentrale Einheit jemals leisten könnte. In diesem Falle könnte sich die Auskunftsbereitschaft auf die Verantwortung für die zentralen Unternehmensdaten gemäss dem unternehmensweiten Datenmodell reduzieren.

Auswertungs-Werkeuge

Auf jeden Fall aber ist das Information Center des Datenmanagements verantwortlich für die Bereitstellung der benötigten Infrastruktur zur Erschliessung der unternehmensweiten Datenquellen. Hierzu zählen vor allem Werkzeuge zur Auswertung und Analyse von Daten sowie zur Erstellung von Berichten und Grafiken.

Metadaten-Systeme

Ein zentrales Werkzeug stellt das unternehmensweite Metadatensystem (Repositorysystem) dar. Hier ist das gesamte Informationssystem des Unternehmens sowohl aus fachlicher wie auch aus technischer Sicht beschrieben. Ein solches Metadatensystem ist unerlässlich, wenn Endanwender und Information Centers einen vollständigen Überblick über die Daten des Unternehmens haben sollen.

Datenschutz

Da nicht jeder Anwender alle Daten sehen darf, wird das Information Center um einen Funktionsbereich ergänzt, welcher den Datenschutz gewährleistet und die verwendeten Zugriffsmecha-

8.2 Reifegrad des Datenmanagements eines Unternehmens

nismen nach den Regeln des Datenschutzes organisiert und überwacht.

Funktionsbereich Kernanwendungen

Ungewöhnlich an der vorgeschlagenen Aufbauorganisation ist vor allem der Funktionsbereich Kernanwendungen. Hier sind jene Entwicklungsteams vereint, welche für die Entwicklung der zentralen Datenanwendungen gemäss dem definierten Unternehmensdatenmodell verantwortlich sind. Diese Teams entwickeln nicht nur die zentralen Datenanwendungen, sondern sie definieren auch die Migrationsregeln von alten Anwendungen in die neuen. Idealerweise führen sie diese Migrationen durch.

Nutzen

Wenn dem Datenmanagement die Verantwortung für solche Anwendungen gegeben wird, ist dies aus unserer Erfahrung ein entscheidender Schlüssel für die erfolgreiche Umsetzung einer Zielarchitektur. Damit wird das Datenmanagement nicht nur zum Architekten einer neuen Datenarchitektur, sondern auch direkt und operativ mit der Verantwortung für deren Umsetzung betreut. Den anderen Entwicklungsteams im Unternehmen gegenüber wird das Datenmanagement zum Dienstleister, der nicht nur Architekturen und Konzepte anzubieten hat sondern auch konkrete Lösungen. Die Art sowie das Tempo der Umsetzung der Datenarchitektur in neue Informationssysteme wird damit massgeblich durch das Datenmanagement bestimmt. Die Verantwortung für den Entwurf der neuen Zielarchitektur, der Entwicklung der Kern-Datenanwendungen, der Migration in diese neuen Anwendungen und den Anschluss neuer Informationssysteme an diese Kernsysteme liegt somit in einer Hand. Sie ist dadurch besser planbar und kontrollierbar.

Erfahrung

Die Erfahrung zeigt, dass es wenig zielführend ist, den Entwurf einer unternehmensweiten, auf dem Prinzip eines Kern-Datenmodells basierenden Datenarchitektur, dem Datenmanagement zu überlassen und die Umsetzung an andere Ressorts zu delegieren. Diese verfolgen im Gegensatz zum Datenmanagement häufig kurzfristige Ziele.

Funktionsbereich Data Warehousing

Die organisatorische Angliederung eines Funktionsbereiches Data Warehousing mag dort sinnvoll sein, wo umfangreiche Data-Warehouse-Systeme zentral entworfen und betrieben werden sollen. Das Thema Data Warehousing wird im nächsten Kapitel ausführlich behandelt.

8.2.5 Kriterium Personal

Mit zunehmender Entwicklung von der ausschliesslich technischen Ausrichtung über die Ergänzung durch konzeptionelle Aspekte zum ganzheitlichen Datenmanagement erweitern sich auch die Profile der Mitarbeiter in diesen Bereichen.

8.2.5.1 Entwicklungsstufe Datenbankadministration

Mit dem Aufkommen der Datenbanktechnologie in den 70er Jahren waren nicht sofort überall Datenbankspezialisten in ausreichendem Umfang vorhanden.

Rekrutierung

Allerdings hatten die meisten grossen Unternehmen bereits eigene Gruppen von Systemprogrammierern und Produktionsverantwortlichen, deren Aufgabenspektrum aufgrund ihrer bisherigen Zuständigkeiten um die Aufgaben der Datenbankadministration erweitert werden konnten. Aus diesem Spezialistenpool wurde schliesslich die Gruppe „Datenbankadministration" gebildet. Je länger Datenbankmanagementsysteme auf dem Markt waren, desto mehr standen „reine" Datenbankspezialisten zur Verfügung, welche ohne den Umweg über andere technische Bereiche in die Datenbankadministration hineinwuchsen.

Mischung Erfahrungen

Eine gute Mischung aus Personal mit verschiedenem Erfahrungshintergrund war die beste Voraussetzung, um die nächste Entwicklungsstufe auch personell gut zu adaptieren.

8.2.5.2 Entwicklungsstufe Datenmodellierung/-standardisierung

Die Datenmodellierung als weniger technisch, sondern eher methodisch und betriebswirtschaftlich orientierte Disziplin, stellt andere Anforderungen an das Qualifikationsprofil der Mitarbeiter. Ein Mitarbeiter des Funktionsbereichs Datenarchitektur muss gleichermassen methodische Fähigkeiten, betriebswirtschaftliche Kenntnisse und Wissen über Datenbanktechnologie mitbringen.

Soziale Kompetenzen

Da die Datenmodellierung gemäss der oben gemachten organisatorischen Vorschlägen aktiv in den Entwicklungsprozess der verschiedenen Anwendungen einbezogen werden soll, müssen darüber hinaus Moderationstalent, Kommunikations- und Teamfähigkeiten vorausgesetzt werden. Die Anliegen der Datenarchitektur im Unternehmen sind nur von Personen überzeugend zu vertreten, deren soziale Kompetenzen mindestens ebenso stark ausgeprägt sind wie ihre fachlichen Qualifikationen.

8.2.5.3 Entwicklungsstufe Datenmanagement

Obwohl die verschiedenen Funktionen des Datenmanagements teilweise sehr unterschiedliche Anforderungen stellen - eher methodische und betriebliche an den Administrator und Architekten sowie eher technische an den Datenbankadministrator - wirkt aus der Sicht des Entwicklungsprozesses die funktionale Aufteilung hinderlich. Im Extremfall hätte es ein Entwickler im Datenmanagement mit drei oder vier verschiedenen Anlaufstellen zu tun:

Verschiedene Anlaufstellen

- mit dem Datenadministrator für Data-Dictionary-Fragen,
- mit dem Datenarchitekten für Modellierungsfragen,
- mit dem Datenbankadministrator für Fragen des physischen Designs und der Implementierung von Datenbanken sowie
- mit dem Tuningspezialisten zur Verbesserung des Laufzeitverhaltens.

Projektpate des Entwicklungsprojekts

Es fehlt eigentlich das Berufsbild des „Allrounders", welcher gestützt auf die Spezialisten im Datenmanagement, ein Entwicklungsprojekt als Projektpate des Datenmanagements begleiten kann. Dies würde unsere ablauforganisatorischen Überlegungen am ehesten unterstützen. Leider gibt es solche „Allrounder" kaum, zumal eine solche Funktion doch jahrelange Erfahrung in den verschiedenen Disziplinen des Datenmanagements voraussetzt. Zur Minimierung der negativen Auswirkungen dieses Mangels muss der Wille zur Zusammenarbeit zwischen den Gruppen des Datenmanagements ausgeprägt und die Kommunikation optimal gestaltet sein. Dies setzt Fähigkeiten und Kompetenzen bei den Mitarbeitern voraus, welche bei der Auswahl des Personals für das Datenmanagements mindestens ebenso stark beachtet werden sollten wie die fachlichen Qualifikationen.

Auswahl von Mitarbeitern

Die wesentlichsten Kriterien zur Auswahl von Datenmanagement-Mitarbeitern finden sich jedoch selten in den Beschreibungen solcher Berufsbilder. Diese „weichen" Kriterien sind nach unserer Erfahrung vor allem

- starkes Abstraktionsvermögen,
- technisches, methodisches und betriebliches Verständnis,
- Systemdenken,
- schnelle Auffassungsgabe,
- soziale Kompetenz,
- Teamfähigkeit,

- Moderationstalent,
- gute Ausdrucksfähigkeit,
- Mehrsprachigkeit (zumindest in internationalen Konzernen),
- Verhandlungsgeschick,
- Überzeugungskraft,
- Präsentations- und Verkaufstalent,
- Flexibilität und Bereitschaft zum lebenslangen Lernen.

Vor allem der letzte Punkt ist hinsichtlich des permanenten technologischen Wandels und der Tatsache, dass die Halbwertszeit unseres Wissens immer mehr abnimmt, von herausragender Bedeutung.

Die besten Mitarbeiter

Wir erwarten für das Datenmanagement keine „Übermenschen" als Mitarbeiter. Wir stimmen jedoch [Brönnimann/Peters 1990] zu, wenn sie fordern: *"Weg mit den stillen und akademischen Methodiker-Grüppchen, von denen man nie etwas hört und von denen man nie etwas hören will. Die besten Leute sind gerade gut genug, um Standards zu erarbeiten und durchzusetzen, oder um das Datenmanagement einer Unternehmung aufzubauen."*.

8.2.6 Kriterium Methodik

Nicht nur die Technologie entwickelt sich in der Informatik rasant, sondern auch auf der methodischen Seite hat sich in dem betrachteten Zeitraum viel verändert.

Problem und Methodik

Grundsätzlich geht es bei der Anwendungsentwicklung darum, ein Problem der realen Welt mit Hilfe von Computersystemen zu lösen. Hierfür müssen Konzepte zur Verfügung stehen, wie das reale Problem in eine algorithmische Form übersetzt werden kann, sodass das Ergebnis auf einem Rechner ausführbar ist. Auf dem Weg vom realen Problem zum ausführbaren Programm werden zunächst zwei Zwischenschritte durchlaufen. Zuerst wird das Problem in einer abstrakten Form beschrieben, will heissen dass präzisiert wird, *was* das System leisten soll. Daraus leitet sich der Algorithmus ab, der festlegt, *wie* das Ergebnis erzielt wird. In den frühen Jahren der EDV-Entwicklung standen die Bewältigung kleinerer, abgrenzbarer, und durch einzelne Programme lösbarer Probleme im Vordergrund. Aufgrund der technischen Einschränkungen bei Rechnerleistung und Speicherkapazität wurde dabei das Augenmerk vor allem auf das *Wie*, also

Softwarekrise

den Algorithmus, sowie die effiziente Ausnutzung der nur beschränkt vorhandenen Systemressourcen gelegt.

Dieses Vorgehen führte bis Mitte der 60er Jahre zur sogenannten Softwarekrise. Sie kennzeichnete sich dadurch aus, dass die Softwareentwickler mit den vorhandenen Methoden, Techniken und Werkzeugen kaum noch in der Lage waren, die immer komplexeren Aufgabenstellungen termingerecht, budgetgerecht und qualitätsgerecht zu erfüllen. Diese Krise sowie die Möglichkeiten, mit neuen Rechnergenerationen und effizienten Speichermedien noch grössere kommerzielle, wissenschaftliche und technische Problemstellungen mit den Mitteln der EDV angehen zu können, führte zur Herausbildung von Methoden und Techniken, die unter dem Begriff „Software-Engineering" zusammengefasst werden.

Einführung Software-Engineering

Im Prinzip ging es bei der Einführung des Software-Engineerings um die Ablösung der handwerklichen, künstlerischen "Freistil"-Entwicklung von Software, welche durch wenige hochqualifizierte Experten durchgeführt wurde. Stattdessen soll Software durch ein ingenieur-mässiges, methodisches und geplantes Vorgehen entwickelt werden, das die Erstellung auch umfangreicher und sehr komplexer Informationssysteme durch heterogene Teams von Spezialisten in einem arbeitsteiligen Prozess erlaubt. Hierzu gehört auch die Anwendung von Managementdisziplinen wie die Organisation grosser Projekte mit entsprechender, aufwendiger und seriöser Planung sowie strikter Kosten-, Termin- und Erfolgskontrolle.

8.2.6.1 Entwicklungsstufe Datenbankadministration

Der Übergang zur Entwicklungsstufe „Datenbankadministration" fällt zeitlich zusammen mit dem Aufkommen des „Software-Engineerings" Anfang bis Mitte der 70er Jahre. Die Anfangszeit der Datenbankadministration war noch wesentlich geprägt durch Effizienzüberlegungen bezüglich Rechnerleistung und Speicherplatzausnutzung. Auch hier stand vor allen Dingen noch das „Wie" im Vordergrund. Das methodische Rüstzeug zum Datenbankentwurf bestand vornehmlich aus den Empfehlungen der jeweiligen Hersteller.

Einfluss des Software-Engineerings

Die Datenbankadministration wurde jedoch immer mehr Teil des Anwendungsentwicklungs-Prozesses (siehe auch Abschnitt 8.2.3.1), wenn auch ein sehr technischer und somit organisatorisch eher der Produktion als der Entwicklungsabteilung zugeordneter Teil. Der Einfluss des Software-Engineerings in fortschrittlichen Unternehmen wurde zunehmend in der Datenbankadministration spürbar. Vor allem dort, wo man die Einführung der neuen Technologie der Datenbankmanagementsysteme dazu nutzte, das Informationssystem von einer ausschliesslichen Batch-Verarbeitung auf eine weitgehende Online-Verarbeitung umzustellen, mussten aufgrund der Komplexität der Aufgabe die Methoden des Software-Engineerings Anwendung finden.

Was versus Wie Die Datenbankadministratoren hatten sich zunehmend nicht nur mit dem „Wie", respektive der effizienten Implementierung eines Systems in einer gegebenen technischen Umgebung, sondern auch mit dem „Was", also der Problemstellung selbst zu beschäftigen. Da die Verantwortung des Datenbankadministrators letztlich die Effizienz der Datenbank und ihre technische Sicherheit war, stand trotz allem das „Wie" im Vordergrund. Trotzdem hat sich in fortschrittlichen Unternehmen die Datenbankadministration auch methodisch so weiter entwickelt, dass das Aufkommen der relationalen Datenbankmanagementsysteme und der durch Integrationsanforderungen erzwungene Übergang zur nächsten Entwicklungsstufe auch methodisch bewältigt werden konnte.

8.2.6.2 Anwendung der semantischen Datenmodellierung

Entwicklungsstufe Datenmodellierung/-standardisierung

Die *Entwicklungsstufe Datenmodellierung/-standardisierung* ist methodisch vor allem durch die Anwendung der semantischen Datenmodellierung in Form von Entity-Relationship-Modellen geprägt. Die Anforderungen nach integrierter Datenhaltung als Antwort auf das Datenchaos einerseits (vgl. hierzu das Kapitel zur Unternehmensmodellierung) und die strengen theoretischen Konzepte des Relationenmodells andererseits erzwungen eine Fokussierung auf die Daten; weg von der Fokussierung auf die Funktionen eines Anwendungssystems. Es traten also mehr die statischen Strukturen eines Anwendungssystems und des ganzen Informationssystems des Unternehmens in den Vordergrund als dessen dynamische Eigenschaften.

Methodische und formale Kriterien Leider haben einige Datenarchitekten im Laufe der Zeit ein Verständnis von ihrer Disziplin entwickelt, welches die Qualität eines Datenmodells nur noch an methodischen und formalen Kriterien misst. Ein Datenmodell ist danach nur dann ein gutes Datenmodell, wenn es schlussendlich zwingend in der 3. Normalform vorliegt. Ein Datenmodell, welches auf eine Datenbankanwendung übertragen werden soll, dient eben nicht ausschliesslich der Beschreibung der Realität. Dagegen soll es die Realität derart darstellen, wie sie auf einem Informationssystem abgebildet werden soll. Dies stellt einen Abstraktionsschritt im Sinne des

Software-Engineerings dar. Das Datenmodell in 3. Normalform kann danach das endgültige Modell sein muss es aber nicht. Weitere Abstraktionsschritte hin zur Datenbankimplementierung sind erlaubt, wenn sie zielführend sind.

Termindruck der Anwendungsentwickler

Ein falsches Methodenverständnis hat oft auch zu erheblichen Konflikten zwischen den unter Termindruck stehenden Anwendungsentwicklern und Datenmodellierern geführt, die auf ihre Methode fixiert waren, und so auch in vielen Betrieben das Anliegen der Datenarchitektur insgesamt in Misskredit gebracht haben.

8.2.6.3 Methode semantische Datenmodellierung

Entwicklungsstufe Datenmanagement

Die herausragende Methode des Datenmanagements ist immer noch die semantische Datenmodellierung. Allerdings setzt sich ein fortschrittliches Datenmanagement auch mit anderen Modellierungsmethoden, wie etwa objekt-orientierten Methoden und dem Abbilden von Objektmodellen auf Datenmodelle und vice versa auseinander. Die Erfahrung hat gezeigt, dass es Fachbereichsvertretern generell erheblich leichter fällt, Objektmodelle in Arbeitssitzungen mitzugestalten als dies bei Datenmodellen der Fall ist. Der Grund liegt darin, dass in Objektmodellen nicht nur die statischen Eigenschaften eines Systems, sondern auch dessen dynamische Eigenschaften beschrieben werden. Diese dynamischen Eigenschaften liegen Fachbereichsvertretern aber naturgemäss näher als statische Eigenschaften. Es ist für sie einfacher zu erklären, *was* sie tun, als *womit* sie ihre Aufgaben erfüllen, zumal das *womit*, wie beispielsweise die Daten, zumeist abstrakt ist.

Verteiltes Systemumfeld

Eine weitere methodische Ergänzung erfährt die Datenmodellierung durch die Notwendigkeit, dass in einem verteilten Systemumfeld nicht nur die Struktur der Daten, sondern auch der Ort ihrer Speicherung festzulegen sind. Hierfür müssen, aufbauend auf logischen Datenmodellen, Funktions- und Lokationsmodellen entsprechende Verteilungsmodelle entworfen werden, die festlegen, wo welche Daten eventuell auch redundant gespeichert werden sollen.

Prozessmodellierung

Auf die Bedeutung des Business-Process-Reengineerings und dessen Zusammenhang wurde bereits im Kapitel „Zur Unternehmensmodellierung" hingewiesen. Die Beherrschung der Prozessmodellierung mit Hilfe von Workflow-Werkzeugen ist daher auch für das Datenmanagement von zunehmender Bedeutung.

Migrationen Die Entwicklung von Migrationsszenarien, die Bereitstellung und Beherrschung der notwendigen Technologie zur erfolgreichen Migration von Informationssystemen, gehört heute zu den Kernaufgaben eines fortschrittlichen Datenmanagements.

8.2.7 Kriterium Technologie

Technologie-Entwicklung Kaum ein Gebiet in der Informatik hat sich in den letzten Jahren so rasant entwickelt und verändert wie dasjenige der Datenbanktechnologie. Ein Ende dieser Entwicklung ist nicht abzusehen und auch das Tempo wird wahrscheinlich mehr zunehmen als abnehmen. Für Unternehmen, die bisher bei der Einführung neuer Technologien eher konservativ agierten, wird es aufgrund der rasanten Entwicklung immer schwerer, herausfordernde Technologien im eigenen Unternehmen erfolgversprechend einzuführen.

Stetigen Entwicklungsprozess Zur Beherrschung der Technologie gehört auch eine gewisse Reife in anderen Gebieten, die in diesem Kapitel diskutiert werden, wie zum Beispiel Organisation, Personal oder Methodik. Die Einführung neuer Technologien will gelernt und erprobt sein. Daher scheinen auf diesem Feld jene Unternehmen, die im Laufe der Jahre einen stetigen Entwicklungsprozess durchlaufen haben, die besten Voraussetzungen mitzubringen.

8.2.7.1 Entwicklungsstufe Datenbankadministration

Auf dieser Entwicklungsstufe war die Datentechnologie geprägt vom Übergang von Dateisystemen auf Datenbanksysteme, die entweder dem hierarchischen Datenbankmodell folgten wie etwa IMS von IBM oder dem Netzwerk-Datenbankmodell wie CODASYL. Um diese Datenbanksysteme zu beherrschen, mussten die Datenbankadministratoren sehr viel von der zugrunde liegenden Speichermethode verstehen.

Eigene Werkzeuge Die Administrationshilfsmittel zur Steuerung und Überwachung der Systeme waren vielmehr einfach und mehr oder weniger die gleichen, welche schon zuvor zur Produktions- und Systemüberwachung eingesetzt wurden. Einige Datenbankadministratoren gingen damals dazu über, sich ihre eigenen Werkzeuge zu schaffen. Einige dieser Werkzeuge wurden von den Datenbankherstellern selbst in Lizenz weiterentwickelt und vertrieben. Das Ende dieser Entwicklungsstufe ist technologisch gekennzeichnet durch das Aufkommen der relationalen Datenbankmanagementsysteme Mitte der achtziger Jahre. Auf dieser Entwicklungsstufe wurden bei modernen Unternehmen bereits erste Data-

Dictionary-Systeme zur Dokumentation der logischen und physischen Struktur der Datenbanken eingesetzt.

8.2.7.2 Datenbanktechnologie mit theoretischer Grundlage

Entwicklungsstufe Datenmodellierung/-standardisierung

Der Aufbau einer Organisationseinheit „Datenarchitektur" fällt in den meisten Unternehmen zusammen mit dem Aufkommen der relationalen Datenbanktechnologie in diesen Unternehmen. Das zugrunde liegende Relationenmodell gab der relationalen Datenbanktechnologie zum ersten Mal eine feste theoretische Grundlage. Diese Theorie erforderte auch einen an den entsprechenden Methoden (z.B. den Normalisierungsregeln) orientierten Datenbankentwurf. Die relationale Datenbanktechnologie war auf dieser Entwicklungsstufe allerdings nicht nur für die Methodiker, sondern vor allem auch für die Datenbankadministratoren eine herausfordernde Aufgabe.

Nutzung relationaler Datenbank

Mitte der achtziger Jahre gab es noch viele Stimmen, die es für unmöglich hielten, dass jemals mit relationalen Datenbanken hohe Transaktionsraten in einem operativen Systemumfeld verarbeitet werden könnten. Jene Skeptiker verbannten diese Technologie ausschliesslich in den Bereich der Auswertungsdatenbanken. Im Laufe der Zeit wurde zum einen die Technologie immer effizienter (bessere Optimizer, bessere Indizierungsmöglichkeiten, effizientere Speichertechniken, etc.), vor allem aber wuchsen die Datenbankadministratoren in den Unternehmen an ihrer Aufgabe. So ist es heute nichts ungewöhnliches mehr, dass etwa der Zahlungsverkehr einer Grossbank, der gewöhnlich durch eine Anwendung mit sehr hohen Transaktionsraten realisiert wird, auf einer relationalen Datenbank basiert.

Einsatz von CASE-Werkzeugen

Auf der methodischen Seite werden die Datenmodellierer durch CASE-Werkzeuge unterstützt. Diese basieren auf den Methoden des Software-Engineerings (vgl. Abschnitt 8.2.6) und unterstützten die Erstellung umfangreicher Datenmodelle auf der Basis von Integrationsmodellen. Die Modelle werden gemäss den Regeln der semantischen Datenmodellierung als Entity-Relationship-Modelle entworfen und auf den Enzyklopädien der CASE-Werkzeuge abgespeichert. Um unternehmensweit nicht nur die logischen und physischen Strukturen von Datenbanken auf den traditionellen Data-Dictionary-Systemen, sondern auch die semantischen, mit CASE-Werkzeugen entwickelten Modelle dokumentieren zu können, können Repositorysysteme zum Einsatz kommen, welche die Verknüpfung von Modellen und ihrer technischen Repräsentation auf Datenbanken erlauben.

8.2.7.3 Entwicklungsstufe Datenmanagement

Heterogene Datenbanktechnologie

Auf der Entwicklungsstufe *Datenmanagement* dominiert heute die relationale Datenbanktechnologie. Zwar gibt es auch noch ältere Datenbanksysteme in den Unternehmen. Aber Unternehmen investieren heute nur noch nennenswert in relationale und post-relationale Technologie. In einem modernen Unternehmen ist das Datenmanagement mit unterschiedlicher, heterogener Datenbanktechnologie konfrontiert wie:

- hierarchischen Datenbanksystemen,
- relationalen Systemen auf dem Grossrechner,
- relationalen Systemen auf verschiedenen dezentralen Servern und unterschiedlichen Plattformen,
- massiv-parallelen Systemen im Data Warehouse Umfeld,
- objekt-orientierten Datenbanksystemen, die komplexere Datenstrukturen zulassen und gewisse Konzepte der Objektorientierung bedienen oder
- multi-dimensionale Datenbanken, die spezielle, vor allem bei Analyse- und Entscheidungs-Unterstützungs-Anwendungen zum Einsatz kommen können.

Datenverteilung

Ergänzt wird diese herausfordernde Aufgabe durch die Datenverteilung über verschiedene Systeme und Plattformen mit all ihren Sicherheitsproblemen. Bei aller Rasanz der technischen Entwicklung erweist sich interessanterweise das relationale Datenbankmodell als erstaunlich robust. Auch die neusten Generationen von Datenbankmanagementsystemen, die *Universal Databases*, basieren alle auf einem erweiterten Relationenmodell. Trotz dieser gewissen Konstanz des führenden Datenbankmodells der letzten 15 Jahre ist das Datenmanagement mit einem ständigen technologischen Wandel konfrontiert, den es organisatorisch, methodisch, personell und technisch bewältigen muss.

Werkzeuge zur objektorientierten Analyse

Zur Unterstützung der Methodik wird der Einsatz herkömmlicher CASE-Werkzeuge erweitert um Werkzeuge zur objekt-orientierten Analyse und Design, Workflow-Managementsysteme zur Prozess-Modellierung. Neue Werkzeuge können für die Definition von Abbildungsregeln eines Quellendatensystems auf ein Zieldatensystem und deren Migrationsregeln eingesetzt werden.

8.2.8 Kriterium Unternehmenskultur

Die Informatikabteilungen sowie auch die auf den verschiedenen Entwicklungsstufen für die Daten verantwortlichen Gruppen, werden geprägt durch die Kultur des Unternehmens, in dem sie ihre Aufgaben erfüllen. Die Kultur eines Unternehmens findet ihren Ausdruck in verschiedenen Aspekten. Dazu gehört beispielsweise die Ablauf- und Aufbauorganisation, die Beachtung der Informatik als reine Unterstützungsfunktion für andere Unternehmensbereiche oder als Wettbewerbsfaktor, welcher für die Wettbewerbsfähigkeit des eigenen Unternehmens von entscheidender Bedeutung ist. Zudem hat sie, speziell aus der Sicht des Datenmanagements, Einfluss auf die Bewertung von Daten und Informationen entweder als *„freies Gut"*, das nichts kostet, oder als *Unternehmensressource,* die es professionell zu organisieren gilt.

8.2.8.1 Entwicklungsstufe Datenbankadministration

Arbeitsteilige Strukturen

Auf dieser Entwicklungsstufe zeichnen sich die grossen Unternehmen durch zentralistische, hierarchisch geprägte und stark arbeitsteilige Strukturen aus. Karriere ist gleichbedeutend mit einem Aufstieg in der Hierarchie der Aufbauorganisation. Die Arbeitsabläufe sind aufgrund der starken Arbeitsteilung streng geregelt, jede Abteilung und jeder Mitarbeiter hat eine wohl definierte „Zuständigkeit".

Automatisierung im Mittelpunkt

Die Informatik hat im wesentlichen eine Unterstützungsfunktion. Ihre Aufgabe besteht vor allem darin, bestimmte betriebliche Funktionen zu automatisieren und zu rationalisieren. Nicht die Information steht im Mittelpunkt, sondern die Automatisierung der im Unternehmen definierten Abläufe.

8.2.8.2 Entwicklungsstufe Datenmodellierung/-standardisierung

Wie in diesem Buch schon an verschiedenen Stellen erwähnt wurde, änderte sich diese Betrachtungsweise der Informatik Anfang der achtziger Jahre. Aufgrund der weltweit schwieriger werdenden Wirtschaftslage und des zunehmenden Konkurrenzdruckes ist es heute wichtig, nicht nur Abläufe zu optimieren, sondern auf der Managementebene Daten und Informationen über das eigene Unternehmen und die Märkte in einer konsistenten und glaubwürdigen Form zur Verfügung zu stellen.

Daten als Unternehmensressource

Mit welchen Problemen die Datenverantwortlichen durch diese Erweiterung des Anspruches an die Informatik konfrontiert sind, ist in vorherigen Kapiteln ausführlich beschrieben worden. Immerhin tritt über die Jahre in den Unternehmen bis in die oberste Unternehmensspitze ein Bewusstsein dafür ein, dass Informatik nicht nur ein technisches Vehikel zur Effizienzsteigerung der operativen Funktionen darstellt, sondern dass die Daten des Unternehmens eine Unternehmensressource sind, für die es eine umfassende Verantwortung - wie für jede andere Unternehmensressource auch - geben muss. Es wird erkannt, dass Daten eben kein *freies Gut* sind, welches nichts kostet. Dies ist in jenen Unternehmen, bei denen dieser Erkenntnisprozess erfolgreich ist, die Geburtsstunde des Datenmanagements.

8.2.8.3 Entwicklungsstufe Datenmanagement

Seit Anfang der neunziger Jahre verändern sich die Unternehmen in vielfältiger Art. Zunächst langsam und ab Mitte der neunziger Jahre mit immer grösserem Tempo. Die Tendenz in den grossen Unternehmen geht eindeutig in Richtungen, die mit den Stichworten „Flache Hierarchien", „Prozessorientierung", „Kundenorientierung", „Fokussierung auf das Kerngeschäft" oder „Just-in-Time" beschrieben werden können. Was bedeutet dies für die Kultur im Unternehmen und welche Konsequenzen haben solche Entwicklungen für die Informatik und das Datenmanagement?

Herrschaftswissen auf Hierarchiestufen

Die unter dem Begriff „Taylorismus" bekannte, stark arbeitsteilige Organisation in unseren Unternehmen bedingt eine Zergliederung der Arbeit in kleine Schritte, die von spezialisierten Arbeitskräften ausgeführt werden und letztendlich auch zu einer starken Zergliederung der Aufbauorganisationen mit vielen Hierarchiestufen führt. Die Instanzenträger auf den einzelnen Hierarchiestufen haben einerseits die Aufgabe, das notwendige Wissen zum Ausführen der Arbeiten in ihrem Verantwortungsbereich zu sammeln und an die Mitarbeiter je nach Notwendigkeit weiterzugeben, andererseits müssen sie die Arbeiten verteilen und deren Ausführung kontrollieren. Der Informationsfluss in einem derart organisierten Unternehmen ist typischerweise vertikal ausgerichtet. Auf den verschiedenen Hierarchiestufen entsteht das berühmte „Herrschaftswissen". Die Erkenntnis, dass eine solche Arbeitsorganisation viele, im Sinne des Kerngeschäftes des Unternehmens unproduktive oder gar überflüssige Arbeitsabläufe und viel Leerlauf mit sich bringt, hat in vielen Unternehmen ein sogenanntes Business-Process-Reengineering zur Konsequenz.

Kommunikationsnetzwerk zwischen den Arbeitsgruppen

Dies führt zu einer Ausrichtung der Arbeitsorganisation an den Geschäftsprozessen des Unternehmens. Ausserdem werden zunehmend einzelne Teilprozesse an Arbeitsgruppen delegiert. Diese Form der Arbeitsorganisation macht einige Hierarchiestufen im Unternehmen überflüssig. Das zur Durchführung der Aufgaben notwendige Wissen muss nun jedem Mitarbeiter der Arbeitsgruppe zugänglich sein. Zwischen den Arbeitsgruppen entsteht ein Kommunikationsnetzwerk, das jedem Mitarbeiter erlaubt, sich jederzeit Informationen über den Geschäftsprozess, an dem er beteiligt ist, zu beschaffen.

Wissen und Können als Ganzes erschliessen

Das Sammeln von Herrschaftswissen ist für eine solche Arbeitsorganisation absolut untauglich und muss daher entfallen. Karriere bedeutet in einem solchen Unternehmen nicht mehr ausschliesslich Aufstieg in der Hierarchie, sondern der Besitz von Wissen und Können. Das Wissen und Können des Einzelnen, der Gruppe und des Unternehmens als Ganzes zu erschliessen und effizient zu organisieren, stellt für Unternehmen eine der grossen Herausforderungen der kommenden Jahre dar. Wer diese Herausforderung am schnellsten und effektivsten meistert, wird einen grossen Wettbewerbsvorteil erzielen können.

In Anlehnung an Leo A. Nefiodow [vgl. Nefiodow 1996] lassen sich die unterschiedlichen Organisationsgrundsätze folgendermassen darstellen:

Abbildung 8-7: Organisation und Informationsflüsse

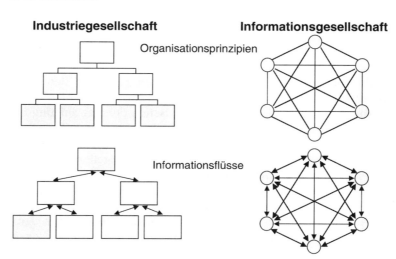

	Industriegesellschaft	**Informationsgesellschaft**
Vorherrschendes Organisationsmuster	Hierarchie	Netzwerk
Hierarchiestufen	Viele	wenige
Arbeitsteilung	Weitreichend	gering
Stellung des Mitarbeiters	Austauschbar, gehorsam, angepasst	engagiert, loyal, gut informiert, selbständig
Vernetzung	Gering	hoch
Arbeitsabläufe	streng geregelt; starre Abteilungen und Zuständigkeiten	flexibel; ad-hoc-Komitees, Projektorganisation auf Zeit
Einfluss und Macht	abhängig von Hierarchieebene	abhängig von Wissen und Können
Umfang der Mitwirkung	Gering	gross
Ausrichtung der Organisation	Betriebswirtschaftlich	Eigeninteresse, Betrieb und Gemeinschaft
Wichtigstes Ziel	Output maximieren	Nutzenoptimierung
Informationsfluss	indirekt, über die Hierarchieebenen	direkt, im Netzwerk
Informationsqualität	Qualitätsverlust wegen vieler beteiligten Stellen	hohe Qualität durch wenige beteiligte Stellen

Tabelle 8-1: Unterschiedliche betriebliche Informationsflüsse und Organisationsgrundsätze

Entwicklungsprozess Diese sehr grundsätzlichen Veränderungen der Kultur grosser Unternehmen vollziehen sich nicht schlagartig, sondern unterliegen einem Entwicklungsprozess. Das Datenmanagement spielt bei dieser Entwicklung eine tragende Rolle. Die notwendige Vernetzung des Wissens der Organisation ist bekanntlich weniger ein technisches als ein inhaltliches, das heisst ein qualitatives Problem. Wie zuverlässig sind die Informationen, die über das Netz verbreitet werden bezüglich Aktualität, Konsistenz, Richtigkeit und Vollständigkeit.

Datenmanagement im Wandel Das Datenmanagement in einem den beschriebenen Veränderungsprozessen unterliegenden Unternehmen befindet sich im Spannungsfeld zwischen der Bewältigung der sogenannten Altlasten, der Aufrechterhaltung des laufenden, operativen Geschäftes und des Übergangs vom reinen Daten- zum umfassenden Informationsmanagement. Fragestellungen wie die Beurteilung und Gewährleistung der Datenqualität oder die Organisation des unternehmensinternen Wissens müssen offensiver und entschlossener angegangen werden als bisher. Das Datenmanagement ist aufgefordert, die Voraussetzungen für den Wandel der Unternehmen in der Informationsgesellschaft zu schaffen.

8.3 Bewertung des Reifegrades - das Datenmanagement-Assessment

Wir haben im vorherigen Abschnitt erörtert, an welchen Kriterien der Reifegrad des Datenmanagements im Unternehmen gemessen werden kann und wie die Ausprägungen hinsichtlich ihrer jeweiligen Entwicklungsstufe sind. Wir fassen die Ergebnisse dieser Überlegungen im Überblick in folgendem Schema zusammen:

Entwicklungsstufe Kriterium	Datenbankadministration	Datenmodellierung/-standardisierung	Datenmanagement
Auftrag	Sicherstellung der technischen Qualität der Datenbanken	Datenintegration über den Aufbau und die Nutzung von Integrationsmodellen	Ergreifung aller konzeptionellen, technischen, methodischen und organisatorischen Massnahmen zur Gewährleistung einer hohen Qualität der Daten des Unternehmens über den gesamten Lebenszyklus der Daten
Auftraggeber	Rechenzentrumsbetrieb oder eine Abteilung Systemtechnik/ Systemplanung	Abteilung Systemplanung oder Methoden & Verfahren, o.ä.	Informatikleitung oder ein Ausschuss der Geschäftsleitung
Ablauforganisation	Die DBA wird in den Entwicklungsprozess einbezogen und ist verantwortlich für die technische Qualität der Datenbanken	Die Datenmodellierung sollte in den Entwicklungsprozess frühzeitig und aktiv einbezogen werden und so die Datenintegration und -standardisierung gewährleisten	Das Datenmanagement ist an allen Aktivitäten im Lebenszyklus der Daten aktiv beteiligt
Aufbauorganisation	Die DBA ist dem Rechenzentrumsbetrieb oder in der Abteilung Systemtechnik/Systemplanung angegliedert	Die Datenmodellierung ist einer Infrastrukturabteilung „Systemplanung" oder „Methoden & Verfahren" zugeordnet	Das Datenmanagement ist direkt der Informatikleitung unterstellt und deckt die Bereiche DBA, Datenarchitektur, Information Center, Kernanwendungen ab
Personal	Technisches Personal, überwiegend aus der Systemprogrammierung hervorgegangen	Technisches, betriebswirtschaftlich-orientiertes Personal mit vertieften Methodenkenntnissen	Technisches, betriebswirtschaftlich-orientiertes Personal mit vertieften Methodenkenntnissen, sowie ausgeprägten sozialen Kompetenzen
Methodik	häufig sehr stark geprägt durch die Hersteller der Datenbankmanagementsysteme	Software-Engineering, semantische Datenmodellierung, Relationentheorie	Software-Engineering, semantische Datenmodellierung, Relationentheorie, objektorientierte Analyse und Design, Process-Engineering

8 Erfolgreiche Organisation des Datenmanagements

Entwicklungsstufe Kriterium	Datenbankadministration	Datenmodellierung/-standardisierung	Datenmanagement
Technologie	erste Datenbankgenerationen, hierarchisches Datenbankmodell und Netzwerkmodell vorherrschend	Relationales Datenbankmodell, weiterhin aber auch Datenbankmodelle der ersten Generation	Relationales Datenbankmodell, verteilte Datenbanken, massiv-parallele Systeme, multi-dimensionale Datenbanken, post-relationale Datenbankmodelle wie das objekt-orientierte oder erweiterte relationale, Replikations- und Migrations-technologien
Unternehmenskultur	Zentralistisch, hierarchisch; Informationsfluss durch die Hierarchien	zunehmend auch dezentralisierte Strukturen, hierarchisch; Informationsfluss durch die Hierarchien	Abbau von Hierarchien, zunehmende Arbeit in autonomen Arbeitsgruppen; Informationsfluss direkt zwischen den Arbeitsgruppen

Tabelle 8-2: Schema zur Bewertung des Reifegrades

Datenmanagement-Assessment

Anhand dieses Schemas lässt sich nun für ein spezifisches Unternehmen der Reifegrad über alle Dimensionen bestimmen. Wir nennen dies das Datenmanagement-Assessment. In der Regel wird das Assessment aufzeigen, dass sich das Datenmanagement eines Unternehmens nicht eindeutig einer Entwicklungsstufe zuordnen lässt, sondern dass es einzelne Kriterien geben wird, die auf einer höheren Entwicklungsstufe stehen als andere. Das Ergebnis eines solchen Datenmanagement-Assessments ist dann nicht nur eine Standortbestimmung, sondern daraus abgeleitet ein Handlungskatalog, welcher die notwendigen Massnahmen zur Erreichung eines vorher bestimmten Zielzustandes beschreibt.

Beispiel aus der Bankenbranche

Nehmen wir als Beispiel ein Unternehmen aus der Bankenbranche, das eine Organisationseinheit „Datenmanagement" gebildet hat, wie sie für manche Unternehmen dieser Branche heute typisch ist und sich wie folgt darstellt:

Auftrag

Der Auftrag an das Datenmanagement lautet: „Das Datenmanagement erstellt, pflegt und erweitert das Unternehmens-Datenmodell. Es sorgt durch die Unterstützung der Anwendungsentwicklung bei der Datenmodellierung für die Beachtung des Unternehmens-Datenmodells in den Anwendungsmodellen und fördert so die Integration der Unternehmensdaten. Die Datenmodellierung basiert auf der Entity-Relationship-Methode und dem Relationenmodell. Die Datenmodelle, die Datenbanken und die Datenelemente werden auf dem Repositorysystem dokumentiert. Es ist eine grösstmögliche Wiederverwendung von Da-

8.3 Bewertung des Reifegrades - das Datenmanagement-Assessment

tenelementen anzustreben. Die Anwendungsentwicklung und der Rechenzentrumsbetrieb sind in allen technischen Datenbankfragen zu unterstützen. Insbesondere ist das Datenmanagement verantwortlich für die Qualität des physischen Datenbankentwurfs, die termingerechte Einführung von neuen Datenbanken oder Datenbankänderung in den Produktionsbetrieb sowie die technische Sicherstellung der Datensicherheit. Die zum sicheren Betrieb und der Überwachung der Datenbanken notwendige Datenbankinfrastruktur ist bereitzustellen. Die Anwendungsentwickler sind in den Konzepten der semantischen Datenmodellierung und in der entwicklungs-orientierten Datenbankinfrastruktur zu schulen."

Abbildung 8-8: Unternehmens-Beispiel: Datenmanagement Aufbauorganisation

Die Aufbauorganisation des Datenmanagements ist durch folgendes Organigramm repräsentiert.

Auftraggeber

Der Auftraggeber des Datenmanagements ist der Leiter einer Abteilung Systemplanung/Infrastruktur. Der Leiter des Datenmanagements ist innerhalb des Informatikbereiches auf der dritten Leitungsebene zu finden. Seine Abteilung deckt die beiden klassischen Datenmanagementaufgaben, Datenbankadministration und Datenarchitektur ab. Innerhalb der Datenbankadministration werden Unterstützungsaufgaben für die Anwendungsentwickler wahrgenommen sowie die zum Betrieb und der Überwachung der Datenbanken notwendige Infrastruktur zur Verfügung gestellt. Die Datenarchitektur ist innerhalb der Datenmodellierung für die Erstellung, Pflege und Erweiterung des Unternehmens-Datenmodells sowie die Unterstützung der Anwendungsentwickler verantwortlich. Zudem hat sie im Bereich Datenadministration für die Wiederverwendung von Datenelementen und die Standardisierung der Daten des Unternehmens insgesamt zu sorgen. Das Datenmanagement bietet darüber hinaus auch Schulungen für Datenmodellierung und Datenbankinfrastruktur an.

Ablauforganisation

Die Ablauforganisation sieht vor, das Datenmanagement erst bei der Erstellung des konzeptionellen Datenmodells miteinzubeziehen. Gemeinsam mit den Anwendungsentwicklern wird das Anwendungsmodell erstellt, mit dem Unternehmensmodell abgeglichen, auf dem Repositorysystem dokumentiert und anschliessend dem Datenbanksupport-Team übergeben. Dort wird der physische Datenbankentwurf durchgeführt, die Sicherstellungsprozesse festgelegt, und schliesslich die Datenbank im Produktionsumfeld installiert. Beim physischen Datenbankentwurf werden aber häufig die konzeptionellen Vorarbeiten zu wenig beachtet, sondern überwiegend technische Effizienz in den Vordergrund gestellt.

Personal

Das Personal setzt sich, je nach Aufgabenbereich, aus Methodikern und Datenbankspezialisten zusammen. Die Methodikspezialisten der Datenarchitektur haben Erfahrungen aus der Anwendungsentwicklung, aber keine spezifischen Kenntnisse der Datenbanktechnologie. Umgekehrt fehlt den Datenbankspezialisten teilweise auch das methodische Rüstzeug, um die Umsetzung der logischen Datenbankschemata in den physischen Datenbankentwurf konfliktfrei mit den Anwendungsentwicklern diskutieren zu können.

Methodik

Die Methodik sieht die Entity-Relationship-Methode zur semantischen Datenmodellierung und die Erstellung von Relationenmodellen vor. Aus diesen wird der physische Datenbankentwurf erstellt. In der Datenarchitektur befasst man sich auch bereits mit objekt-orientierten Modellierungsansätzen. Migrationsüberlegungen werden noch nicht angestellt.

Technologie

Die Technologie besteht im Datenbankbereich aus dem Einsatz von einem hierarchischen und einem relationalen Datenbankmanagementsystem auf dem Grossrechner, sowie einem relationalen Datenbankmanagementsystem auf dezentralen Servern. Die vom Grossrechner benötigten Daten werden mit Filetransfertechnologie auf die dezentralen Server übertragen, es besteht keine echte verteilte Verarbeitung zwischen zentralem Grossrechner und dezentralen Servern. Die Replikationstechnologie zur kontrollierten Verteilung von Daten über verschiedene Systeme oder zur Migration aus dem alten hierarchischen System auf offenere relationale Datenbanken kommt noch nicht zum Einsatz. Für die konzeptionellen Arbeiten wird ein CASE-

8.3 Bewertung des Reifegrades - das Datenmanagement-Assessment

Unternehmenskultur
Werkzeug gebraucht, das mit dem ebenfalls vom Datenmanagement betreuten zentralen Repository verbunden ist.

Das Unternehmen ist gerade in einer Restrukturierungsphase. Die traditionelle, produkt-orientierte Organisation soll ersetzt werden durch eine kunden-orientierte und auf die Geschäftsprozesse ausgerichtete Organisation. Als Ergebnis einer Geschäftsprozess-Analyse sollen Hierarchiestufen abgebaut, grössere Funktionsbereiche zusammengefasst und die Kompetenzen der Mitarbeiter gestärkt werden. In einigen Bereichen wird bereits mit anderen Formen der Arbeitsorganisation unter Verwendung von Workflowmanagementsystemen experimentiert. Das Unternehmen soll verstärkt ergebnisorientiert geführt werden. Eine genaue Analyse der Profitablität nach Produkten, Kunden und Märkten fällt aber aufgrund mangelhafter Integrationsmöglichkeiten der benötigten Daten aus den verschiedenen Geschäftsbereichen schwer. Das Management hat die Informatik als Wettbewerbsfaktor erkannt und ist bereit, in diesen Bereich zu investieren, um Informationen und Daten als Unternehmensressourcen besser organisieren und nutzen zu können.

Zusammenfassung
Überträgt man diese Kurzanalyse in das Bewertungsschema aus Tabelle 8-2, werden die grau schraffierten Bereiche abgedeckt:

	Datenbankadministration		Datenmodellierung/-standardisierung		Datenmanagement	
	0%	100%	0%	100%	0%	100%
Auftrag	████████████		████████			
Auftraggeber	████████████		████████████			
Ablauforganisation	██████		████████████			
Aufbauorganisation	████████████		██████████			
Personal	████████████		████████			
Methodik	████████████		████████████		██████████	
Technologie	██████		████████████			
Unternehmenskultur	████████████		████████████		████████████	

Tabelle 8-3: Unternehmens-Beispiel: Bewertung des Reifegrades

Auswertung
Diese Bewertung zeigt, dass das Unternehmen als Ganzes in seiner Entwicklung weiter ist, als das Datenmanagement. In den meisten Bereichen befindet sich das Datenmanagement eigent-

lich noch auf der Entwicklungsstufe *Datenmodellierung/standardisierung*. Nur in der Methodik ist man aufgrund der Beschäftigung mit der Objektorientierung schon etwas weiter. Die Ablauforganisation und teilweise auch das Personal sind besonders verbesserungsbedürftig. Der Handlungskatalog lässt sich folgendermassen zusammenfassen:

Handlungskatalog

- Der **Auftrag** des Datenmanagements ist so zu erweitern, dass die Verantwortung für die Daten über den gesamten Lebenszyklus inklusive der Datennutzung wahrgenommen werden soll.

- Die Stellung des Datenmanagements sollte auch aufbauorganisatorisch gestärkt werden. Der Auftrag muss daher direkt von der Informatikleitung erteilt werden, der **Auftraggeber** ist zukünftig der Leiter des Informatikbereiches. Der Leiter des Datenmanagements ist dem Informatikleiter direkt verantwortlich.

- Die **Ablauforganisation** sollte zukünftig die frühzeitige Einbeziehung des Datenmanagements in die Strategieüberlegungen der Informatik und in die Projektinitiierung der Geschäftsbereiche vorsehen. Der Übergang von der konzeptionellen Datenmodellierung zum physischen Datenbankentwurf ist effizienter zu organisieren. Die spätere Nutzung der Datenbanken durch die Fachbereiche muss durch das Datenmanagement zukünftig besser unterstützt werden.

- Die innere **Aufbauorganisation** des Datenmanagements ist mindestens um die Funktionsbereiche „Information Center" und „Datenmigration" zu erweitern. Zu empfehlen gilt darüber hinaus, dem Datenmanagement die Verantwortung für die zentralen Datenbankanwendungen zu übertragen.

- Das **Personal** muss methodisch (Objektorientierung, Prozessmodellierung) und technisch ständig weitergebildet werden. Es muss dafür gesorgt werden, dass alle Mitarbeiter des Datenmanagements unabhängig von ihrer Spezialaufgabe ein technisches und methodisches Wissen besitzen. Neben traditioneller Ausbildung sind auch zeitlich begrenzte „Praktika" in allen Funktionsbereichen des Datenmanagements ein bewährtes Mittel. Vor allem hat das Personal lernen, Datenstrategien zu entwickeln, welche die Unternehmens- und Informatikstrategien unterstützen.

- Das **Methodik**-Repertoire des Datenmanagements muss sich vor dem Hintergrund neuer Entwicklungen (Objekt-Orientierung, Data Warehouse, Prozess-Orientierung, u.a.m.)

weiterentwickeln. Vor allem hat sich das Datenmanagement unseres Beispielunternehmens das methodische Rüstzeug zur Entwicklung von Migrationsszenarien zuzulegen, um den Übergang von traditionellen, funktions-orientierten Datenstrukturen und Anwendungssystemen zu einem integrierteren Informationssystem erfolgreich mitgestalten zu können.

- Das **Technologie**-Rüstzeug des Datenmanagements ist vor allem auf zwei Gebieten deutlich zu verstärken. Es muss eine echte verteilte Datenhaltung in einem heterogenen Datenbankumfeld auf zentralen und dezentralen Plattformen unterstützt werden, und ausserdem haben Replikations- und Migrationstechnologie zur Verfügung zu stehen, um die Umsetzung von Migrationsszenarien technisch zu ermöglichen.

- Die einem Änderungsprozess unterliegende **Unternehmenskultur** verlangt zukünftig ein engagiertes, pro-aktives, unternehmerisch denkendes und handelndes Informations- und Datenmanagement. Hierzu muss von der Unternehmensleitung der Informatikbereich frühzeitig in alle planerischen Aktivitäten miteinbezogen werden, die Auswirkungen auf die Informationsverarbeitung sowie die Informationsbereitstellung haben könnten. Die Erkenntnis, dass die Daten eine wesentliche Unternehmensressource darstellen, hat unbedingt dazu zu führen, dem Datenmanagement alle organisatorischen und technischen Mittel zur Verfügung zu stellen, um die Defizite im Datenbereich zu verringern und langfristig zu beseitigen.

Dieses knappe Beispiel veranschaulicht, wie das obige Bewertungsschema genutzt werden kann, um in einem konkreten Fall das Entwicklungsstadium des Datenmanagements zu bestimmen, Schwachstellen und Handlungsfelder zu erkennen, und einen Handlungskatalog abzuleiten. Das strukturierte Vorgehen unter Einbezug von Aspekten des Gesamtunternehmens erleichtert es auch, das Management von der Notwendigkeit zusätzlicher Investitionen ins Datenmanagement und den damit verbundenen organisatorischen Veränderungen zu überzeugen.

8.4 Kernaussagen zur Datenmanagementorganisation

1. *Der Entwicklungsstand des Datenmanagements eines Unternehmens lässt sich an den Kriterien Auftrag, Auftraggeber, Ablauforganisation, Aufbauorganisation, Personal, Methodik, Technologie und Unternehmenskultur bewerten.*

2. *In einem Unternehmen, in dem Daten und Informationen als Unternehmensressource wahrgenommen werden, muss der Auftrag an das Datenmanagement die Gewährleistung einer hohen Qualität der Daten über ihren gesamten Lebenszyklus beinhalten.*

3. *Das Datenmanagement muss organisatorisch, personell, technisch und methodisch in die Lage versetzt werden, seinen Auftrag auf hohem Niveau zu erfüllen.*

4. *Das vorgeschlagene Bewertungsschema kann bei der Beurteilung des Status Quo sowie bei der Aufstellung eines Handlungskatalogs zum Aufbau resp. Ausbau eines schlagkräftigen Datenmanagements herangezogen werden.*

5. *Die besten Leute sind gerade gut genug, um das Datenmanagement des Unternehmens aufzubauen und zu betreiben.*

6. *Auch das Datenmanagement muss sich den ständigen Veränderungen innerhalb und ausserhalb des Unternehmens stellen, neue Methoden und Technologien frühzeitig erkennen und nutzen sowie sich selbst permanent qualitativ auf allen genannten Handlungsfeldern weiterentwickeln.*

7. *Ein leistungsfähiges und integriertes Datenmanagement bietet die besten Voraussetzungen, um sich neuen Herausforderungen wie etwa dem Aufbau eines Data Warehouse erfolgreich zu stellen.*

9 Data Warehousing - strategisch betrachtet

Aus der Sicht des Datenmanagements stellt der Data Warehouse Ansatz und dessen Erweiterung zu einer umfassenden Corporate Information Factory den Übergang vom reinen Datenmanagement zur höheren Entwicklungsstufe des Informationsmanagements dar.

**Abbildung 9-1:
Übergang zum Informationsmanagement**

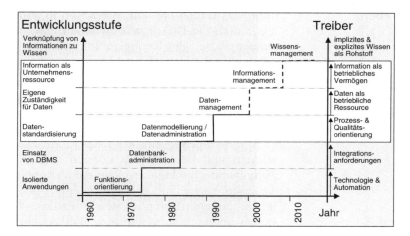

In diesem Kapitel gehen wir ausführlich auf das Data Warehousing ein, erläutern die Architektur der Corporate Information Factory, schlagen ein Vorgehen beim Aufbau eines solchen Systems vor und gehen auf die kritischen Erfolgsfaktoren ein. Den Abschluss des Kapitels bilden einige strategische Betrachtungen über den Wert eines Data Warehousing Systems im Gesamtkontext des Unternehmens.

9.1 Motivation

Obwohl das Data Warehouse Konzept in Fachkreisen bereits seit rund zehn Jahren diskutiert wird, ist es erst in der zweiten Hälfte der neunziger Jahre zu einem beherrschenden Thema nicht nur in den IT-Abteilungen der Unternehmen, sondern bis hinauf in das Topmanagement geworden. Der Hauptgrund dafür ist schlicht der, dass in vielerlei Hinsicht die Zeit dafür reif ist.

Leidensdruck auf der Managementebene

Der Leidensdruck auf der Managementebene der Unternehmen ist inzwischen gross genug, um die Bereitschaft zu grossen Investitionen in ein umfangreiches Data Warehouse Projekt zu fördern. Das Leiden entsteht, wie schon in anderen Kapiteln dargelegt, durch die Diskrepanz zwischen einer immer grösseren Datenmenge bei gleichzeitigem Informationsdefizit in den Unternehmen (vgl. hierzu Kapitel 5).

Technologie vorhanden

Des weiteren ist heute die Technologie vorhanden, um komplexe Data Warehouse Architekturen und ehrgeizige Data Warehouse Projekte umsetzen und realisieren zu können. Diese Technologie war vor wenigen Jahren noch nicht verfügbar oder nicht robust genug, um kritische Informationssysteme damit entwickeln und betreiben zu können. Das gilt vor allem für die Datenbanktechnologie, welche die Verarbeitung sehr komplexer Analyseprozesse auf grossen Datenmengen erlaubt. Aber auch für die anderen Komponenten eines Data Warehousing Systems stehen immer leistungsfähigere Werkzeuge zur Verfügung, welche die Entwicklung und den Betrieb grosser Data Warehouse Anwendungen effizient unterstützen.

Kurzfristige Lösungen für langfristige Probleme

Aber auch der fatale Hang für langfristige Probleme nach kurzfristigen Lösungen zu suchen ist dem Data Warehouse Gedanken förderlich. Zu oft wird leider mit einem initialisierten Data Warehouse Projekt die Vorstellung verbunden, mit neuer Technologie und einem neuen Konzept kurzfristig die Daten- und Informationsprobleme eines ganzen Unternehmens oder zumindest eines Unternehmensbereiches lösen zu können. Unterstützt wird diese Auffassung von einigen Werkzeuganbietern, die propagieren, ein Data Warehouse Projekt sei in wenigen Monaten erfolgreich durchführbar und reduziere sich im Wesentlichen auf die Einführung neuer Technologien. Diese Einstellung ist, wie wir noch sehen werden, falsch und kann zu grossen Fehlinvestitionen führen.

9.2 Was ist ein Data Warehouse ?

Bevor die strategische Bedeutung des Data Warehouse Konzeptes sowohl aus der Unternehmenssicht wie auch aus IT- und speziell Datenmanagementsicht diskutiert werden kann, muss definiert sein, was wir unter einem Data Warehouse verstehen und wie es gegen Executive-Informations-Systeme (EIS) und Decision-Support-Systeme (DSS) abgegrenzt wird.

Executive-Informations-Systeme

Ein EIS ist eine Anwendung, die speziell für die Verwendung durch das Top-Management des Unternehmens entwickelt wird, sich durch einfache Benutzerführung und die grafische Präsentation hoch-aggregierter und summierter Unternehmensdaten auszeichnet. Teilweise werden in einem solchen System Möglichkeiten angeboten, über sogenannte „Drill-Down-Mechanismen" von höheren Aggregierungsstufen auf detailliertere Daten zuzugreifen und diese zu analysieren. Je nach speziellem Anwendungsgebiet (Controlling, Kreditrisikoanalyse, etc.) werden unterschiedliche Anwendungssysteme zur Verfügung gestellt.

Decision-Support-Systeme (DSS)

Ein DSS ist ein System, welches für die taktische und strategische Entscheidungsunterstützung zur Verfügung gestellt wird, im Gegensatz zu den operativen Systemen, welche der täglichen Geschäftsabwicklung dienen. Auch einem DSS stehen die Daten üblicherweise nicht in ausreichend detaillierter Form zur Verfügung, sondern sie sind ebenfalls aggregiert und summiert. Techniken wie Sensibilitäts- oder What-If-Analysen stehen im Vordergrund solcher Anwendungen. Je nach speziellem Anwendungsgebiet (Liquiditätsmanagement, Portfoliomanagement, Bonitätsprüfung, etc.) werden wieder unterschiedliche Anwendungssysteme entwickelt.

Extrahieren von Rohdaten

Die Rohdaten für EIS- und DSS-Systeme stammen aus den operativen Anwendungen des Unternehmens. Diese Daten werden periodisch, beispielsweise einmal im Monat oder einmal im Quartal, aus den operativen Datenbanken extrahiert und mit teilweise sehr komplexen Prozessen aufeinander abgestimmt, aggregiert, summiert, bewertet und schliesslich in die Datenbank des nachgelagerten Systems geladen. Diese Systeme sind in den späten achtziger- und frühen neunziger Jahren in verschiedenen Anwendungsgebieten entwickelt worden.

Beurteilung EIS/DSS

Aber allen diesen Systemen haftet ein entscheidender Nachteil an. Da sie im Prinzip ähnlich entwickelt wurden, wie die operativen Systeme Jahre zuvor, nämlich funktions- und anwendungsbezogen und nicht integriert, fehlt ihnen die gemeinsame, inte-

9 Data Warehousing - strategisch betrachtet

grierte Sicht auf die Daten des Unternehmens. Dies führt dazu, dass in solchen Systemen zu ein und demselben Sachverhalt widersprüchliche Aussagen produziert werden oder die Analysen in sich selbst bereits unglaubwürdig sind.

Da viele dieser Systeme häufig nicht nur ein eigenes Verständnis von der Semantik der Unternehmensdaten entwickeln, sondern auch von den Geschäftsregeln, die beispielsweise bei der Berechnung einer Produktprofitabilität angewendet werden sollten, sind die Resultate der Analysen kaum noch vergleichbar und nachvollziehbar.

Strategische Projekte (EIS/DSS), taktisches Vorgehen

Auch wenn die Entwicklung solcher Systeme, vor allem im EIS-Bereich, aufgrund des Auftraggebers aus dem Top-Management oft als *strategische* Projekte bezeichnet werden, ist das Vorgehen doch eher *taktisch* geprägt. Auf die Herstellung einer konsistenten, integrierten Sicht auf die Unternehmensdaten wird verzichtet und jede Entwicklung findet weitgehend isoliert von anderen statt. Damit werden auf der taktisch-strategischen Ebene exakt die Fehler wiederholt, welche in den siebziger Jahren auf der operativen Ebene bereits gemacht wurden (vgl. Kapitel 5).

Ist die Handlungsweise aus den siebziger Jahren wegen des damals anders lautenden Auftrages aber verständlich und nachvollziehbar, so erstaunt es doch, dass man sich in den IT-Abteilungen und in den Unternehmen insgesamt den Luxus leistet, dieselben Fehler auf einer anderen Ebene noch einmal zu begehen.

Abbildung 9-2: Architektur von Analysesystemen ohne zentrale Komponente

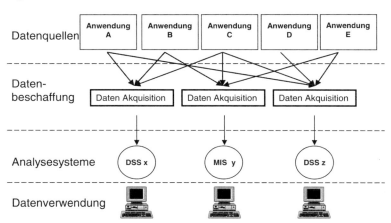

9.2 Was ist ein Data Warehouse?

Konsequenzen, taktisches Vorgehen

Die Abbildung 9-2 zeigt, wie die Anzahl der zu unterhaltenden Schnittstellen zwischen den Anwendungssystemen auf der operativen Ebene sowie den Anwendungen auf der Analyse- und Berichtsebene mit jeder neuen Anwendung auf der einen oder anderen Ebene multiplikativ wächst. Bei drei Analysesystemen, die ihre Daten jeweils aus fünf operativen Systemen beziehen, müssen 3*5=15 Prozesse aufgebaut und unterhalten werden. Kommt eine weitere Datenquelle hinzu, so erhöht sich die Anzahl der Prozesse auf 3*6=18.

Ziel Data Warehouse

Das Ziel eines Data Warehouse ist es, die Mängel der oben beschriebenen EIS- und DSS-Anwendungen dadurch zu beseitigen, dass zunächst einmal für alle Anwendungen aus diesem Anwendungsbereich eine konsistente, integrierte und qualitätsgesicherte Datenbasis zur Verfügung gestellt wird - das Data Warehouse.

Gemeinsame Datenbasis

Ein Anwendungssystem zur Unterstützung der taktischen oder strategischen Ebene des Unternehmens bezieht seine Daten ausschliesslich aus dieser gemeinsamen Datenbasis. Damit ist sichergestellt, dass alle diese Anwendungen von einem gemeinsamen Verständnis der Semantik der Unternehmensdaten ausgehen.

Abbildung 9-3: Architektur von Analysesystemen mit zentraler Komponente

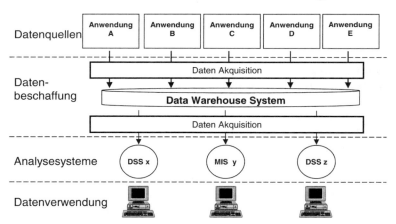

Basis für dieses Verständnis ist ein gemeinsames Datenmodell. Eine solche zentrale Komponente, wie sie in Abbildung 9-3 dargestellt ist, reduziert die Anzahl der zu unterhaltenden Datenbeschaffungs-Prozesse. Beim Beispiel mit fünf Datenquellen und drei Analysesystemen sind 3+5=8 Schnittstellen zu unterhalten. Bei einer zusätzlich anzuschliessenden Datenquelle ist nur ein additives Wachstum der Prozesse zu bewältigen, es kommt lediglich eine einzige Schnittstelle hinzu.

9.3 Prinzipien eines Data Warehouse

Das grundlegende Prinzip eines Data Warehouse ist die Trennung von operativen Daten für die tägliche Geschäftsabwicklung von solchen Daten. Sie werden für Zwecke des Berichtwesens, der Entscheidungsunterstützung, der Geschäftsanalyse sowie des Controlling und der Unternehmensführung verwendet und unterstützen die Managementprozesse.

Abbildung 9-4: Verschiedene Daten für verschiedene Anwendungen

Redundante Datenhaltung

Aus der Sicht des Datenmanagers mag man zunächst einwenden, dass durch die teilweise redundante Datenhaltung in den operativen Systemen und in der Warehouse-Umgebung die Datenproliferation zunimmt und damit das Datenchaos meist verschärft wird. Da es sich aber, wie wir noch sehen werden, um eine *kontrollierte* Redundanz handelt, ist dies kein Grund, welcher gegen die Trennung der Daten und Anwendungen spricht. Die Idee, die unter anderem mit der relationalen Datenbank-Technologie verbunden wurde, die operativen Anwendungen und die Analyse-Anwendungen auf dieselben Datenbestände zugreifen zu lassen, hat sich als unrealistisch erwiesen.

Für eine getrennte Speicherung der Daten sprechen die folgenden essenziellen Gründe:

Verschiedene Sichten auf die Daten

- Analysesysteme erfordern eine andere Sicht auf die Daten als operative Systeme. In operativen Systemen wird streng auf Redundanzfreiheit der Daten geachtet, um die Gewährleistung der Datenkonsistenz (darunter versteht man die Freiheit von logischen Widersprüchen) weitgehend dem Datenbankmanagementsystem überlassen zu können. Bei reinen

Auswertungssystemen kann die Datenkonsistenz durch die Ladeprozesse sichergestellt werden. Diese Datenredundanz ist in diesen Auswertungssystemen erlaubt, um einfachere Datenstrukturen zu erreichen, welche für reine Auswertungsanwendungen besser geeignet sind.

Zusätzliche Daten
- In Analysesystemen werden zusätzliche Daten benötigt, die in den operativen Systemen nicht vorhanden sind. Solche Daten sind vor allem historische Daten, aber auch Daten aus externen Quellen wie demographische Daten oder unstrukturierte Daten wie Dokumente, Berichte und Bilder. Die Verknüpfung dieser Daten mit jenen, welche den operativen Quellen entnommen werden, muss durch das Datenmodell und das Datenbankmanagementsystem sichergestellt werden.

Aggregationen von Daten
- Die Aggregationen von Daten, welche für Analysesysteme notwendig sind, müssen erst aus den Daten der operativen Anwendungen erzeugt werden. Die dafür notwendigen Aggregierungsstufen über Organisationshierarchien, regionale Unterteilungen und Zeithierarchien sind oft in den operativen Systemen nicht vorhanden und müssen vor dem Laden der Daten in das Data Warehouse System erst noch gebildet werden.

Zeitpunktbezogene Daten
- Die Daten in den operativen Systemen unterliegen dauernden Veränderungsoperationen (Einfügen, Löschen, Verändern), mit anderen Worten werden sie im Zeitverlauf kontinuierlich verändert. Eine Analyse, die auf einem solchen Datenbestand morgens um 10:00 Uhr durchgeführt wird, führt zu einem anderen Resultat, wie dieselbe Analyse am Nachmittag um 16:00 Uhr. Welches Resultat ist nun das richtige? Für Zwecke der Analyse und des Berichtwesens müssen die Daten zu einem fixen Zeitpunkt (Tagesende, Monatsende, Quartalsende, Jahresende) in einem konsistenten und nicht mehr veränderbaren Zustand vorliegen, damit Analysen zuverlässig und in sich widerspruchsfrei durchgeführt werden können.

Physische Implementierung
- Analysesysteme verlangen nicht nur einen anderen logischen Datenentwurf, sondern auch eine andere physische Implementierung als operative Systeme. Falls operative Systeme und Analysesysteme auf derselben physischen Datenbank realisiert sind, führt dies beim physischen Datenbankentwurf zu Kompromissen, die weder der einen noch der anderen Anwendung gerecht werden.

9 Data Warehousing - strategisch betrachtet

Spezielle Datenbankmaschinen
- Operative Datenbanken werden mit dem Ziel entworfen, dass sie sehr schnell einfache Datenbankoperationen auf einer kleinen Datenmenge unter Gewährleistung der Datenintegrität ausführen können. Im Gegensatz dazu führen Analysesysteme auf grossen Datenmengen komplexe Abfragen durch. Hierfür stehen heute spezielle Datenbankmaschinen für eine parallele Verarbeitung der Datenbankoperationen zur Verfügung. Mit einem speziellen Datenbankentwurf kann die parallele Verarbeitung noch unterstützt werden. Für ein Analysesystem mit grosser Datenmenge und komplexen Datenbankabfragen sollte eine technische Implementierung gewählt werden.

Dynamische Datenbankabfragen
- Abfragen auf die Unternehmensdaten sind oft nicht planbar und daher auch nicht im voraus programmierbar. Aus diesem Grund werden immer häufiger mächtige Abfragewerkzeuge in den Unternehmen eingesetzt, welche auf der Basis von dynamischem SQL arbeiten, es auch dem ungeübten Anwender erlauben sollen, ohne Kenntnisse der Sprache SQL seine Datenbankabfragen zu formulieren und sein gewünschtes Ergebnis zu erhalten. Die Anwendung von dynamischem SQL ist aber sowohl aus Gründen des Datenschutzes wie auch der hohen Inanspruchnahme der Prozessorzeit nicht unproblematisch. Aus diesem Grund ist es in vielen Unternehmen höchst unerwünscht, mit Anwendungen, die dynamisches SQL verwenden, auf operativen Datenbeständen zu arbeiten.

Business Information Directory
- Die korrekte Interpretation der Daten und deren Präsentation werden bei statisch programmierte Datenbankabfragen dem Anwendungssystem überlassen. Falls Endbenutzer Analysewerkzeuge verwenden, welche die dynamische Abfrage von Daten aus dem Data Warehouse erlauben, muss ein sogenanntes Business Information Directory (BID) zur Verfügung gestellt werden, welches den Benutzer bei der Suche und Interpretation der benötigten Daten unterstützt.

Zusammenfassend kann man die Unterschiede zwischen operativen Systemen und Daten einerseits sowie Informationssystemen und -daten andererseits wie folgt charakterisieren:

9.4 Operational Data Store

Tabelle 9-1: Unterschiede zwischen operativen Systemen und Informationssystemen

	Operative Systeme	Informationssysteme
Prioritäten	• hoher Datendurchsatz • hohe Verfügbarkeit	• einfache Benutzung • flexibler Datenzugriff
Benutzung	• weitgehend gleichbleibend	• ungleich, mit Spitzen
Antwortzeit	• unterhalb der Sekundengrenze	• Sekunden bis Minuten
Datenbankmodell	• hierarchisch • relational • Netzwerk • Dateien	• Relational • multi-dimensional
Datenbankoperationen	• einfügen • verändern • löschen • lesen	• lesen • einfügen (nur durch kontrollierte Prozesse zum Laden)
Natur der Daten	• dynamisch • ständige Veränderung	• historisch abgelegt • Zeitpunkt bezogen • periodisch geladen
Endbenutzer	• Mitarbeiter aus der operativen Geschäftsabwicklung	• Informationsnutzer • „Wissens-Arbeiter" • Entscheidungsträger

Mehrstufige Architektur

Ein Data Warehousing System, mit einer mehrstufigen Architektur und mit einem Data Warehouse als einer zentralen Komponente, beseitigt die gravierenden Nachteile heutiger Informationssysteme wie sie hier beschrieben wurden. Ein solches Data Warehouse stellt die Unternehmensdaten zentral, konsistent und qualitätsgesichert gemäss einem zuvor definierten Datenmodell zur Verfügung.

9.4 Operational Data Store

Neben dem Data Warehouse wird immer häufiger auch der Begriff „Operational Data Store (ODS)" verwendet. Wir wollen den Zweck eines Operational Data Store erläutern und später den ODS in einer Gesamt-Architektur positionieren.

Zeitpunktbezoges Laden im DWH

In ein Data Warehouse werden die Daten zu definierten Zeitpunkten durch Daten-Akquisitionsprozesse aus den operativen Quellensystemen übertragen und dort zeitpunkt-bezogen abgelegt. Zwischen zwei solchen definierten Zeitpunkten verändert sich der Zustand des Data Warehouse nicht mehr. Es stehen mehrere Generationen von Daten in einem konsistenten und stabilen Zustand für Auswertungen und Analysen zur Verfügung. Je grösser der Zeitraum zwischen zwei Ladeprozessen in ein Data Warehouse ist (eine Woche, ein Monat, ein Quartal), desto

9 Data Warehousing - strategisch betrachtet

Aktualität der DWH-Daten

älter, oder weniger aktuell, ist die jüngste Datengeneration, welche den Benutzern des Data Warehouse zur Verfügung steht.

Für manche Analysen und Auswertungen werden sehr aktuelle Daten benötigt, die trotzdem über einen gewissen kurzen Zeitverlauf zurückverfolgt werden können. Dies ist beispielsweise bei kurzfristigen Recherchen der Fall. Eine ganz wesentliche Anwendung eines ODS ist die Integration kundenzentrierter, zeitnaher Daten in einem Customer Relationship Management System (CRM-System). Wir werden auf das Thema Customer Relationship Management im nächsten Kapitel näher eingehen. Hier sei nur festgehalten, dass in CRM-Systemen die Daten rund um den Kunden gruppiert sind und möglichst aktuell sein müssen. Solche Daten stellt weder das Data Warehouse wegen der mangelnden Aktualität noch ein operatives System wegen der fehlenden Integration und fehlender Historie zur Verfügung.

Definition ODS

Unser Verständnis von einem ODS geht davon aus, dass mit einem ODS genau dieser Mangel behoben werden kann. Es wird neben den operativen Systemen ein grosser Datenspeicher zur Verfügung gestellt, in welchen Daten ereignisbezogen übertragen werden. Beispielsweise wird von definierten Datenbanken jede Datenbank-Transaktion synchron oder asynchron in einen ODS repliziert und in einer dem Verwendungszweck entsprechenden Datenstruktur gespeichert. Dort werden die Originaldaten nicht überschrieben, sondern durch einen neuen Datensatz ergänzt. Daraus entsteht eine kurzfristige und sehr zeitnahe Historie der Daten.

Transaktionsvolumen und Datenmenge

Aufgrund der vielen Transaktionen, die in einen ODS repliziert werden, entstehen in kurzer Zeit sehr grosse Datenmengen, so dass die Daten des ODS häufig und rollend (d.h. die ältesten Datensätze zuerst) wieder gelöscht oder in aggregierter Form in das Data Warehouse übertragen werden müssen. Eine langfristige Historie kann so nicht aufgebaut werden. Ausserdem sind durch den sehr kurzen, im Sekunden- oder Minutenbereich liegenden Datenfluss zwischen den Quellsystemen und dem ODS nur sehr eingeschränkt Verbesserungen im Datenmodell oder der Datenqualität zu erzielen. Das Datenmodell des ODS repräsentiert somit die Daten mehr oder weniger in derselben Semantik, in einer ähnlichen Struktur und in nur wenig verbesserter Qualität wie sie auch den Originalsystemen zur Verfügung stehen.

Kritische Betrachtung

Ein ODS ist für bestimmte Anwendungen wie etwa Customer Relationship Management Systeme (vgl. hierzu Kap. 10) sinnvoll. Für umfangreiche Analysen ist ein ODS nicht geeignet. Solche Analysen benötigen einen konsistenten und stabilen Zustand der Daten, den nur das Data Warehouse bietet. Ein ODS verändert aufgrund der laufenden Datenbanktransaktionen seinen Zustand ständig. Aus diesem Blickwinkel ist der Charakter eines ODS einem operativen System viel ähnlicher als einem Data Warehouse. Daneben ist zu beachteten, dass ein ODS-System teuer und technisch sehr komplex ist. Sein Nutzen muss deswegen genau analysiert werden.

9.5 Eine idealtypische Architektur: die Corporate Information Factory

Der Begriff der „Corporate Information Factory" wird in Anlehnung an das Data Warehouse Institute [TDWI 5/2000] und Bill Inmon [Inmon 1998] gewählt. Ausgehend von den Prinzipien und den Anforderungen an ein Data Warehouse und einen ODS entsteht eine idealtypische Architektur einer Corporate Information Factory, welche in Abbildung 9-5 dargestellt ist:

Abbildung 9-5: Corporate Information Factory Architektur

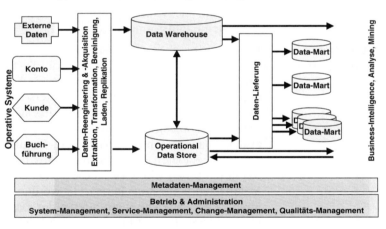

Operative Systeme

Über die Ebene der operativen Datenquellen wird das tägliche operative Geschäft abgewickelt. Beispiele: Kunde, Konto, Buchführung.

Externe Daten

Die Integration externer Datenquellen in das Data Warehousing System ist generell unerlässlich, um für Analysesysteme Marktdaten, demographische Daten und ähnliche zur Verfügung stellen zu können. Teilweise sind externe Datenquellen auch bereits in den operativen Anwendungen vorhanden (z.B. Kursinformationen in einem Börsensystem), andere müssen spezifisch für Analyseanwendungen beschafft und ins Data Warehouse integriert werden.

Betrieb und Administration

Um die verschiedenen, komplexen Prozesse, die in einer Corporate Information Factory ablaufen, kontrollieren zu können sowie einen effizienten und sicheren Betrieb des Systems sicherzustellen, sind *Systemmanagementwerkzeuge* notwendig, welche vor allem die Datenbanken, die Basissysteme, die Extraktions-, Transformations- und Ladeprozesse überwachen und steuern.

Das *Servicemanagement* unterstützt die Endbenutzer bei ihrer täglichen Arbeit mit dem umfangreichen Informationssystem.

Das *Changemanagement* überwacht und steuert jede Veränderung in den Datenstrukturen, den Prozessen und den Softwarekomponenten. Dies ist notwendig, um in diesem komplexen System Änderungen jeglicher Art in einer organisierten und gesicherten Weise durchzuführen. Auf eine andere Art ist die Stabilität des Systems nicht zu gewährleisten.

Das *Qualitätsmanagement* überwacht und steuert die Qualität der Daten, die von den verschiedenen Quellensystemen in die Zielsysteme transformiert werden.

Meta-Daten-Management

Das Meta-Daten-Management enthält die Metadaten, welche speziell für die Corporate Information Factory benötigt werden. Auch hier werden die Metadaten typischerweise in verschiedenen Datenverzeichnissen der unterschiedlichen technischen Komponenten - wie die Datenbankmanagementsysteme, die Extraktionswerkzeuge, die Analysewerkzeuge oder Werkzeuge des Systemsmanagements - gespeichert. Es gilt, eine integrierte Sicht auf die Metadaten des Gesamtsystems herzustellen, wie dies in Kapitel 7 beschrieben ist. Diese Sicht kann durch ein zentrales Meta-Daten-Repository hergestellt werden, oder durch eine über Middleware erzeugte Verbindung der unterschiedlichen Datenverzeichnisse im Gesamtsystem. Die Metadaten können folgendermassen klassifiziert werden:

- *Transformations-Informationen:* Hier wird definiert und beschrieben, wie die Daten aus den Datenquellen in das Datenmodell des Data Warehouse abgebildet werden, wie sie transformiert und in welcher Periodizität sie selektiv respektive geladen werden.

- *Technische Informationen:* Da sind die Beschreibungen der Datenbankschemata und der technischen Implementie-

9.5 Eine idealtypische Architektur: die Corporate Information Factory

rung der Quellen- und Zielsysteme zu finden. Informationen über die Benutzung des Data Warehouse (welche Daten wie häufig von wem abgefragt werden) und den Datenzugriffsschutz fallen ebenfalls unter diese Kategorie.

- **Logische Informationen:** Mit diesen Informationen kann der Data Warehouse Benutzer die Verfügbarkeit, die Semantik und den Zusammenhang der im Warehouse vorhandenen Daten ermitteln. Sie versetzen den Benutzer in die Lage, möglichst frei im Data Warehouse zu navigieren sowie gezielt Informationen zu finden und abzurufen immer soweit er gemäss den definierten Zugriffsregeln dazu berechtigt ist.

Das Meta-Daten-System kann darüber hinaus auch die Basis für das oben beschriebene Warehousing System-Management bilden.

Daten-Reengineering und -Akquisition

Die Prozesse, welche die Daten aus den Datenquellen (operative Systeme, externe Daten) in die Corporate Information Factory transferieren, werden als Daten-Akquisitionsprozesse bezeichnet. Diese Prozesse umfassen die Selektion der Datenquellen, die Datenübertragung in das Data Warehousing System, die **Bereinigung** der Daten basierend auf ihrer Meta-Beschreibung, die **Transformation** der Daten in das Datenmodell des Data Warehouse, die Aggregationen und Summierungen von Detaildaten sowie das **Laden** des Data Warehouse und den Operational Data Store. Üblicherweise ist in den operativen Systemen die zeitbezogene Sicht nicht vorhanden. Die Daten-Akquisitionsprozesse müssen daher den Detaildaten die Dimension „Zeit" hinzufügen, damit im Data Warehouse Auswertungen über diese Dimension möglich sind. Diese Prozesse stützen sich auch auf die Definitionen der Daten und der Geschäftsregeln im Meta-Daten-Management.

Daten-Reengineering beschreibt den Prozess, Daten aus den Quellensystemen bei der Transformation in die Zielsysteme zu standardisieren und zu bereinigen.

Replikationssoftware kann eingesetzt werden, um Daten ereignisbezogen synchron oder asynchron zu übertragen, beispielsweise bei einer Datenbanktransaktion von einem Quellensystem in ein Zielsystem, vor allem aber zeitnah in den ODS.

Data Warehouse

Das Data Warehouse enthält die historisierten, nach einem einheitlichen Datenmodell und einer standardisierten Logik zentral verwalteten Unternehmensdaten, welche den nachgelagerten Anwendungssystemen für Analyse- und Berichtszwecke zur

Verfügung gestellt werden. Das Datenmodell des Data Warehouse präjudiziert keine bestimmte Verwendung der Daten. Daher sind im Data Warehouse vor allem Detaildaten vorhanden, da jede Aggregation oder Summierung bereits wieder die Verwendbarkeit der Daten einschränken würde. Trotzdem werden im Data Warehouse neben den Detaildaten auch häufig benötigte Aggregationen, bewertete Daten oder anders abgeleitete Daten, wie Summen oder Durchschnittswerte, gespeichert. Dieses Vorgehen hat folgende Vorteile:

- das Data Warehouse stellt die gemeinsame, konsistente und integrierte Sicht aller Analysesysteme auf die Unternehmensdaten zur Verfügung;
- aus diesen Daten kann jede spezielle, funktionale Sicht auf die Unternehmensdaten abgeleitet werden;
- wenn jede funktionale Sicht eines Analysesystems auf die Unternehmensdaten ausschliesslich aus den Daten des Data Warehouse abgeleitet wird, sind die Daten und Ergebnisse der einzelnen Analysesysteme miteinander vergleichbar und integer;
- bei dem Anschluss weiterer Datenquellen oder neuer Informationssysteme, ist das Wachstum der zusätzlich benötigten Prozesse nur additiv und nicht multiplikativ wie es ohne ein Data Warehouse der Fall ist.

Data Mart   Data Marts stellen spezielle, funktionale Sichten auf die Daten des Unternehmens dar, um spezifische Geschäftsfunktionen wie das Controlling, das Berichtswesen oder das Marketing zu unterstützen. Diese Extrakte sind oft nötig, da nur bestimmte Daten und Aggregationen, Bewertungen, Zusammenfassungen und weitere für die Analysen und Berichte in spezifischen Anwendungsgebieten verwendet werden und solche Sichten nicht jederzeit dynamisch aus der gesamten Datenmenge des Data Warehouse erstellt werden können.

Business Intelligence   Auf dieser Ebene ist die Benutzerschnittstelle in das Data Warehousing System zu finden. Die Werkzeuge, welche diese Schnittstellen bilden, können von einer zur anderen Problemstellung sehr unterschiedlich sein. Von einfachen Abfrage- und Berichtsystemen, über mehrdimensionale Analysewerkzeuge bis hin zu komplexen Datenvisualisierungstechniken oder Data-Mining-Prozessen müssen die Anwender der unterschiedlichen Data Warehouse Systeme jede Möglichkeit erhalten, ihre spezifischen Aufgaben effizient durchführen zu können.

IntraNet, ExtraNet und InterNet-Integration

Die effizienteste Technologie, um grosse Mengen von Informationen einem grossen Kreis von Anwendern zugänglich zu machen, ist die Web-Technologie. So kann auch ein in ein Intranet integriertes Data Warehouse via internes Netz und Web-Browser Daten und Informationen ohne grossen technischen und organisatorischen Aufwand effizient verteilen. Aber auch Benutzern ausserhalb der Organisation, wie Kunden und Lieferanten, können Daten aus dem Data Warehousing System über Extranet und Internet zur Verfügung gestellt werden. Web-Technologie kann dabei die strukturierten Informationen aus dem Data Warehousing System (Daten) mit unstrukturierten Informationen wie Texten und Bildern verknüpfen und damit den Informationswert steigern.

Informations-Portal

Informationsportale integrieren Informationen unterschiedlicher Art und Herkunft. Die besondere Stärke von Informations-Portalen besteht neben der Fähigkeit der Integration von Informationssystemen vor allem in der möglichen Personalisierung des Informationszugangs respektive der Informationsbereitstellung. Jeder Benutzer kann individuell sein persönliches Informationsprofil definieren. Er erhält dann jeweils die seinem Profil entsprechenden Informationen teilweise aktiv geliefert, ohne explizit danach zu suchen oder zu fragen.

9.6 Data Warehouse Technologie

Für alle oben beschriebenen Komponenten einer Data Warehouse Architektur steht heute leistungsfähige Technologie zur Verfügung, die zum Teil neu auf dem Markt ist, aber auch schon in vielen umfangreichen und komplexen Anwendungen erprobt ist.

Integration Technologiekomponenten

Das Problem besteht weniger in der Zuordnung der Technologie zu den verschiedenen Komponenten, als viel mehr in der Integration der Technologiekomponenten untereinander. Nur wenn die Werkzeuge innerhalb des Data Warehousing Systems miteinander integriert sind, ist ein leistungsfähiges System möglich. Die Integration des Datenmanagements der Komponenten findet über den Austausch der Meta-Informationen statt, die jedes Werkzeug in einer eigenen Metadatenbank speichert. Im Idealfall ist die Integration der Metadaten über ein integriertes Meta-Daten-System möglich, welches als „Single Point of Control" dienen kann. Ähnlich verwenden wir das Data Warehouse zur Integration von Geschäftsdaten, um einen „Single Point of Truth" zu erhalten.

9 Data Warehousing - strategisch betrachtet

Abbildung 9-6: Daten- und Metadaten-Integration im Warehousing System

Die zentralen Technologien, welche in einem Warehousing System zum Einsatz kommen, sind neben den Directory- und Metadatensystemen vor allem die in den folgenden Absätzen beschriebenen Werkzeuge.

Datenbank-Managementsysteme

Zur Datenverwaltung werden im Data Warehouse Datenbank-Management-Systeme (DBMS) eingesetzt, die parallele Verarbeitung von komplexen Datenbankprozessen erlauben. Abhängig von der Grösse der Datenbank und der Komplexität der Prozesse werden sie auch für funktionale Data Warehouse Anwendungen eingesetzt. Besondere, auf die Anforderungen von Warehousingsystemen abgestimmte Indexierungstechniken, wie etwa Bit-Map-Indexing erhöhen die Leistungsfähigkeit solcher Datenbankmanagementsysteme zusätzlich.

Multi-Dimensionale Datenbank-Managementsysteme

Bei kleineren funktionalen Data Marts kommen zur multidimensionalen Speicherung der Daten und Abfragen nach dimensionalen Kriterien Multidimensionale-Datenbankmanagement-Systeme (MDBMS) zum Einsatz. Universal-Databases erlauben die Speicherung auch komplexer Datenstrukturen wie Texte, Dokumente, Bilder, etc.

Extraktionswerkzeuge

Für die Daten-Akquisitions-Komponente werden Extraktions-Werkzeuge eingesetzt, die erlauben, automatisch Extraktions- und Transformationsprozeduren zu generieren. Mit Hilfe grafischer Benutzeroberflächen erfolgt die Festlegung der Abbildungs- und Transformationsregeln auf der Basis der Meta-Informationen des Ziel-Datensystems und des Quellsystems. Aufgrund der zu bewältigenden Komplexität erhalten diese Werkzeuge immer grössere Bedeutung gegenüber den traditionell programmierten Verfahren. Ergänzt wird dieser Teil des Data

Abfrage- und Visualisierungswerkzeuge	Warehousing Systems durch Werkzeuge zur Datenbereinigung auf der Basis zuvor definierter Regeln.

Zur multi-dimensionalen Darstellung und Analyse der Daten werden Abfrage- und Visualisierungswerkzeuge eingesetzt. Sie bauen auf einer multi-dimensionalen oder einer relationalen Datenbank auf. Diese Werkzeuge unterstützen den Anwender bei der Informationsverarbeitung im Data Warehousing System. |
| **Intra-Net, Extra-Net, Portale** | Immer wichtiger wird die Einbindung des Data Warehousing Systems in das unternehmens-interne Netzwerk, das Intra-Net, und die Anwendung von Browser-Technologie, um einer grossen Benutzergemeinde im Unternehmen Daten und Berichte effizient zur Verfügung stellen zu können. Die Einbindung des Internets als zusätzlicher Informationsquelle gewinnt ebenfalls an Bedeutung. |
| **Data-Mining Werkzeuge** | Schliesslich erfährt die Anwendung von Data-Mining-Techniken immer grössere Beachtung. Unter Data-Mining versteht man werkzeug-gestützte Analyse-Prozesse auf grossen Datenmengen, um Muster in den Daten zu erkennen und die Daten anschliessend zu klassifizieren. Data-Mining-Techniken finden beispielsweise Anwendung bei der Segmentierung von Kunden, Bonitäts- und Marktanalysen, Entwicklung von Marketingstrategien, aber auch beim Erkennen von systematischen Fehlern in den Daten. So kann Data-Mining-Technologie auch die Bereinigung der Daten vor dem Laden in das Data Warehousing System unterstützen. |

9.7 Datenarchitektur in der Corporate Information Factory

Die oben dargestellte Corporate Information Factory (vgl. 9.5) zeigt, dass das System aus mehreren Ebenen besteht, dem Data Warehouse, dem Operational Data Store sowie verschiedenen funktional ausgerichteten Data Marts. Auf diesen Ebenen sind die Daten in unterschiedlichem Detaillierungsgrad, in diverser Breite, mit verschiedenen Modellierungstechniken für unterschiedliche Zwecke abgebildet.

Daten Ebenen — Welche Daten auf den verschiedenen Ebenen in der Factory verfügbar sein müssen, lässt sich am besten klären, wenn man von den Fragestellungen ausgeht, die typischerweise in Analyse- und Berichtssystemen beantwortet werden sollen.

Beispiele hierfür sind:

1. Welchen Deckungsbeitrag hat ein bestimmtes Produkt im letzten Quartal in einer definierten Region in einem bestimmten Kundensegment erzielt?
2. Wie profitabel war eine bestimmte Produktgruppe im letzten Berichtsjahr?
3. Welche Kunden reagieren auf ein gegebenes Produktangebot mit einer Wahrscheinlichkeit von über 90% positiv?
4. Welches sind die wesentlichen Attribute, welche Kunden klassifizieren, einer bestimmten Kunden- oder Verhaltensgruppe anzugehören?
5. Welche Kunden haben die höchste Profitabilität?
6. Welche Kunden gehören in welche Risikoklasse?
7. Wie ist die Performance des Kundenportfolios verglichen mit einem Referenzportfolio?
8. Wie verändert sich der Umsatz eines Produktes bei bestimmten Preisänderungen (Sensitivitätsanalyse)?

Fakten und Dimensionen Kennzeichnend für solche Fragestellungen ist, dass nach *Fakten* gefragt wird, die an bestimmten Einflussgrössen oder *Dimensionen* festgemacht sind, oder dass anhand der Fakten Analyseergebnisse abgeleitet werden können. Fakten aus den oben genannten Beispielen sind etwa das Kundenportfolio, das Marktportfolio, der Umsatz. Dimensionen werden repräsentiert durch die Produkte, die Zeit, die Region, die Kunden, den Markt. Abgeleitete Analyseergebnisse sind der Deckungsbeitrag, die Profitabilität, die Wahrscheinlichkeit, die Kundensegmentierung, die Bestimmung von Risikoklassen und die Einteilung der Kunden, die Performance des Kundenportfolios, die Preissensitivität des Produktumsatzes. Die Dimensionen können in sich selbst eine Hierarchie besitzen, Produkte gehören zu Produktgruppen, Kunden sind in Kundensegmente eingeteilt, die Zeit hat eine Hierarchie ebenso wie die regionale Marktunterteilung.

Dimension Zeit Im Data Warehouse werden die für diese Analysen notwendigen Rohdaten im grösstmöglichen Detaillierungsgrad zur Verfügung gestellt. Wesentlich ist, dass diesen Rohdaten die Dimension *„Zeit"* hinzugefügt wird. Die bestehenden Daten des Data Warehouse werden beim periodischen Laden neuer Daten auf gar keinen Fall überschrieben, wie dies bei Transaktionssystemen im operativen Umfeld der Fall ist. Sie werden durch eine jüngere Generation der Daten ergänzt. So sind im Laufe der Zeit über alle wesentlichen Daten des Unternehmens auch zeitbezogene Sichten und Analysen möglich.

Modellierung Zeit

Damit diese Sichten konsistent, also ohne Widersprüche aufgebaut werden können, muss zunächst die Abbildung der Dimension Zeit „modelliert" werden. Diese Modellierung sieht anders aus, als etwa die Modellierung der Dimension „Produkt". Da die Zeit eine dynamische, aber auch eine relative Grösse ist, muss ein Konzept erstellt werden, welches darlegt, wie die logische und die technische Darstellung der Zeit im Data Warehouse erfolgen soll.

Fragestellungen zum Zeitkonzept

Da alleine die Darlegung aller damit verbundenen Fragestellungen und möglichen Lösungen ein Buch füllen könnte, belassen wir es an dieser Stelle bei einigen Hinweisen, welche Fragestellungen mit einem Zeitkonzept verbunden sind:

- Welches sind langsam oder auch schnell ändernde Daten, welches sind Referenzdaten und wie sollen die unterschiedlichen Datenkategorien historisiert werden?
- Soll eine geschlossene Zeitreihe aufgebaut werden oder genügen Zeit-Versionen?
- Wie soll mit rückwirkenden Datenveränderungen umgegangen werden?
- Wie wird mit unterschiedlichen Zeitzonen umgegangen?
- Wie soll mit Strukturänderungen im Zeitverlauf umgegangen werden?
- Wann und nach welchen Kriterien wird archiviert?
- Werden auch die Metadaten historisiert, die die Daten in ihrem jeweiligen Zeitzustand beschreiben?

Wir betonen nochmals, dass die Erarbeitung eines „Zeit-Konzeptes" für eine erfolgreiche Data Warehouse Implementierung absolut unerlässlich ist und von vielen Projektmanagern und Auftraggebern völlig unterschätzt wird.

Entity-Relationship-Modell für Data Warehouse

Das Datenmodell des Data Warehouse ist typischerweise ein klassisches Entity-Relationship-Modell. Dies hat im wesentlichen zwei Gründe:

1. Die meisten Endbenutzer arbeiten nicht mit den Daten des Data Warehouse, sondern mit funktionalen Warehouse-Daten, die einem für diesen Zweck besser geeigneten Datenmodell folgen. Die Endbenutzer sind demnach nicht mit der strukturellen Komplexität des ER-Modells konfrontiert.

9 Data Warehousing - strategisch betrachtet

2. Das ER-Modell ist aufgrund der Redundanzfreiheit flexibel für Änderungen und vor allem Erweiterungen. Flexibilität ist eine der wesentlichen Erfolgsfaktoren einer Data Warehouse Implementierung.

Für das Datenmodell des Data Warehouse ist es vor allem wichtig, dass keine bestimmte Verwendung der Detaildaten in einer betrieblichen Funktion präjudiziert werden darf. Die Daten müssen anwendungsneutral abgebildet sein.

Dimensionales Datenmodell für Data Marts

Anders sieht ein Datenmodell für einen Data Mart aus. Hier gilt es ja gerade, eine bestimmte Geschäftsfunktion mit ihren spezifischen Datenanforderungen zu unterstützen. Da die Fragestellungen, die hier bearbeitet werden, sich an Dimensionen orientieren und Fakten analysieren, werden die Daten auch in Form von Dimensionen und Fakten modelliert. Es wird ein mehrdimensionales Datenmodell erstellt. Kommt ein Multi-Dimensionales-Datenbank-Managementsystem zum Einsatz, so kann dieses multi-dimensionale Modell auch direkt in das Datenbank-Schema übertragen werden.

Beim Einsatz eines relationalen Systems wird ein sogenanntes Star-Schema-Modell erstellt. Diese Form eines Datenmodells wird als „Star-Schema" bezeichnet, weil seine grafische Form mit den um die Fakten angeordneten Dimensionen-Entitäten an einen Stern erinnert. Haben die Dimensionen in sich noch Hierarchien, so wird das entstehende Modell „Snowflake-Schema" genannt, da die grafische Form an eine Schneeflocke erinnert (vgl. Anhang).

Abbildung 9-7: Abbildung von Dimensionen

UDM als Basis für DWH

Wie gross der Aufwand ist, die Daten aus den operativen Datenquellen in dieses dimensionen-orientierte Data Warehouse Modell zu transformieren, mit welcher Qualität dies gelingt und welchen Restriktionen diese Transformationen unterliegen, hängt

9.7 Datenarchitektur in der Corporate Information Factory

entscheidend davon ab, wie gut die Daten in den Datenquellen bereits an einer unternehmensweiten Datenarchitektur ausgerichtet sind.

Abbildung 9-8: Transformation des UDM in ein Dimensionenmodell

Wenn wir uns das Beispiel eines Unternehmens-Datenmodells (UDM) einer Bank aus dem Kapitel 5 in Erinnerung rufen, so wäre ein solches Muster bereits eine exzellente Grundlage für eine Data Warehouse Implementierung. Einige Teile des UDM (wie z.B. Partner, Produkt) repräsentieren die Dimensionen im Data Warehouse Modell, die Entitäten „Vertrag" und „Geschäftsfall" werden zu Fakten transformiert. Die Dimension Zeit ist im UDM nicht modelliert. Hierfür muss ein spezielles Zeitkonzept erarbeitet werden. Basierend auf diesem Konzept wird diese Dimension bei jedem Laden einer neuen Generation von Daten ins Data Warehouse, respektive dem Delta zwischen den bereits vorhandenen Daten und den inzwischen in den Datenquellen veränderten Daten, weiter ausgebaut.

Vorgehen zum Aufbau eines DWH-Modells

Leider sind in den meisten Unternehmen die Voraussetzungen nicht so ideal, wie in dem hier dargestellten Fall. Denn in diesem Beispiel wurde bereits durch die Erarbeitung eines Unternehmens-Datenmodells die Basis für eine erfolgreiche Warehouse-Implementierung geschaffen.. In anderen Fällen muss die Data Warehouse Initiative dafür genutzt werden, eine solche Datenarchitektur zu erarbeiten und in einem Data Warehouse zu implementieren. Eine Datenarchitektur ist unerlässlich, damit die im Data Warehouse angestrebte Datenintegration erreicht wird. Um das Data Warehousing Vorhaben aber nicht an einer endlosen Modellierungsübung scheitern zu lassen, wird auch hier das im Kapitel 5 diskutierte Vorgehen zum Aufbau eines Kern-Datenmodells empfohlen.

Dimensionen und Kerndaten

Wie wir gesehen haben, müssen für ein Data Warehouse Datenmodell zunächst die Dimensionen definiert werden, nach denen ausgewertet und analysiert wird. Dies ist genau dasselbe Vorgehen, wie wir es für das Kern-Datenmodell vorgeschlagen haben. Insofern kann diese Strategie auch für ein Data Warehouse Projekt erfolgreich übernommen werden.

9.8 Die kritischen Erfolgsfaktoren

Die Einführung eines unternehmensweiten Data Warehousing Systems kann ein ähnlich ambitioniertes Vorhaben sein wie der Aufbau einer neuen operativen Systemumgebung. Dies geschieht nicht über Nacht, sondern wird mehrere Jahre intensiver Arbeit beanspruchen. Es ist darauf zu achten, den Anwendern und Kunden im Unternehmen in Abständen von einigen Monaten jeweils einen echten zusätzlichen Geschäftsnutzen zu liefern. Das Vorhaben erfordert eine seriöse Planung und die Beachtung von einigen wesentlichen kritischen Erfolgsfaktoren, um die Erwartungen zu erfüllen.

9.8.1 Ein Data Warehouse ist kein Produkt

Da ein Data Warehouse kein Produkt ist, kann man es nicht kaufen, sondern man muss es bauen. Diese Aussage gilt übrigens durchaus auch für Data Warehouse Implementierungen, welche auf bestimmten Standardsystemen für operative Anwendungen aufbauen. Dies bedeutet, dass kein Produkt die Erarbeitung einer Data Warehouse Architektur, die Data Warehouse Strategie, die seriöse Planung und den sorgfältigen Entwurf ersetzen kann. Ein methodisches Vorgehen, sowohl beim Bau des Systems als auch bei der Auswahl der Systemkomponenten ist ein Garant für den Erfolg.

9.8.2 Geschäftsnutzen steht im Vordergrund

Der Aufbau eines Data Warehousing Systems ist kein Vorhaben, welches der Informatikbereich eines Unternehmens aus eigener Kraft betreiben sollte. Sicher wird die Informatik eine tragende Rolle in diesen Projekten spielen, aber die Priorisierung der verschiedenen zu realisierenden Teilbereichen muss aus den entsprechenden Geschäftsbereichen kommen.

Auftraggeber Geschäftsbereich

Diese müssen das Data Warehouse Vorhaben nicht nur mittragen, sondern sie müssen es steuern und aktiv gestalten. Nur ein interessierter Geschäftsbereich ist in der Lage zu bestimmen, mit welchen neuen oder verbesserten Funktionen ein hoher „Returnon-Investment (ROI)" zu erreichen ist, welches Informationsbedürfnis dafür abgedeckt werden muss, welche Qualität die Daten haben sollten und wie die Daten allenfalls zu bereinigen sind.

Projektsteuerung

Der Idealfall ist ein Gremium aus leitenden Managern verschiedener Unternehmensbereiche zur Steuerung des Projektes. Da solche Projekte typischerweise Abteilungs- oder auch Bereichsgrenzen überschreiten, benötigt das Projekt ein entsprechendes Budget und eine geeignete Eskalationsstufe.

Infrastrukturprojekt

Bei bereichsübergreifenden oder gar unternehmensweiten Vorhaben wie diesem gelten auch andere Budgetierungs- und Verrechnungsregeln als bei klar einem Bereich angehörende Projekte. Häufig ist es typisch für Infrastrukturprojekte, dass der erste Nutzer der Infrastruktur einen überproportional hohen Anteil an den Kosten zu tragen hat mit jeder weiteren Anwendung werden die Kosten aber immer geringer. Da Data Warehousing Systeme skalierbar sein müssen, wird die Infrastruktur grosszügiger und der Datengehalt umfangreicher angelegt, als es für den ersten Nutzer notwendig wäre.

Verrechnungsmodell

Ein Verrechnungsmodell, welches die initialen Infrastrukturkosten den ersten Nutzern aufbürden würde, hätte zwangsläufig das Aus zur Bedeutung für ein Vorhaben wie den Aufbau einer Corporate Information Factory. Hier bieten sich Verrechnungsmodelle an, die zwischen Nutzungs- und Infrastrukturkosten unterscheiden und welche die Nutzung der Infrastruktur eher belohnen als bestrafen [vgl. TDWI 5/2000].

9.8.3 Architektur und Planung kommen vor Realisierung

Dieser Grundsatz bedeutet, dass zunächst die ganze Aufmerksamkeit und Anstrengung auf den Aufbau einer umfassenden Architektur, die sowohl die Integration verschiedener Systemkomponenten wie auch die zukünftige Datenarchitektur berücksichtigt gerichtet wird. Auf dieser Grundlage wird eine Umsetzungsstrategie entwickelt, die prinzipiell entweder von einem Top-Down- oder einem Bottom-Up-Ansatz ausgehen kann.

Top-Down Ansatz

Beim Top-Down-Ansatz wird davon ausgegangen, dass zunächst ein unternehmensweites Data Warehouse erstellt wird, auf dessen neuen und sauberen Datenstrukturen und moderner Technologie dann die jeweiligen funktionalen Data Marts aufgebaut sind. Der Top-Down-Ansatz beim Data Warehousing ist ähnlich zu bewerten, wie bei der Erstellung eines unternehmensweiten Datenmodels (vgl. Kapitel 5).

9 Data Warehousing - strategisch betrachtet

Abbildung 9-9: Top-Down-Ansatz

Beurteilung Top-Down-Ansatz

Zur Lösung der Datenintegrationsproblematik im Data Warehousing System ist dieser Ansatz zwar theoretisch richtig, aber wie die Praxis gezeigt hat, auch wenig erfolgversprechend. Das Vorhaben ist zu komplex und damit zu risikoreich, es löst zu hohe Initialkosten aus, und ihm fehlt die dringend nötige Benutzerunterstützung, da es sich hierbei zunächst um ein reines Infrastrukturprojekt ohne direkten Geschäftsnutzen handelt.

Abbildung 9-10: Bottom-Up-Ansatz

Über die Implementierung einzelner funktionaler Data Marts wird schrittweise ein integriertes Data Warehouse aufgebaut. Dieser Weg wird als Bottom-Up-Ansatz bezeichnet. Er vermeidet einige der wesentlichen Gefahren des reinen Top-Down-Ansatzes. Deshalb ist der Aufbau einzelner funktionaler Data Warehouse Systeme weit weniger komplex, riskant und teuer. Diese Systeme unterstützen direkt eine Geschäftsfunktion und erfahren

9.8 Die kritischen Erfolgsfaktoren

daher die nötige Unterstützung durch die späteren Anwender des Systems.

Beurteilung Bottom-Up-Ansatz

Durch den reinen Bottom-Up-Ansatz erfolgt die gewünschte Integration der Daten und Prozesse im Warehousing System nicht von alleine. Es findet grundsätzlich keine Wiederverwendung von Daten und Prozessen statt. Eine übergeordnete Planung fehlt. Es besteht die Gefahr, dass die Inkonsistenzen aus den operativen Quellensystemen damit auf die Ebene der Informationssysteme übertragen werden.

Abbildung 9-11: Gemischter Ansatz

Der erfolgversprechende Weg besteht in einem gemischten Top-Down- und Bottom-Up-Vorgehen. Hierbei werden vor dem Start des ersten Data Warehouse Projektes Konzepte top-down erarbeitet und für jedes schliesslich folgende DW-Projekt für verbindlich erklärt.

Top-Down entwickelte Konzepte

- Die **technische DW-Architektur** wird ausgearbeitet.
- Die **Datenarchitektur** mit einem Zeitkonzept wird erstellt.
- Ein **Sicherheitskonzept** wird entworfenerstellt und mit den Sicherheitsverantwortlichen des Unternehmens abgestimmt.
- Ein **„Surrogate-Key"-Konzept** wird entworfen und die notwendige technische Infrastruktur verfügbar gemacht und getestet. Ein Surrogate-Key ist ein künstlicher physischer Schlüssel auf der Datenbank, welcher im Data Warehousing System die Schlüssel aus den Quellensystemen ersetzt. Die Schlüssel tragen aus historischen Gründen meist eine Semantik, welche dazu führen kann, dass diese Schlüssel im Quellensystem eventuell geändert werden müssen. Würden diese semantischen Schlüssel ins Zielsystem des Data Ware-

211

house übernommen, müsste man hier mit Änderungen rechnen. Bei den dort anfallenden grossen, historischen Datenmengen könnte es zu erheblichen technischen Problemen führen. Daher ist es dringend zu empfehlen, im Data Warehousing System nur künstliche, technisch vergebene Schlüssel zu verwenden, die stabil gehalten werden können. Die Vergabe des Surrogate-Key erfolgt in der Daten-Akquisitionskomponente.

- Das **Meta Daten Management** wird definiert und die entsprechenden Standards festgelegt.
- Die **Data Warehouse Grundsätze** werden formuliert.
- Die **Umsetzungsstrategie** mit Priorisierung der folgenden Projekte wird festgelegt.

Auswahl der Teilbereiche

Sobald das „grosse Bild" entworfen ist, wird jene Geschäftsfunktion basierend auf der Architektur und der strategischen Planung ausgewählt, mit der ein erster Teilbereich des Data Warehousing Systems realisiert wird. Bei der Auswahl dieses ersten Teilbereiches sollte man sich von drei Überlegungen leiten lassen.

- Zum einen sollte eine Geschäftsfunktion ausgewählt werden, welche durch die Realisierung dieses Teiles des Data Warehousing Systems einen unmittelbaren und messbaren **geschäftlichen Nutzen** erzielt.
- Zum zweiten muss die Realisierung in einem akzeptablen **Zeitraum**, zu ansprechenden **Kosten** und in der erforderlichen **Qualität** möglich sein. Dies hängt vor allem von der Verfügbarkeit und der Qualität der Quellendaten ab.
- Zum dritten sollte dieser erste Teilbereich eine **gute Grundlage** für die nachfolgenden zu realisierenden Bereiche legen. Dies wird daran gemessen, wie gut die Daten die erarbeitete Datenarchitektur des Data Warehouse ausfüllen, welche Dimensionen in welcher Qualität bereitgestellt werden, die von nachfolgenden Bereichen genutzt werden können. Eine sogenannte „Intersection-Analyse", in welcher versucht wird, überlappende Datenbereiche in verschiedenen potenziellen Anwendungsgebieten zu identifizieren, kann hierbei wertvolle Erkenntnisse liefern.

Beurteilung

Diesen Vorarbeiten muss höchste Aufmerksamkeit geschenkt werden. Wir erkennen eine direkte Korrelation zwischen dem Aufwand und der Zeit, welche für den Aufbau einer Architektur und einer Umsetzungsstrategie aufgewendet wird, zu dem Aufwand, der später für Erweiterungen des Data Warehousing Systems betrieben werden muss. Gleichzeitig erhöht sich das Risiko des Scheiterns überproportional mit dem Mangel an fehlenden Architektur- und Planungsüberlegungen.

9.8.4 Data Warehouse Grundsätze

Es ist wichtig für den Integrations- und Wiederverwendungsgedanken des Data Warehousing Systems, dass bestimmte Fragen und Problemstellungen vor dem Start des ersten Data Warehouse Projektes gelöst werden und damit quasi für jedes DW-Projekt „Gesetzes"-Charakter erhalten. Damit wird vermieden, dass solche Fragen immer wieder neu behandelt und nur aus der jeweiligen Projektsicht gelöst werden.

Diese zentralen Punkte werden als Data Warehouse Grundsätze formuliert und jedem DW-Projekt als verbindliche Vorgehensweise mit auf den Weg gegeben. Beispiele für solche Grundsätze sind:

Beispiele für Grundsätze

- Es wird festgelegt, wie verschiedene Versionen von Daten und Prozessen im Data Warehousing System zu behandeln sind.
- Der Entwurf jedes DW-Anwendungssystems muss das Wachstum und potentielle Erweiterungen adaptieren.
- Es werden immer Detaildaten in das Data Warehouse System geladen, auch wenn dies für die momentanen Bedürfnisse noch nicht notwendig wäre. Es werden möglichst immer ganze Datensätze aus den Quellensystemen extrahiert und nicht einzelne Attribute ausgewählt.
- Es ist streng auf die Wiederverwendung bereits vorhandener Daten und Prozesse zu achten.
- Detaildaten werden in Basis-Tabellen abgelegt, welche normalisiert werden. Auswertungs- und Analysedaten sind in Form eines Star-Schema-Designs abgelegt oder in einer multi-dimensionalen Datenbank gespeichert.

Notwendigkeit der Grundsätze

Es sind noch erheblich mehr und detaillierter ausformulierte Grundsätze denkbar und sinnvoll. Wichtig ist vor allem, dass es sie überhaupt gibt, und so ein einheitlicher Prozess definiert wird, nach dem in einem Unternehmen Data Warehousing Projekte durchgeführt werden.

9 Data Warehousing - strategisch betrachtet

9.8.5 Methodisches Vorgehen ist unerlässlich

Eine Methodik zur Entwicklung eines Data Warehouse unterscheidet sich in einigen Punkten von konventionellen Methoden zur Entwicklung operativer Anwendungssysteme. Die Methodik muss vor allem drei Problembereiche berücksichtigen, die typisch für Data Warehousing Projekte sind:

- die starke Betonung der Datenproblematik,
- die Bewältigung des raschen Wachstums von Daten und Prozessen,
- sowie die Ungeduld der Auftraggeber und Anwender. Dem wird durch ein iteratives Vorgehen Rechnung getragen.

Abbildung 9-12: Iteratives Vorgehen

Startphase — In einer Startphase werden zunächst in mehreren Workshops das Ziel des Projektes aus fachlicher Sicht definiert, die Rahmenbedingungen und die Systemgrenzen festgelegt.

Analyse — Nach der Bildung eines Projektteams beginnt die erste Iteration des Projektes mit der Analyse der Informationsbedürfnisse. Daraus werden die Datenanforderungen sowie die funktionalen Anforderungen in Bezug auf die Informationsgewinnung aus den Daten abgeleitet. Der häufig schwierigste Teil der Analysephase besteht in der „Datenarchäologie", respektive der Identifikation möglicher Datenquellen und der Bestimmung der Semantik der Daten. Hier entscheidet sich auch oft, ob das Projekt in der geplanten Form und im geplanten Zeitraum überhaupt durchführ-

9.8 Die kritischen Erfolgsfaktoren

bar ist. Sind die benötigten Daten überhaupt nicht oder nicht in der erforderlichen Qualität verfügbar, muss das Projekt entweder aufgegeben oder mit geänderter Zielsetzung und Zeitplanung neu geplant werden.

Evaluierung und Planung Zeigt die Analysephase die Verfügbarkeit der erforderlichen Datenressourcen, wird der Iterationszyklus mit der Planung der folgenden Phasen und der Evaluierung der technischen Infrastruktur fortgesetzt.

Entwurf Die nächste Phase beinhaltet den Systementwurf technisch wie konzeptionell. Auf der technischen Seite muss vor allem berücksichtigt werden, dass das System hinsichtlich Datenmenge und Benutzeranforderungen wachsen wird. Dieses Wachstum muss in der Auslegung des Systems adaptiert werden. Auf der konzeptionellen Seite gehört vor allem die Festlegung der Abbildungsregeln von Datenquellen in das Ziel-Datenmodell. Für den Erfolg des gesamten Data Warehousing Vorhabens ist es essenziell, dass solche Regeln im Gesamtsystem nicht redundant und inkonsistent definiert werden. Wiederverwendung bereits bestehender Regeln ist ein absolutes Muss.

Konstruktion und Test Nach dem Systementwurf folgt die Konstruktion des Systems und die Testphase.

Implementierung Vor der Einführung des Systems ist ein Betriebskonzept zu erstellen und die nötige Infrastruktur zum Betrieb und der Überwachung des Systems bereitzustellen. Zur Einführung gehört häufig auch eine intensive Benutzerschulung, da die Anwender oft mit neuen Analyse- und Zugriffswerkzeugen, aber auch mit neuen Möglichkeiten der Informationsbeschaffung und -aufbereitung konfrontiert werden. Ohne eine solche Schulung werden die Möglichkeiten des Data Warehouse nicht voll genutzt und ein Teil der Investitionen ist damit vergeblich.

Review In der abschliessenden Review-Phase wird einerseits die erarbeitete Lösung mit den Anforderungen verglichen und andererseits neue Anforderungen aufgenommen, welche bei der Arbeit mit dem Data Warehousing System entstanden sind. Die ursprünglichen Zielsetzungen werden überprüft und gegebenenfalls revidiert. Erweiterungsbedürfnisse werden in folgenden Iterationszyklen befriedigt.

9.8.6 Beherrschung des Wachstums

Die Beherrschung des Wachstums an Daten, Prozessen und Benutzeranforderungen ist eine spezifische Herausforderung in Data Warehousing Projekten.

Datenmengen und Zeitreihen

Die Anforderung, in einem Data Warehouse Zeitreihenanalysen durchführen zu können, hat zur Konsequenz, viele Generationen von Daten für den direkten Zugriff im Data Warehouse zur Verfügung stellen zu müssen. Je nach dem gewünschten Detaillierungsgrad werden jährlich, vierteljährlich, monatlich, wöchentlich oder gar täglich neue Versionen der Daten in das Data Warehouse geladen. Nimmt man beispielsweise für eine Data Warehouse Anwendung an, dass beim initialen Laden der Datenbank 200 Gigabyte gespeichert werden und in jedem Monat weitere 20 Gigabyte mit einer neuen Generation von Daten hinzukommen, so ist sehr schnell eine Datenbankgrösse erreicht, welche den Einsatz massiv-paralleler Systeme und spezieller Datenbanktechnologie mit entsprechenden Reorganisations- und Recoveryverfahren notwendig macht.

Benutzer

Hinzu kommt häufig, dass bei entsprechender Informationsqualität immer mehr Benutzer stets komplexere Analysen und Datenbankanfragen durchführen wollen, das Informationsbedürfnis wächst und zusätzliche Datenquellen angeschlossen werden müssen. Damit steigt die Daten- und Informationsmenge erneut.

Skalierbarkeit

Diese Entwicklung ist typisch für erfolgreiche Data Warehouse Projekte. Daher muss bei der Festlegung der Systemarchitektur zwingend auf die Skalierbarkeit aller zentralen Systemkomponenten inklusive der Zugriffswerkzeuge geachtet werden.

Versionenführung

Die Änderung oder Erweiterung der Benutzerwünsche sowie die Abhängigkeit des Data Warehouse von den Datenquellen verlangt nicht nur eine skalierbare, sondern auch eine flexible Infrastruktur. Vor allem muss die Kontrolle verschiedener Versionen von Daten und Prozessen bei Änderungen in den Datenquellen gut organisiert und technisch beherrscht werden.

Mit starren Funktionen und unzureichender Versionenkontrolle ist eine schnelle und sichere Reaktion auf die stetigen Veränderungen in den operativen Datenquellen und der Anforderungen der Benutzer nicht zu gewährleisten.

9.8 Die kritischen Erfolgsfaktoren

Abbildung 9-13: Management des Wachstums

9.8.7 Qualität der Daten

Ein Data Warehouse, welches die Daten nicht in der erforderlichen Qualität zur Verfügung stellt, ist nutzlos. Daraus folgt, dass der Datenqualität höchste Aufmerksamkeit zu schenken ist wenn das Data Warehouse ein Erfolg sein soll.

Qualität und Kontext

Bei der Diskussion über die Qualität der Daten ist es wichtig zu erkennen, dass Qualität eine relative und keine absolute Grösse darstellt. Die Daten ***haben relativ zu ihrer jeweiligen Verwendung*** eine bestimmte Güte. Daten können bezogen auf ihre Verwendung in einer bestimmten Anwendung gute oder ausreichende Qualität besitzen. In einem anderen Kontext allerdings können dieselben Daten eine absolut unzureichende Qualität besitzen. Dies ist ein Kernproblem im Data Warehousing. Die Daten aus den Quellensystemen werden aus ihrem originären Kontext gelöst und für andere als die ursprünglich vorgesehenen Zwecke im Data Warehouse zur Verfügung gestellt.

Massnahmen

Für die Sicherung der Datenqualität im Data Warehouse sind folgende Massnahmen zu ergreifen:

- Zunächst sind die ***Kriterien zu bestimmen***, an denen die Qualität der Daten zu messen ist. Die Kriterien können nach ihrer Bedeutung gewichtet werden.
- Danach wird die ***Soll-Qualität*** der Daten im Data Warehouse festgelegt, wobei auch wieder nach verschiedenen Anwendungsgebieten unterschieden wird.
- Nach der Identifikation der Datenquellen wird der ***Ist-Zustand*** der Datenqualität erhoben. Dabei ist zwischen

Rohdaten und abgeleiteten Daten zu unterscheiden, weil diese durch unterschiedliche Prozesse generiert werden.

- Unter dem Stichwort **„Data-Cleansing"** sind organisatorische, konzeptionelle und technische Massnahmen zu definieren, mit welchen der Soll-Zustand erreicht werden kann.
- Schliesslich muss die Qualität der Daten, welche ins Data Warehouse übertragen werden, einer **ständigen Überprüfung** und Verbesserung unterzogen werden.

Daten- und Informationsqualität

Daten- und Informationsqualität ist kein Problem, welches sich nur auf das Data Warehouse beschränkt, sondern es betrifft das ganze Unternehmen. Die Anstrengungen im Data Warehousing legen diese Problematik drastisch offen. Die Lösung des Problems kann durch Data Warehousing Initiativen angestossen werden. Durch taktische Massnahmen können Lösungen vorangetrieben, aber nicht unternehmensweit zu Ende geführt werden.

Besonders für Daten, die externen Stellen, Kunden und Lieferanten beispielsweise im direkten Zugriff über Internet oder Extranet zur Verfügung gestellt werden, muss die Qualität der Daten gesichert sein.

Beim Umgang mit personifizierten Daten verlangen schon die Datenschutzgesetze besondere Sorgfalt (vgl. 9.8.11).

Insgesamt ist das Thema Daten- und Informationsqualität dem Thema Data Warehousing übergeordnet und wird daher im Schlusskapitel dieses Buches gesondert behandelt. Hier beschränken wir uns darauf, die für Data Warehousing Projekte typischen Fragestellungen kurz zu diskutieren.

Die Tabelle 9-2 fasst einige der wesentlichen Qualitätsmerkmale zusammen, welche Daten in einem Data Warehouse aufweisen sollten. Es können je nach Unternehmen und Verwendungszweck noch andere Kriterien hinzukommen. Auch die aufgeführten möglichen Massnahmen stellen nur eine grobe, beispielhafte Aufzählung dar.

9.8 Die kritischen Erfolgsfaktoren

Qualitäts-Kriterium	Erläuterung	Mögliche Massnahmen
Konsistenz	Die Übereinstimmung der Daten mit ihrer Beschreibung in einem Repository; Widerspruchsfreiheit der Daten untereinander	• *Datenadministrationsmassnahmen:* • *Konsistentes Datenmodell* • *Pflege des Repository-Systems* • *Beseitigung von Homonymen und Synonymen, usw.* • *Aufdecken logischer Widersprüche durch Data-Cleansing-Massnahmen*
Korrektheit	Die Übereinstimmung der Daten mit der Realität	• *Überprüfung der Validierungsregeln beim Erfassen der Daten* • *Aufdecken logischer Widersprüche durch Data-Cleansing-Massnahmen*
Vollständigkeit	Die Verfügbarkeit aller für den Verwendungszweck relevanten Daten	• *Erstellung eines vollständigen Datenmodells* • *ggf. Ergänzung von internen Daten durch externe* • *Aufbau einer Historie*
Exaktheit	Die Daten sind für den Verwendungszweck angemessen genau	• *Einsetzen geeigneter Standardwerte bei fehlenden Datenwerten und Kenntlichmachung dieser Werte* • *Überprüfung von verwendeten Algorithmen* • *Verbesserung der Datenerfassung*
Relevanz	Die Daten haben für den Verwendungszweck eine Bedeutung	• *Erstellung eines geeigneten Datenmodells*
Zuverlässigkeit, Glaubwürdigkeit	Die Daten sind nachvollziehbar	• *Für den Anwender muss die Entstehung der Daten nachvollziehbar sein* • *Angabe der Datenquellen* • *Angabe aller verwendeten Prozesse* • *Beschreibung auf dem Repository*
Verfügbarkeit	Die Daten sind an dem Ort, an dem sie benötigt werden, zu der Zeit, zu der sie benötigt werden, und in einer Sprache, welche der Benutzer versteht, verfügbar	• *Vernetzung, Nutzung des Intranet* • *rechtzeitiges Laden neuer Datengenerationen* • *flexible Infrastruktur, um schnell reagieren zu können* • *Laden von mehr Daten, als aktuell benötigt werden* • *Vorsehen von Mehrsprachigkeit in den Daten und ihrer Beschreibung*
Verständlichkeit	Die Daten werden in einer verständlichen, dem Verwendungszweck und den Anwendern angepassten Form präsentiert	• *Nutzung angemessener Präsentationsformen wie Daten-Visualisierungstechniken, multidimensionale Darstellungen, etc.*

Tabelle 9-2: Kriterien für die Datenqualität

9.8.8 Beherrschung der Datenmodellierung für das Data Warehouse

Datenmodellierung für ein Data Warehouse ist etwas anderes als Datenmodellierung für ein operatives System. Sie schliesst die Modellierung der *Zeit* mit ein.

Vorteile 3NF Jene Art von Datenmodellen, welche die Datenmodellierer methodisch korrekt, redundanzfrei und in dritter Normalform (3NF) für operative Anwendungssysteme entwerfen, sind für Data Warehouse Anwendungen oft nur bedingt geeignet. Zur Erinnerung: ein 3NF-Modell ist in dem Sinne redundanzfrei, dass ein Faktum nur an einer Stelle des Datenmodells vorkommt.

Bei Veränderungsoperationen in einer nach einem 3NF-Modell implementierten Datenbank können daher keine Speicheranomalien entstehen. Das Datenbankmanagementsystem ist (bedingt) in der Lage, die Datenkonsistenz zu gewährleisten. Darüber hinaus ist das 3NF-Modell änderungs- und erweiterungsfreundlich.

Nachteile 3NF Diese Vorteile werden mit einigen Nachteilen bezahlt. Im Zusammenhang mit Data Warehousing ist der wesentlichste Nachteil, dass das 3NF-Modell die Daten über sehr viele Tabellen verteilt, um Redundanzfreiheit zu erreichen. Um zusammenhängende Daten wieder zu einer Information zusammenzuführen, müssen komplexe Datenbankabfragen verwendet werden. Im Falle einer programmierten Anwendung, wie sie typisch für operative Systeme ist, wird dem Endanwender dieser Prozess vom Programm (resp. vom Programmierer) abgenommen.

Multi-dimensionale Modelle Will ein Benutzer des Data Warehouse mit Business-Intelligence-Werkzeugen ad-hoc Abfragen formulieren, ist er üblicherweise mit der Formulierung von solchen komplexen Anforderungen überfordert. Er wäre gezwungen, in Datenbankstrukturen zu denken, anstatt sein Problem zu formulieren. Daher müssen jene Daten, mit denen die Benutzer des Data Warehouse direkt arbeiten, in einfacheren Datenstrukturen gespeichert sein. Solche einfacheren Strukturen sind die oben bereits diskutierten Star-Schema-Modelle.

Da man aber auch im Data Warehousing System die Flexibilität von 3NF-Modellen benötigt, empfiehlt es sich, die Basis-Tabellen des Data Warehouse, welche die Detaildaten enthalten, in 3NF-Strukturen zu speichern, um auf diesen aufbauend Star-Schema-Modelle für die Endanwender und spezifische funktionale Data Marts zu entwickeln. Dabei ist insbesondere auf die Hierarchien

9.8 Die kritischen Erfolgsfaktoren

in den Dimensionentabellen zu achten. Solche Prinzipien sollten in den Data Warehouse Grundsätzen festgehalten werden.

Herausforderung Zeit

Eine besondere Herausforderung stellt die Abbildung der Dimension „Zeit" im Datenmodell dar. Nur in wenigen operativen Anwendungen ist die Darstellung der Zeit ein Modellierungsproblem, da es sich bei operativen Anwendungen grundsätzlich um sogenannte „Snap-Shots", also Schnappschüsse handelt. Hierbei werden ältere Daten von neuen überschrieben, so dass jeweils nur der aktuelle Zustand, der Schnappschuss, sichtbar ist. Dass die Erarbeitung eines Zeitkonzeptes für das Data Warehousing unabdingbar ist, wurde bereits dargelegt. Die grosse Herausforderung besteht nun darin, dass man mit strukturellen und inhaltlichen Änderungen der Daten im Zeitverlauf umgehen muss. Es müssen unter anderem folgende Probleme gelöst werden:

- Das Datenmodell eines oder mehrerer Quellensysteme ändert sich im Zeitverlauf. Wie wird im Zielsystem damit umgegangen?

- Die Beziehung zwischen verschiedenen Generationen von Daten und ihren Metadaten muss auch im Zeitverlauf eindeutig bleiben.

- Das Unternehmen ändert zu einem bestimmten Zeitpunkt t_0 die regionale Einteilung seiner Märkte. In den historischen Daten vor dem Zeitpunkt t_0 findet sich die alte Einteilung, danach die neue Zeitachse. Analysen, wie sich die Umsätze in bestimmten Marktregionen im Zeitverlauf entwickelt haben, sind ohne Bruch über den Zeitpunkt t_0 hinaus nicht mehr möglich. Welche Sicht auf die Daten gilt nun: die alte, die neue oder beide? Muss der neue Zustand in den historisierten Daten nachvollzogen werden?

- Durch die Historisierung von Daten können Konsistenzprobleme entstehen, die es bei Snap-Shot-Datenbanken nicht gibt. In den historisierten Daten ändern sich beispielsweise Fakten die eigentlich auch im Zeitverlauf unveränderlich sind, wie etwa das Geschlecht oder das Geburtsdatum einer Person. Welche Bereinigungsmassnahmen sind in diesen Fällen zu ergreifen?

Datenlogik im Data Warehouse

In einigen Fällen genügt es nicht, nur Daten aus den Quellensystemen in das Data Warehousing System zu übertragen, sondern es muss auch Logik übertragen und im Data Warehousing System bereitgestellt werden.

9 Data Warehousing - strategisch betrachtet

Beispiel Finanzinstrumente

Ein eindrucksvolles Beispiel ist eine Datenbank, die moderne Finanzinstrumente des Kapitalmarktes für Anwendungen in der Finanzindustrie zur Verfügung stellt. Solche modernen Finanzinstrumente wie Derivative sind klassisch nicht mehr modellierbar. Man greift hier zu einer abstrakten Modellierungstechnik, welcher die moderne Kapitalmarkttheorie zu Grunde liegt. Damit werden die Strukturen der Datenbank so komplex, dass sie ohne die zugehörige Logik nicht mehr interpretierbar sind. In solchen Fällen muss die gleiche Logik, welche die Daten im operativen System zu Informationen zusammenführt, auch im Data Warehousing System verfügbar sein.

9.8.9 Verwaltung der Metadaten

Das erfolgreiche Management der Metadaten spielt für den Erfolg eines Data Warehousing Systems eine entscheidende Rolle. Der Grund hierfür liegt in drei wesentlichen Anforderungen, die an jedes Data Warehousing System gestellt werden:

Alle Meta-Informationen dokumentiert

1. Die Qualität der Daten und Informationen muss hohen Ansprüchen genügen. Dies bedeutet, dass alle Daten im Data Warehouse mit ihren Beschreibungen und Definitionen in einem Metadaten-System verknüpft und diese Meta-Informationen für den Benutzer zugänglich und verständlich sein müssen. Aus Gründen der Glaubwürdigkeit der Informationen haben dem Anwender die Herkunft der Daten und die Prozesse, mit denen sie bearbeitet wurden, transparent gemacht zu werden. Auch diese Informationen sind im Metadaten-System gespeichert und müssen für die Anwender abrufbar sein.

Wiederverwendung

2. Das Data Warehousing System hat neue oder erweiterte Informationsbedürfnisse schnell zu befriedigen. Hierzu ist es notwendig, alle relevanten Daten über das Data Warehousing System und die potentiellen Datenquellen zuverlässig und schnell im Zugriff zu haben. Auch hier dient das Metadaten-System. Damit ist die Wiederverwendung bereits bestehender Prozesse und vorhandener Daten sowie die effiziente Erschliessung neuer Datenquellen zu gewährleisten.

Verwendungsnachweis

3. Das Data Warehousing System muss schnell und zuverlässig Änderungen in den Datenquellen adaptieren; umgekehrt sind bei Änderungen in den Datenquellen die Auswirkungen auf die Data Warehousing Prozesse zu analysieren. Es ist unabdingbar, alle Prozesse im Metadaten-System beschrieben und mit den Metadaten verknüpft zu haben.

9.8.10 Integration der technischen Komponenten

Ohne ein seriöses Management der Metadaten und den Einsatz leistungsfähiger Metadaten-Systeme sind umfangreiche Data Warehousing Systeme mit den genannten Eigenschaften nicht zu betreiben.

Integration der technischen Komponenten

Die Integration der verschiedenen technischen Komponenten eines Data Warehousing Systems ist für die Flexibilität, Robustheit und Effizienz erforderlich. Wie bereits erwähnt, ist ein Data Warehouse kein Produkt, das man kaufen kann, sondern man muss es bauen.

Integrationsarbeit

Einzelne Werkzeuge lassen sich für die technischen Systemkomponenten kaufen, welche zur Realisierung der Data Warehouse Architektur notwendig sind. Leider bietet kein Hersteller eine Werkzeugpalette an, die vollständig integriert ist. Es ist vielmehr die Regel, dass von verschiedenen Herstellern Produkte für verschiedene Systemkomponenten bezogen werden und ein nicht unerheblicher Teil der Integrationsarbeit selbst geleistet werden muss.

Evaluierung

Der Trend geht aber eindeutig dahin, dass Werkzeuge besser miteinander integriert werden. Hierzu dienen wiederum Metadatensysteme, wie Directories, Repositories oder werkzeugspezifische Schnittstellen-Systeme. Bei der Evaluierung von Data Warehouse Produkten sollte man neben der Funktionalität auf jeden Fall sehr stark auf die Integrierbarkeit mit anderen Produkten achten, um so den eigenen Aufwand zu minimieren.

9.8.11 Beachtung der besonderen Sicherheitsaspekte

Data Warehousing bedingt die Beachtung spezifischer Sicherheitsaspekte. Da für ein Data Warehouse die Daten häufig aus jenem Kontext, für die sie ursprünglich vorgesehen gewesen sind, herausgelöst und in einem neuen Kontext mit anderen Daten verknüpft werden, ist es ratsam, in Data Warehousing Projekten frühzeitig Aspekte der Datensicherheit und des Datenschutzes zu berücksichtigen.

Datenschutzgesetze

Alle modernen Datenschutzgesetze oder auch die Europäischen Datenschutzrichtlinien beruhen auf dem Grundsatz, dass Daten prinzipiell nur für jene Zwecke verwendet werden dürfen, für die sie erhoben wurden.

Entwicklung Sicherheitskonzepte

Das Prinzip des Data Warehousing ist es aber, Daten aus den Quellensystemen aus ihrem ursprünglichen Kontext herauszulösen und im Data Warehousing System in einen anderen Kontext für andere als die originären Zwecke zur Verfügung zu stellen. Um hier Konflikte mit dem Datenschutzgesetz, aber auch mit anderen Gesetzen wie beispielsweise dem Bankgeheimnis, und mit unternehmens-internen Regularien zu vermeiden, müssen entsprechende Sicherheitskonzepte entwickelt und technisch wie organisatorisch implementiert werden. „Ein Data Warehouse oder Data Mart muss von Anfang an datenschutzkonform geplant und entwickelt werden." [Schweizer 1999]

Eigentümerschaft versus Nutzer

In den Unternehmen können auch Konflikte entstehen zwischen der Eigentümerschaft von Daten einerseits und andererseits dem Anspruch, dass Daten eine Ressource des Gesamtunternehmens darstellen. Wie weit geht die Dateneigentümerschaft und dessen Verantwortung für die Sicherheit und den Schutz der Daten? Neue Sicherheitsfragen können sich auch durch die Verwendung von Data-Mining-Prozessen auf umfangreichen Datenbeständen ergeben.

Sicherheit und Data-Mining

In traditionellen Datenbankabfragen wird gezielt nach Informationen in den Datenbanken gesucht. Die Datenbankanfrage muss explizit formuliert werden. Damit können Sicherheitsmechanismen implementiert werden, die bestimmte Anfragen zurückweisen und damit die Daten gegen unberechtigten Zugriff schützen. Mit Data-Mining wird auch nach Mustern in den Daten gesucht; diese Datenbankanfragen sind unstrukturierter und weit weniger selektiv und bearbeiten weit grössere Datenbestände. Dies macht Sicherheitskonzepte erheblich schwieriger.

Das Unternehmen, welches Data Warehousing und Data-Mining betreiben will, muss hierfür ein umfassendes Sicherheitskonzept entwickeln. Dies kann nicht einzelnen Projekten überlassen werden.

9.8.12 Zusammenstellung des Teams

Für den Erfolg des Data Warehousing Vorhabens ist die richtige Zusammenstellung des Teams von besonderer Wichtigkeit. Dies bedeutet, dass bei der Besetzung des Projektteams auf die Besonderheiten eines Data Warehousing Projektes Rücksicht zu nehmen ist. Durch das Data Warehousing entstehen teilweise neue Funktionen, die besetzt werden müssen.

9.8 Die kritischen Erfolgsfaktoren

Rollen im Projekt

Zu unterscheiden ist vor allem zwischen Rollen im Kern-Team und im erweiterten Team. Bei Bedarf werden noch weitere Rollen ins Projekt miteinbezogen. Die typischen Rollen in einem Data Warehouse Projekt sind kursiv dargestellt.

Die Tabelle 9-3 zeigt in Anlehnung an [TDWI 1996] eine Übersicht über die verschiedenen Rollen, die in einem umfangreichen Data Warehouse Projekt über die verschiedenen Iterationen wahrgenommen werden sollten.

		Involvierte Rollen	
Rollen des Kernteams	**Rollen des erweiterten Teams**		
• *Data Warehouse Manager* • *Technischer Projektmanager* • *Data Warehouse Organisations-Manager*	• *Data Warehouse Projektsponsor*	• *Unternehmens- oder Bereichsleitung* • *Informatikleitung*	**Ebene Projekt**
• *Analytiker der Informationsbedürfnisse* • *Entwickler für Datenzugriffe, Datenvisualisierung, Business Intelligence Data Mining Prozesse*	• *Projektsponsor für die aktuelle Iteration* • *Experte aus dem Fachbereich* • *Technische Unterstützung* • *Benutzer aus der Zielgruppe*	• *Trainer* • *Potentielle zukünftige Benutzer* • *Alle Fachbereichsmitarbeiter*	**Ebene Benutzer**
• *Metadaten-Manager*		• *Benutzerunterstützung (Help Desk)*	
	• *Daten-Administrator*		**Ebene Daten**
• *Data Warehouse Architekt* • *Entwickler der Daten-Akquisitionslogik* • *Daten-Qualitäts-Analytiker*	• *Datenbank-Administratoren der Datenquellensysteme* • *Verantwortliche und Datenadministratoren der Datenquellen-systeme*	• *Anbieter externer Daten* • *Anbieter von Datenbank-Management-Systemen, Daten-Akquisitionssoftware, Repositorysystemen*	
• *Data Warehouse Datenbank-Administratoren* • *Data Warehouse Entwickler*	• *Systemarchitekten* • *Technische Experten (Betriebssystem, Netzwerk, Kommunikationssoftware, Middleware)*	• *Entwickler der Datenquellensysteme* • *Hard-/Software Anbieter* • *Operating*	**Ebene Technik**

Tabelle 9-3: Rollen in einem Data Warehouse Projekt

9.8.13 Überwachung der Data Warehouse Nutzung

Die Nutzung des Data Warehouse muss unterstützt und überwacht werden. Es wurde bereits darauf hingewiesen, dass die Schulung der Anwender des Systems in der Projektplanung zu berücksichtigen ist. Nach der Fertigstellung eines Inkrements des Warehousing Systems sollten die Anwender weiter unterstützt und die Nutzung des Systems überwacht werden.

Systemverhalten überwachen

Diese Überwachung lässt einerseits Rückschlüsse auf ein optimiertes Systemverhalten zu und erlaubt andererseits die Ermittlung von besonders häufig, durchschnittlich, seltener oder nie abgefragten Daten. Diese Analysen sind für die ständige Verbesserung des Systems von grossem Wert.

Nearline Storage

Es gibt Analysen bei sehr grossen Data Warehousing Systemen, die belegen, dass bis zu 90% aller im Data Warehousing System gespeicherten Daten selten oder überhaupt nicht verwendet werden [Inmon 1999]. Solche Daten auf sogenannten DASD (Direct Access Storage Disk) zu speichern, ist enorm teuer. Modernes Storagemanagement, welches erkennt wann es sinnvoll ist, Daten auf billigeren Speicherplatz (Nearline Storage) auszulagern und trotzdem noch im Warehouse im Zugriff zu behalten, kann die Systemkosten dramatisch reduzieren. Erkauft wird die Verwendung billigeren Speichers mit etwas längeren Zugriffszeiten, wenn die Daten nicht direkt von der Platte geholt werden können.

9.8.14 Nutzung von externer Expertise

Man sollte von anderen im Positiven wie im Negativen zu lernen versuchen. Data Warehousing ist in jeder Beziehung ein komplexes Vorhaben, das mit hohen Investitionen verbunden ist. Von daher ist es gerechtfertigt, jede denkbare Massnahme zu ergreifen, um die Wahrscheinlichkeit für den Erfolg des Vorhabens zu steigern.

Externe Experten

Eine ganz entscheidende Einstellung ist die Bereitschaft von anderen DW-Projekten zu lernen. Das Geld, welches in die Nutzung einer externen Expertise investiert wird, sei es in Form von Schulungen, Besuchen von Konferenzen, Mitarbeit in Benutzervereinigungen oder Engagement von Experten im Projekt ist in der Regel gut angelegt. Dabei ist darauf zu achten, dass sich die Lernkurve im Unternehmen selbst gezielt nach oben entwickelt.

Gefahr des Scheiterns

Auch wenn Data Warehousing heute bereits als „Mainstream" bezeichnet wird, womit gemeint ist, dass der Aufbau eines umfangreichen Warehousing Systems eine Informatik-Disziplin wie jede andere ist, und im Grossen und Ganzen beherrscht wird, sprechen aktuelle Umfragen wie auch die Beratungspraxis der Autoren häufig eine andere Sprache [Schwinn 2000].

Das komplexe Datenmanagement wird leider immer noch allzu häufig unterschätzt, die Auftraggeber haben unrealistische Erwartungen und werden von manchen Beratern und Verkäufern in dieser Erwartungshaltung auch noch unterstützt. Bei der Auswahl der Partner sollte daher vor allem deren Datenmanagementkompetenz im Vordergrund stehen.

9.9 Strategischen Dimensionen des Data Warehousing

9.9.1 Auswirkungen auf die Organisation des Datenmanagements

Die besten Voraussetzungen für den Erfolg eines Data Warehousing Vorhabens finden sich naturgemäss in jenen Unternehmen, die bereits ein professionelles Datenmanagement betreiben.

DM Disziplinen für DWH

Data Warehousing führt alle Disziplinen des modernen Datenmanagements zusammen: Entwurf von Datenarchitekturen und Datenmodellen, Entwicklung von Datenmigrationsszenarien und Durchführung der Datenmigration mit verschiedenen technischen Hilfsmitteln, Einsatz moderner Datenbanktechnologie, Verwaltung komplexer Datenbankanwendungen, Einsatz von Repositorysystemen und integriertes Metadatenmanagement sowie Daten-Qualitätsmanagement.

DWH als Initiative für modernes Datenmanagement

Dort, wo ein umfassendes Datenmanagement nicht vorhanden ist, sollten Data Warehouse Initiativen dazu genutzt werden, ein modernes Datenmanagement zu etablieren, bislang verstreute Organisationseinheiten zusammenzuführen und Synergien freizusetzen. Data Warehousing kann den Aufbau eines integrierten Datenmanagements fördern oder sogar erzwingen.

DWH erübrigt klassische Funktionen

Umgekehrt wird ein erfolgreiches Data Warehousing auch auf die Organisation des Datenmanagements oder anderer Organisationseinheiten zurückwirken und einige klassische Funktionen in Frage stellen. Eine leistungsfähige Data Warehouse Infrastruktur emanzipiert die Mitarbeiter in den Fachabteilungen dahingehend, dass sie bei der Suche nach Daten und Informationen im Informationssystem des Unternehmens möglichst unabhängig von der Unterstützung der Informatikabteilungen sein sollten. Dies macht

9 Data Warehousing - strategisch betrachtet

die klassische Auskunftsbereitschaft (oder die Information Centers) als Organisationseinheiten in den Unternehmen langfristig überflüssig.

Das Wissen der dort engagierten Mitarbeiter ist aber nach wie vor wertvoll. Sie kennen in der Regel die Daten der Quellensysteme sehr gut. Daher sollten ihre Kenntnisse im Data Warehousing genutzt werden und die Mitarbeiter neue Aufgaben in diesem Umfeld übernehmen.

9.9.2 Data Warehousing als strategische Komponente im Unternehmen

Geschäftsstrategien werden entwickelt, um Wettbewerbsvorteile gegenüber der Konkurrenz zu erzielen, diese langfristig zu sichern und die Position des Unternehmens am Markt zu stärken. Die Kategorien, in denen solche Strategien entwickelt werden können, zeigt der folgende Überblick:

Tabelle 9-4:
Die Kategorien der Strategieentwicklung

Kategorie	Ausprägung
Kostenvorteil	die Fähigkeit, preiswerter anzubieten
Produktvorteil	die Fähigkeit, Produkte und Dienstleistungen anzubieten, die aufgrund ihrer Qualität gefragter sind
Fokussierung	die Fähigkeit, die spezifischen Bedürfnisse bestimmter Märkte und/oder Kunden besser zu befriedigen
Geschwindigkeit	die Fähigkeit, Markt- und Kundenbedürfnisse schneller zu befriedigen
Flexibilität	die Fähigkeit, Änderungen am Markt schneller zu adaptieren
Marketing	die Fähigkeit, Produkte und Dienstleistungen auch mit Einschränkungen zu verkaufen.

Strategisches Denken unterscheidet sich wesentlich von jenem Denken, das zur Lösung taktischer oder routinemässiger Problemstellungen angewendet wird. Die Abbildung 9-14 zeigt in Anlehnung an [Boar 1994] die Dimensionen, in denen Denken stattfinden kann.

Abbildung 9-14: Dimensionalität des Denkens: punktbezogenes Denken

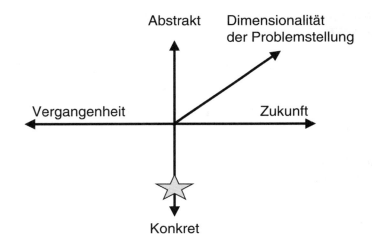

Üblich ist das punktbezogene Denken für die Lösung täglicher, profaner Problemstellungen. Es wird jeweils nur über eine Problemstellung, in der Gegenwart und im Konkreten nachgedacht. Für die meisten routinemässigen Problemstellungen ist solches Denken absolut ausreichend und sinnvoll.

Abbildung 9-15: Dimensionalität des Denkens: raumbezogenes Denken

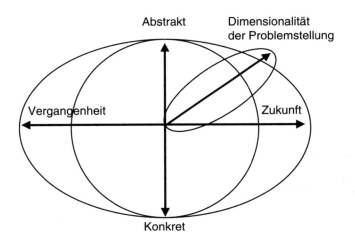

Denken in Lösungsräumen bedeutet demnach, in verschiedenen Problemkategorien (vgl. Tabelle 9-4), über verschiedene Abstraktionsstufen und in unterschiedlichen Zeiträumen zu denken. Was hat dies alles nun mit dem Data Warehouse Ansatz zu tun?

9 Data Warehousing - strategisch betrachtet

Lösungsräume im DWH

Wie wir gesehen haben, erfordert strategisches Denken Mehrdimensionalität, das Denken in Lösungsräumen. Eine der drei Dimensionen des strategischen Denkens ist die Dimension *Zeit*. Ein Data Warehouse ermöglicht das Navigieren in dieser Dimension, über verschiedene Abstraktionsstufen und in verschiedenen Sichten auf die Daten des Unternehmens. Die Zeitdimension im Data Warehouse erlaubt nicht nur einen Blick zurück in die Vergangenheit, sondern mit der Entwicklung und dem Einsatz von Prognosemodellen auch eine Adaption der Zukunft.

Abbildung 9-16: Wertschöpfungskette

In der Wertschöpfungskette unterstützt das Data Warehouse zunächst einmal nur die beiden ersten Glieder. Beim Einsatz von Data-Mining-Techniken und Prognosemodellen teilweise auch noch das dritte. Die Qualität der Daten- und Informationsbereitstellung bildet die Grundlage, auf der sich die Qualität von Wissen, Entscheiden und Handeln entwickeln und steigern kann. Zusätzlich fordert und fördert der Umgang der Mitarbeiter mit den Informationen aus dem Data Warehouse das mehrdimensionale, strategische Denken.

DWH System als Ergebnis strategischer Überlegungen

So betrachtet, ist die Einführung eines Data Warehousing Systems in einem Unternehmen selbst das Ergebnis strategischer Überlegungen, um die strategische Schlagkraft des Unternehmens als Ganzes zu erhöhen. Dieser Effekt wird noch gesteigert, wenn die Einführung des Data Warehousing-Systems durch organisatorische und personelle Massnahmen begleitet wird, welche die Nutzung und den Nutzen des Informationssystems erhöhen.

9.9 Strategischen Dimensionen des Data Warehousing

Zu diesen Massnahmen gehören die prozess-orientierte Organisation der Informationsbereitstellung und –nutzung, die Schulung und Weiterbildung der Mitarbeiter, die Verfügbarkeit aller relevanten Informationen zum richtigen Zeitpunkt am richtigen Ort und in der erforderlichen Qualität, sowie die weitgehende, funktionsgerechte Delegation von Verantwortung und Kompetenzen in der Informationsnutzung und -verarbeitung auf jede Mitarbeiterstufe.

Data Warehousing verlangt nicht nur das Denken in IT-Kategorien, sondern muss den Umgang mit Informationen im gesamten Unternehmen positiv beeinflussen.

9.10 Kernaussagen zum Data Warehouse

1. *Die Konzepte und Technologien für umfangreiche und komplexe Data Warehousing Projekte sind heute vorhanden und erprobt.*
2. *Ein erfolgreiches Data Warehouse sollte nicht nur Daten, sondern auch Metadaten und auch Logik integrieren.*
3. *Die Integration eines Operational Data Store erweitert die Architektur zu einer Corporate Information Factory.*
4. *Die Entwicklung einer Datenarchitektur und eines konsistenten Zeitkonzeptes ist eine notwendige Voraussetzung für erfolgreiches Data Warehousing.*
5. *Ein gemischter Top-Down/Bottom-Up-Ansatz ist für den Aufbau eines Data Warehouses empfehlenswert.*
6. *Die Beachtung kritischer Erfolgsfaktoren ist für ein erfolgreiches Data Warehousing unabdingbar.*
7. *Die effiziente Nutzung der Daten in einem Data Warehouse setzt eine hohe Qualität der präsentierten Daten voraus.*
8. *Die WEB-Integration der Data Warehouse Daten und die Verwendung von Informationsportalen erhöht die Effizienz der Data Warehouse Nutzung, der Verteilung der Daten und den Informationswert.*
9. *Data Warehousing fördert das mehrdimensionale, strategische Denken und erhöht die Lösungskompetenz der Mitarbeiter auf allen Stufen des Unternehmens.*
10. *Data Warehousing führt viele Disziplinen des Datenmanagements zusammen. Ein leistungsfähiges, integriertes Datenmanagement ist daher die beste Voraussetzung für erfolgreiche Data Warehousing Vorhaben.*

10 Integriertes Datenmanagement – die Basis für Customer Relationship Management

Wir wollen am Beispiel der aktuellen Diskussion über das betriebswirtschaftliche Konzept des Customer Relationship Managements aufzeigen, welchen direkten Geschäftsnutzen ein integriertes Datenmanagement generieren kann.

Abbildung 10-1: Informationsmanagement

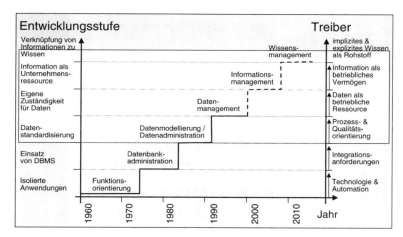

Es wird deutlich, dass nahezu alle Datenmanagement-Disziplinen, die bisher in diesem Buch diskutiert wurden, von der Datenbanktechnologie, über die Datenarchitektur und Datenmigration bis zum Aufbau einer Corporate Information Factory in einem umfassenden Customer Relationship Management System zusammenfliessen und dessen erfolgreicher Aufbau die Beherrschung des Datenmanagements verlangt. Datenmanagement und Data Warehousing sind zwar nicht identisch mit CRM, aber sie machen integriertes Customer Relationship Management erst möglich.

10 Integriertes Datenmanagement – die Basis für Customer Relationship Management

10.1 Was ist Customer Relationship Management?

Für Customer Relationship Management gibt es keine einheitliche Definition. Wir lehnen uns mit der folgenden Definition an OVUM [OVUM 1999] an, haben die dortige Beschreibung aber etwas erweitert:

Definition Customer Relationship Management

> Customer Relationship Management ist ein Konzept und eine Management-Disziplin, die Organisationen in die Lage versetzen soll, ihre profitabelsten Kunden zu identifizieren und langfristig zu binden. Ausserdem sollen weniger profitable Kunden durch "Cross-Selling" respektive "Up-Selling" profitabler werden, neue Kunden angesprochen und akquiriert werden. Das übergeordnete Ziel ist es, die Profitabilität des Unternehmens insgesamt zu erhöhen.

Schritte des CRM

Die wesentlichen Schritte des CRM-Prozesses sind aus der Sicht des Unternehmens die folgenden (vgl. auch [Peppers/Rogers/Dorf 1999]):

- Kundenidentifikation
- Kundendifferenzierung
- Kundenkommunikation- und interaktion
- Individualisierung und Personalisierung

10.1.1 Kundenidentifikation

Zunächst einmal müssen die Kunden eindeutig identifiziert werden. Dies klingt einfacher als es in vielen Fällen ist. Wir erinnern uns an die Diskussionen in den Kapiteln 5 und 9 (Unternehmensmodellierung und Data-Warehousing) über die Problematik inkonsistenter Datenbestände. Dieses Problem trifft auch den Aufbau von CRM-Systemen.

Kundendaten verteilt über mehrere Systeme

Häufig besteht eben keine konsistente, integrierte Sicht auf die Kundendaten und die Geschäftsbeziehungen, welche die Kunden mit dem Unternehmen unterhalten. Die Kundendaten sind über mehrere operative Systeme verteilt, die Integration der Daten muss erst noch vorgenommen werden. Dies ist ein typisches Problem, vor dem man bei Data-Warehousing-Projekten steht, die Vorgehensweise kann daher ähnlich sein.

Adressmanagementsysteme

Zusätzlich können Adressmanagementsysteme eingesetzt werden, um einerseits durch Adressmatching die Kunden zu identifizieren und die Kundendaten aus verschiedenen Quellsystemen zusammenzuführen, andererseits aber auch, um allfällige Adressbereinigungen durchzuführen.

10.1 Was ist Customer Relationship Management?

Ansatz Kundenbindungssysteme

Eine weitere Möglichkeit, die Kundendaten und Geschäftsbeziehungen zu integrieren, besteht im Aufbau sogenannter Kundenbindungssysteme. Die Unternehmen offerieren ihren Kunden beim Kauf ihrer Produkte oder der Inanspruchnahme ihrer Dienstleistungen bestimmte Vergünstigungen, die sie beispielsweise in Form von Bonuspunkten erhalten und dazu berechtigen, wiederum Produkte oder Dienstleistungen zu beziehen. Oft schliessen sich auch Partnerunternehmen zusammen, die solche Dienste anbieten. Bekannt sind zum Beispiel die Bonusmeilen grosser Fluggesellschaften, welche bei Partnerunternehmen innerhalb einer Allianz eingelöst werden können.

Bekanntgabe Geschäftsbeziehung durch Kunden

Die Kunden, welche sich in solche Kundenbindungssysteme integrieren, geben dem Unternehmen neben ihren Personalien oft möglichst viele ihrer Geschäftsbeziehungen zu dem Unternehmen und auch zu Partnerunternehmen an, um in den Genuss möglichst vieler Vergünstigungen zu kommen. Da jetzt der Kunde selbst quasi die Daten seiner verschiedenen Geschäftsbeziehungen angibt, erleichtert dies den Unternehmen erheblich die Integration der Daten und die Identifikation der Kunden.

Vergabe eindeutiger Identifikationsschlüssel

In einigen Branchen, wie dem Einzelhandel, wo der Kunde beim Einkauf grundsätzlich anonym bleibt, ist ein solches Kundenbindungssystem sogar die einzige Möglichkeit, die Kunden zu identifizieren. In CRM-Systemen ist daher häufig die Datenbank des Kundenbindungssystems die einzige Quelle, wo die Kunden einen über das gesamte Informationssystem eindeutigen Identifikationsschlüssel erhalten, welcher dann für die Kundenidentifikation genutzt werden kann.

Initialaufwand der Identifizierung

Der Initialaufwand bestehende und neue Kunden mit all ihren Geschäftsbeziehungen zu identifizieren und sie mit einem eindeutigen Identifikationsschlüssel zu versehen muss beim Aufbau eines CRM-Systems häufig zuerst noch erbracht werden, da solche Identifikationen im bestehenden System oft nicht vorliegen. Danach sollte bei jeder weiteren Kontaktaufnahme des Kunden die Identifikation automatisch erfolgen.

10.1.2 Kundendifferenzierung

Definition

Die Kunden müssen differenziert werden. Aus der Sicht des Unternehmens sind nicht alle Kunden gleich, sondern einige sind, gemessen an den Zielen des Unternehmens (Profitabilität, Wachstum, Marktpräsenz, etc.) wichtiger als andere. Um eine gezielte Differenzierung vornehmen zu können, müssen die Basisdaten vorhanden sein und in der nötigen Qualität vorliegen.

10 Integriertes Datenmanagement – die Basis für Customer Relationship Management

Ziele CRM — Zu den Zielen des Customer Relationship Managements gehört gemäss unserer obigen Definition, die profitablen Kunden langfristig zu binden, und andere Kunden wo immer möglich durch gezielte Verkaufsmassnahmen profitabler zu machen.

Grundlegende Informationen — Hierzu muss das Unternehmen über mindestens zwei grundlegende Informationen verfügen. Erstens muss das Unternehmen wissen, welche Margen jeweils mit den einzelnen Produkten und Dienstleistungen des Unternehmens erzielt werden. Zweitens muss bekannt sein, welchen Beitrag die Kunden jeweils zum Unternehmenserfolg leisten also deren Profitabilität aus der Sicht des Unternehmens.

Kundensegmentierung — Basierend auf diesen Grunddaten kann dann eine Kundensegmentierung vorgenommen werden. Diese erlaubt dann, definierte Massnahmen für bestimmte Kundensegmente einzuleiten. Im Ergebnis würden dann aber wieder alle Kunden eines bestimmten Kundensegmentes gleich behandelt. Die meisten CRM-Systeme funktionieren heute nach diesem Muster.

Customer Life Cycle Value — Anzustreben ist aber eine Individualisierung des Beziehungsmanagements. Dies ist nur möglich, wenn keine Segmentierung vorgenommen wird, sondern der Wert der individuellen Kundenbeziehung heute und künftig zum Massstab genommen wird. Hierzu wird mit Hilfe mathematischer Modelle versucht, den sogenannten Customer Life Cycle Value zu bestimmen. Die Erstellung von Vorhersagemodellen durch Data Mining Techniken (Predictive Modeling) spielt hier eine herausragende Rolle.

10.1.3 Kundenkommunikation und -interaktion

Definition — Mit den Kunden wird kommuniziert und in Interaktion getreten. Nachdem die Kunden identifiziert und möglichst individuell auch differenziert wurden, sind Massnahmen zu definieren und einzuleiten, wie durch gezielte Interaktion mit den Kunden die Unternehmensziele besser erreichen werden können. Die Interaktion mit dem Kunden bedeutet die gezielte Nutzung der Analyse- und Modellierungsresultate für die Verbesserung und den Ausbau des operativen Geschäftes.

Kommunikationskanäle — Für die Kommunikation und Interaktion sollten alle verfügbaren Kanäle genutzt werden. Solche Kanäle sind beispielsweise die Kundenberater vor Ort oder in einer Filiale, das Telefon und ein Call-Center, Mailings, Automaten wie beispielsweise Bankautomaten, Internet, WAP, SMS-Nachrichten, usw..

Kampagnenmanagementsystem

Teil dieser Infrastruktur ist auch ein Kampagnenmanagementsystem, das Werbekampagnen steuert und überwacht, sowie die Resultate der Kampagnen zur weiteren Analyse in das Informationssystem zurück fliessen lässt.

Notwendige Rückmeldungen

Wichtig ist bei jeder Kommunikation mit dem Kunden, dass nicht nur Botschaften hauptsächlich Verkaufsbotschaften generiert werden, sondern dass aktiv interagiert wird, dass Rückmeldungen vom Kunden erzeugt und im Informationssystem aufgenommen werden. Nur so kann ein lernendes System entstehen, das immer bessere Resultate in Bezug auf das Beziehungsmanagement erzeugt. Der Regelkreis zwischen Analyse und Modellierung einerseits, aktivem Geschäft sowie Aufzeichnung des Geschäftes und der Rückmeldungen der Kunden andererseits muss in einem integrierten und erfolgversprechenden CRM-System geschlossen sein.

10.1.4 Individualisierung und Personalisierung

Definition

Der Kunde erhält eine individualisierte und personalisierte Dienstleistung, also ein Produkt. Von der Erfüllung dieser Forderung sind wir bei Massenprodukten oder standardisierten Dienstleistungen im Banken- und Versicherungsbereich noch weit entfernt. Bei hochwertigen Konsum- oder Investitionsgütern ist zumindest in gewissen Grenzen die individuelle Gestaltung selbstverständlich.

Beispiele von Individualisierung

Die Zeiten, in denen Henry Ford seine Tin Lizzy mit dem Slogan anpreisen konnte „You can get it in each colour as long as it's black" sind vorbei. Manche Zeitungen wie etwa das Wall Street Journal bieten individualisierte Nachrichtendienste oder sogar eine personalisierte elektronische Zeitung an, welche nur jene Themenbereiche enthält, die den jeweiligen Leser interessieren.

Individualisierung der Kundenansprache

Mit der Individualisierung der Kundenansprache im Massengeschäft werden zunehmend auch andere Standardprodukte und -Dienstleistungen individuell ausgestaltet. Der mündige Kunde, der beispielsweise mit einem Finanzdienstleister elektronisch interagiert, wird sich kaum noch mit den verschiedenen Finanzdienstleistungsangeboten und deren möglichen Kombinationen im Detail auseinandersetzen wollen. Er möchte vielmehr sein Problem oder Bedürfnis formulieren und individuelle Produktvorschläge erhalten.

10 Integriertes Datenmanagement – die Basis für Customer Relationship Management

Abbildung 10-2: Kundenprozess vs. Geschäftsprozess

Autofinanzierung versus Autokauf

Aus der Optik des Kunden ist nämlich der Prozess, in dem er sich befindet (Kundenprozess), nicht notwendigerweise identisch mit dem Geschäftsprozess aus der Sicht des Unternehmens. Ein Kunde, der sich beispielsweise im Prozess des „Autokaufs" befindet, wird von einem reinen Kreditinstitut nur im Teilprozess „Autofinanzierung" wahrgenommen. Bietet beispielsweise ein Autohändler jede im Prozess „Autokauf" erforderliche Dienstleistung inklusive der notwendigen Finanzierung aus einer Hand an unterstützt also aus der Sicht des Kunden die gesamte Prozesskette werden es konventionelle Kreditinstitute schwer haben, mit den Kunden dieses Händlers noch ins Geschäft zu kommen.

Vor allem Banken haben in der Vergangenheit viel Geschäftsvolumen verloren, weil sie diese Zusammenhänge speziell im Massengeschäft zu wenig beachtet haben. Ein Kunde, der sein neues Auto nicht bar bezahlen, sondern finanzieren will, hat nicht primär das Bedürfnis, einen Kredit zu erhalten, sondern er möchte ein Auto kaufen. Viele Autofirmen haben dies schneller erkannt als die Geschäftsbanken. Sie bieten seit langem beim Kauf eines Autos angepasste Finanzierungen an, die wesentlich günstiger als konventionelle Kredite sind nach dem Motto „Alles aus einer Hand". Inzwischen reagieren die Geschäftsbanken mit entsprechenden Angeboten, in denen zunächst nicht die Finanzierungsdienstleistung, sondern beispielsweise eine Vermittlungsdienstleistung im Vordergrund steht. Die Finanzierung ist dann eigentlich ein reines Folgegeschäft. Diese Leistungen werden immer häufiger über Kunden- oder Prozessportale im Internet angeboten.

Fähigkeit rasche Produktanpassungen

Um Produkte und Dienstleistungen in diesem Sinne individualisiert anbieten zu können, muss das Unternehmen auch die Fähigkeit besitzen, neue Produkte schnell zu kreieren, Produkte zu Produktbündeln und ganzen Lösungen kombinieren zu können. In der Industrie ist diese Fähigkeit traditionell vorhanden, in der Dienstleistungs- und speziell Finanzdienstleistungsbranche muss sie erst noch geschaffen werden.

10.2 Lebenszyklus der Kunden

Personalisierung

Mit der Individualisierung eng verbunden ist auch die Personalisierung. Die Ansprache des Kunden und das Angebot der Produkte und Dienstleistungen erfolgt auf die jeweilige Person zugeschnitten. Diese Personalisierung wird unterstützt durch Profile, die auf Grund der Interaktionen in der Vergangenheit und daraus abgeleiteter Vorhersagen auf das mögliche Verhalten in der nahen Zukunft erstellt werden.

10.2 Definition

Lebenszyklus der Kunden

Im Zusammenhang mit Customer Relationship Management ist immer wieder vom Lebenszyklus des Kunden und dem Wert der Kundenbeziehung (*Customer Life Cycle Value*) die Rede. Es soll daher kurz dargestellt werden, wie der Lebenszyklus des Kunden betrachtet werden kann.

Abbildung 10-3: Lebenszyklus der Kunden

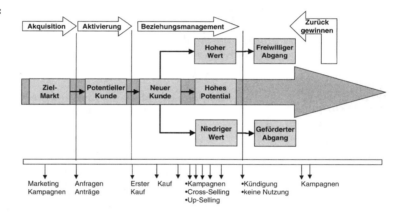

Aus der Sicht des Unternehmens beginnt der Lebenszyklus des Kunden lange bevor er Kunde ist. Der gesamte Zielmarkt besteht aus potenziellen und aktiven Kunden. Es gilt in einem umfassenden, den gesamten Lebenszyklus unterstützenden Prozess, die potentiellen Kunden zu gewinnen und die aktiven Kunden zu halten. Dies ist verbunden mit einer Reihe von Aktivitäten und Ereignissen, wie sie in Anlehnung an [Berry/Linoff 2000] in der Abbildung 10-3 skizziert sind.

Akquisition und Aktivierung

Marketing-Kampagnen dienen dazu, den Zielmarkt zu bearbeiten und potenzielle, bislang unbekannte Kunden zu akquirieren. Sind potenzielle Kunden aufmerksam geworden und richten Anfragen an das Unternehmen, gilt es, diese Kunden zu aktivieren, zum Kauf anzuregen und damit zu neuen Kunden zu machen. Im Laufe der Geschäftsbeziehung zeigt sich, welchen Wert diese

10 Integriertes Datenmanagement – die Basis für Customer Relationship Management

Geschäftsbeziehung für das Unternehmen generiert (hoch oder niedrig) oder welches Potential erwartet werden kann.

Beziehungsmanagement
Aktives Beziehungsmanagement soll den Verlust wertvoller Kundenbeziehungen verhindern, aber auch den Abgang unprofitabler Kunden fördern. Im Falle des Verlustes profitabler Kunden sind Massnahmen einzuleiten, diese Kunden zurückzugewinnen. Die Phasen der Kunden-Akquisition, -Aktivierung und Zurückgewinnung sind meist mit grossem Aufwand und hohen Kosten verbunden. Daher kommt vor allem dem Beziehungsmanagement mit den aktiven Kunden eine grosse ökonomische Bedeutung zu, die im folgenden Abschnitt diskutiert wird.

10.3 Ökonomische Bedeutung von CRM-Systemen

CRM wird keine Modeerscheinung bleiben, sondern es rechnet sich und ist insoweit für nahezu jedes im Wettbewerb stehende Unternehmen eine existenzsichernde Notwendigkeit. Einige eindrucksvolle Analysen über die Wirtschaftlichkeit der langfristigen Kundenbindung hat Frederick F. Reichfeld in "The Loyality Effect" [Reichfeld 1996] vorgelegt.

Abbildung 10-4: Auswirkungen von Kundenloyalität auf den Profit

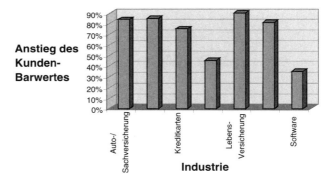

Die Abbildung 10-4 [Reichfeld 1996] zeigt die Auswirkungen auf den Kunden-Barwert einer um 5% steigenden Kundenbindung in verschiedenen Branchen. Besonders hohe Werte erreicht die Finanzindustrie, was erklärt, warum gerade in dieser Branche besonders grosse Anstrengungen auf dem CRM-Sektor unternommen werden.

10.3 Ökonomische Bedeutung von CRM-Systemen

Abbildung 10-5: Effekte auf Kosten und Erträge loyaler Kunden

Die Abbildung 10-5 stellt die wichtigsten ökonomischen Effekte der Kundenloyalität dar. Die absoluten Werte werden sich von Fall zu Fall unterschiedlich darstellen, die Komponenten und ihre Relationen zueinander dürften aber generellen Charakter haben.

Akquisitionskosten

Die Akquisitionskosten können am Beispiel der Kreditkartenindustrie dargestellt werden. Um *einen neuen* Kunden zu werben, müssen einige Tausend Mailings verschickt werden, eine Bonitätsprüfung durchgeführt, eine Versicherung abgeschlossen und ein Konto eröffnet werden, was entsprechende Kosten generiert.

Basisprofit

Der Basisprofit ergibt sich aus jenen Geschäften, die nahezu jeder Kunde, unabhängig von der Fristigkeit seiner Geschäftsbeziehung, mit dem Unternehmen tätigt. Je länger der Kunden gebunden werden kann, desto länger erhält das Unternehmen diesen Basisprofit.

Umsatzwachstum

In den meisten Branchen erhöht der Kunde sein Geschäftsvolumen mit dem Unternehmen im Laufe der Jahre wenn er gut bedient wird. Dies bewirkt Umsatzsteigerungen.

Kosteneinsparungen

Wenn Kunden das Geschäft mit einem Unternehmen längere Zeit kennengelernt haben, werden sie aus der Sicht des Unternehmens immer effizienter. Sie benötigen weniger Beratung und Unterstützung. Auf der anderen Seite kann das Unternehmen jene Kunden, die es länger kennt und ihr potenzielles Verhalten und ihre Wünsche besser abschätzen kann, besser und effizienter bedienen.

Referenzen

Ein bedeutender Nutzen langfristiger Kundenbindung ist der Effekt, dass zufriedene Kunden die Produkte und Dienstleistungen

10 Integriertes Datenmanagement – die Basis für Customer Relationship Management

Preisprämie	des Unternehmens weiterempfehlen und so aktiv zum Ausbau der Kundenbasis beitragen.
	Darunter wird der Effekt verstanden, dass treue Kunden in Einzelfällen weniger preissensibel reagieren, als neue Kunden. Sie sind auf Grund ihrer langfristigen positiven Erfahrungen mit dem Angebot des Unternehmens eher geneigt, einen höheren Preis zu akzeptieren.
Nutzen durch aktives Kundenbeziehungsmanagement	Diese kurzen Beispiele zeigen einen Teil der positiven ökonomischen Effekte, die sich mit aktivem Kundenbeziehungsmanagement erzielen lassen. Die erfreulichen Auswirkungen setzen voraus, dass das Unternehmen und seine Mitarbeiter die Kunden so gut wie möglich kennen und dieses Wissen intelligent und zielgerichtet einsetzen, das heisst mit ihm im Sinne der oben genannten Ziele des CRM umgehen.

10.4 Business Intelligence und CRM

Der Begriff "Business Intelligence" wird neuerdings im Zusammenhang mit analytischen, meistens auf einer Data-Warehouse-Architektur aufbauenden Informationssystemen verwendet. Jedoch wurde in der Vergangenheit das Geschäft erfolgreicher Unternehmen und der Umgang mit deren Kunden in aller Regel auch durchaus ohne solche Systeme intelligent organisiert.

Wissen beim Kundenberater

Gerade bei Dienstleistungsunternehmen mit Kundenberatern, die ihre Beratungsleistungen entweder in einer Filiale oder direkt beim Kunden erbringen, ist das Wissen sehr häufig ausgeprägt beim jeweiligen Kundenberater vorhanden. Er kennt die Lebensumstände des Kunden, dessen Präferenzen, die Entwicklung der Geschäftsbeziehung in der Vergangenheit und den möglichen Ausbau in der Zukunft.

Veränderung Rahmenbedingungen

Allerdings verändern sich die ökonomischen Rahmenbedingungen zunehmend, so dass das Wissen des einzelnen Kundenberaters für das Unternehmen als Ganzes sowie für die Bindung der Kunden an das Unternehmen immer weniger Wert ist. Einige dieser Bedingungen sind von aussen gesetzt, andere regeln die Unternehmen selbst. Als Beispiele seien hier folgende Einflüsse genannt:

Virtuelle Marktplätze

- Im Internet entstehen immer mehr sogenannte virtuelle Marktplätze, wie Portale, die einen ganzen Kundenprozess wie beispielsweise den oben dargestellten „Autokauf" unterstützen. Teilprozesse, wie beispielsweise die „Autofinanzierung", werden an andere Marktteilnehmer weitergegeben,

10.4 Business Intelligence und CRM

der Gesamtprozess bleibt unter der Kontrolle des Portalanbieters. Der Anbieter eines solchen Teilprozesses, welcher bisher direkt seine Kunden akquiriert und bedient hat, gibt jetzt Kontrolle und Wissen an einen anderen Marktteilnehmer, das Serviceportal, ab.

Informationstransparenz
- Der Kunde hat heute dank des Internets und anderer moderner Medien eine weiter gehende Informationstransparenz als noch vor einigen Jahren. Er kann sich effizient und schnell jede Information zu nahezu jedem Produkt oder jeder Dienstleistung verschaffen weltweit, zu jeder Zeit und von jedem Ort aus. „Die Konkurrenz ist nur einen Mausklick entfernt".

Kunde wählt Kanal
- Der Kunde bestimmt den Kommunikationskanal, über den er seine Geschäfte abwickelt, er bestimmt zunehmend Zeit und Ort, wo dies geschieht.

Mündiger Kunde
- Die Ziele, welche Kundenberatern häufig gesetzt werden, und deren Erreichung meist mit einem Bonussystem verbunden ist, führen dazu, dass sogenannte Beratungsgespräche eher Verkaufsgespräche sind, als objektive Beratung. Der mündige Kunde hat aber heute ganz andere Möglichkeiten, zu einem objektiven Meinungsbild zu kommen, als sich lediglich auf die Vorschläge eines Kundenberaters zu verlassen. Ein zufriedener Kunde wird oft auch ein treuer und damit ein profitabler Kunde sein. Die Bonussysteme für Kundenberater sollten sich daher im Zuge der Ausrichtung des Unternehmens auf den Kunden auch eher an der Zufriedenheit und Loyalität der Kunden orientieren, als an kurzfristigen Verkaufserfolgen einzelner Produkte.

Zentralisierung versus Dezentralisierung
- Im Gegensatz zur weithin propagierten Kundenorientierung stehen die zunehmend wieder zu beobachtenden Tendenzen, in manchen Unternehmen die Entscheidungsbefugnisse mehr zu zentralisieren statt sie zu dezentralisieren. Der Kunde erwartet heute eine zügige Bearbeitung seines Anliegens und schnelle Entscheidungen. Ein integriertes Customer Relationship Management muss die Voraussetzungen schaffen.

Abbau von Beratungsplätzen
- Der Abbau von Beratungsplätzen an der Front bedeutet zwangsläufig auch den Verlust von Wissen über die jeweilige Kundenbeziehung.

10 Integriertes Datenmanagement – die Basis für Customer Relationship Management

Gehirn und Gedächtnis der Organisation

Dies alles hat zur Konsequenz, dass Daten, Informationen und Wissen über den Kunden und seine Geschäftsbeziehungen, zu einem immer wertvolleren und knappen Gut aufsteigen. Es muss gesammelt, transparent dargestellt, in geeigneter Form gespeichert, vernetzt und verfügbar gemacht werden. Mit anderen Worten: die gesamte Organisation muss ein Gehirn und ein Gedächtnis erhalten, damit die Intelligenz, die "Business Intelligence", jederzeit und an jedem Ort für alle in diesen Geschäftsprozess involvierten Mitarbeiter zur Verfügung steht.

Bereitstellung von Wissen

Das Wissen wird in digitaler Form bereitgestellt und über das Netzwerk verteilt. In das Netzwerk sind neben Menschen auch technische Systeme integriert wie beispielsweise Bankautomaten, Internet-Server oder Call-Centers. Über jeden Kanal, über welchen der Kunde potenziell mit dem Unternehmen kommunizieren kann, muss das gespeicherte Wissen abrufbar sein. Das Gedächtnis speichert im Idealfall sowohl strukturierte als auch unstrukturierte Informationen wie Dokumente, Bilder, etc.. Wir beschränken uns hier auf den Aspekt der strukturierten Informationen in Form von Daten. Eine weitergehende Diskussion würde uns auf das Feld des Wissensmanagements führen, das im letzten Kapitel noch angesprochen wird.

Abbildung 10-6: Das Gedächtnis der Organisation

Hohe Anforderungen

Da der Kunde über den Zeitpunkt und den Weg der Kommunikation selbst entscheidet, werden an das Business-Intelligence System hohe Anforderungen hinsichtlich Aktualität und Verfügbarkeit gestellt. Die Informationen müssen zuverlässig und von hoher Qualität sein, soll der Kunde nicht auf Grund mangelhafter

10.5 CRM-System

Konsequenzen Informationen über seine Person oder seine Geschäftsbeziehung verärgert werden.

Sollen Customer Relationship Management und Business-Intelligence im Unternehmen wirklich ernst genommen werden, dann muss sich die gesamte Organisation als lebender und lernender Organismus, mit Gehirn und Gedächtnis verstehen. Erfahrungen, die im Laufe der Geschäftsbeziehungen mit den Kunden gesammelt werden, müssen in das Gedächtnis der Organisation zurückfliessen und Konsequenzen für zukünftiges Handeln ermöglichen und fördern.

10.5 CRM-System

Unter einem CRM-System verstehen wir ein integriertes Informationssystem, das die CRM-Bemühungen der Organisation zielgerichtet unterstützt.

Um im Bild der lebenden Organisation zu bleiben: die Organisation braucht ein Gehirn, ein Gedächtnis und Sinne, die Reize aufnehmen, verarbeiten und die Interaktion ermöglichen. Eine CRM-Architektur muss daher für alle oben genannten CRM-Prozess-Schritte Komponenten enthalten, welche diesen Prozess technisch unterstützen.

10.5.1 CRM Prozess

Abbildung 10-7: Der CRM-Prozess und die Architekturkomponenten

Kundenidentifikation Wenn in den Basissystemen der operativen Datenbanken keine eindeutige Kundenidentifikation möglich ist, muss diese erst geschaffen werden. Hierfür gibt es verschiedene Möglichkeiten. Einerseits können die Personalien der Kunden mit Hilfe von Matchingalgorithmen in Adressmanagementsystemen miteinander abgestimmt werden, und so derselbe Kunde in verschiedenen

Datensystemen identifiziert werden. Den so identifizierten Kunden sind dann auf einer Datenbank, etwa einem Operational Data Store, eindeutige Identifikationsschlüssel zugeteilt.

Adressmanagementsysteme erlauben auch die Zusammenführung einzelner Kunden zu gemeinsamen Haushalten, was vor allem für die Zwecke des Marketing sinnvoll sein kann.

Eine andere Möglichkeit der Kundenidentifikation wurde bereits oben in Zusammenhang mit Kundenbindungssystemen diskutiert. Oft wird ein solches System aufgebaut, um die Kundenidentifikation zu ermöglichen. Auf jeden Fall ist ein solches System aber schon wegen seiner Rolle in der Kundenbindung eine Teilkomponente einer CRM-Architektur. Externe Daten ergänzen entweder die demographischen Informationen bereits bekannter Kunden und Interessenten, oder sie liefern eine Datenbasis potenzieller Kunden, die im Informationssystem des Unternehmens noch nicht vorkommen.

Kundendifferenzierung   Data-Warehouse-Systeme, die eine integrierte Kundensicht und eine konsistente Informationsbasis über die Geschäftsbeziehung zur Verfügung stellen, sowie die Analyse der aktuellen Kundenbeziehung ermöglichen, stellen das Gedächtnis in der Architektur dar. OLAP-, Reporting- und Data Mining Systeme, die dimensionale und quantitative Datenanalyse sowie die Modellierung des zukünftigen Kundenverhaltens erlauben, stellen die Business-Intelligence zur Verfügung. Zur Differenzierung gehört auch, Aussagen zur Profitabilität von Kunden und Produkten treffen zu können. Die Grundlage hierfür kann ein Profitabilitäts-Analyse-System bieten.

Kundeninteraktion   Die Interaktion mit dem Kunden kann über jeden beliebigen Kanal erfolgen, den der Kunde hierfür wählt. Daher müssen die traditionellen Front-Office-Systeme der Kundenberater ebenso unterstützt werden, wie elektronische Kanäle, Call-Center, oder Mailingsysteme. Die unterschiedlichen Kanäle müssen technisch miteinander integriert werden. Zur Abwicklung der getätigten Geschäfte dienen Back-Office-Systeme, die Geschäftsprozesse werden durch Workflow-Management-Systeme unterstützt und gesteuert. Kampagnen-Management-Systeme steuern und kontrollieren schliesslich alle Marketing-Kampagnen innerhalb des CRM-Systems.

10.5 CRM-System

Individualisierung und Personalisierung

Aufgrund der Präferenzen des Kunden, die sich einerseits aus seinem Kaufverhalten ableiten lassen, andererseits sich aber auch aktiv erfragen und feststellen lassen, können Kundenprofile erstellt werden, welche die individualisierte oder personalisierte Kundenansprache erlauben.

Beispiel Amazon

Der Internet-Buchhändler Amazon ist ein Beispiel dafür, wie auf der Basis des Kaufverhaltens des Kunden in der Vergangenheit bei jeder neuen Anmeldung das Angebot angepasst präsentiert und sogar während des virtuellen Einkaufbummels aktiv gesteuert wird.

Die personalisierte elektronische Zeitung ist ein weiteres Beispiel. Internet-Portale wie im Beispiel *Amazon* oder Broadcasting-Systeme, die personalisierte Nachrichten (Börse, Sport, Politik, usw.) auf verschiedene Medien (Mobiltelefon, Email, Organizer, usw.) versenden, sorgen für den Zugang zu den personalisierten Informationen.

Produkt-Tarif-Systeme als Voraussetzungen

Eine besondere Rolle nehmen Produkt-Tarif-Systeme ein. Beispielsweise haben Finanzdienstleister im Massengeschäft immer noch grosse Mühe, personalisierte Produktangebote zu offerieren. Ihre Basissysteme sind zu unflexibel um echte Lösungen anstelle von standardisierten Dienstleistungen anbieten zu können. Ein nach den in Kapitel 5 dargestellten Prinzipien entwickeltes Produktsystem kann Abhilfe schaffen.

10.5.2 CRM Architektur

Alle diese Teil-Systeme beruhen letztendlich auf einer integrierten Informationsplattform, welche eine umfassende Sicht auf die Kundenbeziehung in der Vergangenheit, in der Gegenwart und in der Zukunft erlaubt. Die Informationsplattform unterteilt sich in einen operativen und analytischen Teil, den Operational-Data-Store und das Business-Intelligence-System, welche auf einem Data Warehouse aufbaut.

CRM-Anwendungsarchitektur

Daraus ergibt sich eine CRM-Anwendungsarchitektur, wie sie in der Abbildung 10-8 dargestellt ist. Die meisten heute implementierten CRM-Systeme bestehen nur aus Teilkomponenten, und es fehlt ihnen in der Regel auch noch die integrierte operative oder analytische Kundensicht.

Die CRM-Anwendungsarchitektur zeigt, dass die Datenintegration und –analyse das Herzstück des CRM-Systems bilden. Das Datenmanagement ist daher die kritische Kompetenz, die beim er-

10 Integriertes Datenmanagement – die Basis für Customer Relationship Management

folgreichen Aufbau eines integrierten CRM-Systems unbedingt vorhanden sein muss.

Abbildung 10-8: CRM-Anwendungsarchitektur

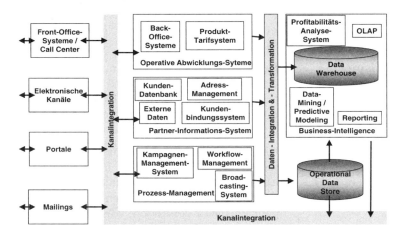

10.6 Data Mining

Data Mining spielt heute natürlich nicht nur im Zusammenhang mit CRM-Systemen eine bedeutende Rolle bei der quantitativen Analyse umfangreicher Unternehmensdaten.

Abbildung 10-9: Von Daten zu Entscheiden

Die Daten werden zunächst von den reinen, auf einer Datenbank gespeicherten, Fakten repräsentiert. Informationen entstehen, wenn Daten zusammengeführt und mit der ihnen zugrundeliegenden Semantik verknüpft werden. Beispielsweise entstehen durch die Datenverknüpfung des Kunden mit der Produktbeanspruchung Informationen darüber, welche Profitabilität die Kundenbeziehung für das Unternehmen erreicht. Besitzt ein Entscheidungsträger neben diesen Informationen auch noch das

Wissen darüber, wie die Verkäufe verschiedener Produkte miteinander korrelieren, so können daraus Entscheidungen wie weitere Kaufempfehlungen oder Werbemassnahmen abgeleitet werden. Resultieren aus solchen Entscheidungen neue Fakten, so fliessen diese zurück in die Datenbasis des Unternehmens.

10.6.1 Data Mining Ansätze

Wie aber wird nun aus Daten und Informationen Wissen erzeugt? Hierfür gibt es prinzipiell zwei Möglichkeiten, welche durch unterschiedliche Technologien unterstützt werden.

Ansatz Hypothese

Eine durch klassische Analysewerkzeuge unterstützte Variante setzt voraus, dass zunächst eine Hypothese über das im Informationssystem verborgene Wissen aufgestellt wird, also beispielsweise über die Verkaufskorrelation zweier Produkte. Diese Hypothese wird dann mittels Analyse der Informationen im Informationssystem überprüft, und entweder validiert oder falsifiziert.

Ansatz mathematischer Modelle

Die zweite Variante geht nicht von einer zuvor festgelegten Hypothese aus, sondern versucht über die Erstellung mathematischer Modelle, welche dem jeweiligen Zweck angemessen sind, Wissen aus den zugrunde liegenden Daten und Informationen abzuleiten. Diese Techniken werden unter dem Begriff „*Data Mining*" zusammengefasst. Typische Anwendungen hierfür sind:

- die Erstellung von Vorhersagemodellen aufgrund von Informationen aus der Vergangenheit;
- die Klassifizierung von Daten und Informationen (z.B. die Einteilung von Kunden in Bonitätsklassen);
- die Überprüfung und Durchführung von Sensitivitätsanalysen (Was-wäre-wenn-Analysen);
- das Aufdecken bislang unbekannter Relationen zwischen Daten und Informationen im Informationssystem (z.B. die Verkaufskorrelationen verschiedener Produkte).

Data Mining Techniken

Je nach Anwendungsgebiet und Verwendungszweck stehen unterschiedliche Data Mining Techniken zur Verfügung. Sie beginnen bei den klassischen statistischen Methoden und Berechnung von Entscheidungsbäumen, gehen über wissensbasierte Techniken wie Neuronale Netze hin bis zu modernen Datenvisualisierungstechniken. Die Datenvisualisierungstechniken stellen die komplexen Datenräume multi-dimensional dar und unterstützen die menschlichen Präferenzen zur visuellen Wahrnehmung und deren Interpretation.

10.6.2 Data Mining Prozess

Ein Data Mining Vorhaben ist ein mehrstufiger, iterativer Prozess, der typischerweise aus folgenden Schritten besteht:

Abbildung 10-10: Der iterative Data Mining Prozess

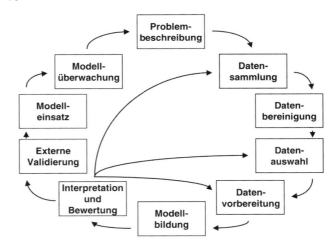

Problem-beschreibung	Die Formulierung einer klaren Beschreibung und Abgrenzung des zu untersuchenden Problems ist für die effiziente und zielgerichtete Lösungsentwicklung essenziell. Die Beschreibung sollte auch bereits eine erste Spezifikation der Datenanforderungen enthalten.
Daten-sammlung	Die zur Modellbearbeitung notwendigen Daten müssen gesammelt und verfügbar gemacht werden. Hierbei ist auf die Qualität und den Detaillierungsgrad der Daten zu achten.
Daten-bereinigung	Die gesammelten Daten sollten bezüglich ihrer Qualität untersucht werden. Welche Qualitätsprobleme auftreten können, wurde bereits in Kapitel 9 dargelegt. Ein Data-Warehouse, das eine Datenbasis auch für Data Mining Prozesse bilden soll, darf auch aus diesem Grund nur mit qualitätsgesicherten Daten gefüllt werden. Der interessante Aspekt hierbei ist, dass Data Mining Techniken ihrerseits wiederum eingesetzt werden können, um Qualitätsprobleme in den Daten aufzudecken.
Datenauswahl	Die Qualität des Resultats eines Data Mining Prozesses korreliert nicht unbedingt immer positiv mit der Menge der Eingabedaten, so dass aus der Menge der gesammelten Daten nun wiederum eine Auswahl an Eingabevariablen und bei grossen Datenmenge auch eine Selektion von Instanzen (oder Zeilen) getroffen werden sollte.

10.6 Data Mining

Datenvorbereitung Oft müssen die aus verschiedenen Datenbeständen gesammelten Daten noch re-codiert, kategorisiert und transformiert werden, um sie einem Data Mining Prozess unterziehen zu können.

Modellbildung Die Modellbildung ist ein iterativer Prozess, welche Schritte wie Modelltraining, Modelltests und Modellüberprüfung umfasst. Der Datenbestand wird in Daten zum Modelltraining (ca. 60%-70% der Daten), Daten zum Testen und Daten zur Überprüfung aufgeteilt. Der Grund besteht darin, dass mit dem Trainingssatz Hypothesen erstellt werden, die mittels der Testdaten, welche nicht zum Trainingssatz gehören, validiert werden. Anhand der Testresultate werden Anpassungen am Trainingssatz (z.B. Veränderung von Eingabeparametern) vorgenommen und eine weitere Iteration durchgeführt. Wenn das Verhalten des Modells befriedigend ist, kann es schliesslich mit dem bisher nicht analysierten Satz von Daten überprüft werden.

Interpretation und Bewertung Die Ergebnisse des Modells sollten hinterfragt werden. Sind die Ergebnisse nachvollziehbar? Wie empfindlich reagiert das Modell auf Änderungen in den Eingabevariablen? Sind die Ergebnisse nützlich oder werden nur bereits bekannte Tatsachen dargelegt?

Externe Validierung In diesem Schritt werden die Ergebnisse des Modells gegen die reale Welt getestet. Dies kann beispielsweise durch empirische Tests geschehen.

Modelleinsatz Wenn das Modell ausführlich und mit positiven Resultaten getestet ist, können es auch Anwender benutzen, die keine Data Mining Spezialisten sind.

Modellüberwachung Der Einsatz des Modells und seine Relevanz müssen fortlaufend überwacht und bewertet werden, um zu verhindern, dass ein veraltetes, nicht mehr relevantes Modell zu falschen Schlussfolgerungen bei seinen Anwendern führt.

10.6.3 Hypothesen (Data Discovery) und Vorhersagen (Prediction)

Definition Data Mining kann auch im CRM-Prozess im wesentlichen für zwei Problemstellungen eingesetzt werden. Für das Auffinden bisher unbekannter Muster in den Daten, wie etwa die Erstellung von Hypothesen (*Data Discovery*), sowie die Vorhersage zukünftiger Entwicklungen in den Daten (*Prediction*) durch Erstellung von Vorhersagemodellen (*Predictive Modeling*).

Damit Vorhersagemodelle erstellt werden können, müssen zwei Voraussetzungen gegeben sein:

10 Integriertes Datenmanagement – die Basis für Customer Relationship Management

Umfangreiche Zeitreihen aus der Vergangenheit	1. Es müssen umfangreiche Zeitreihen aus der Vergangenheit vorliegen, da nur auf Grund von Vergangenheitsdaten auf die Zukunft geschlossen werden kann. Nur wenn solche Vergangenheitsdaten in ausreichendem Umfang und ausreichender Qualität genutzt werden, kann das Data Mining System aus der Historie lernen und dann ermitteln, welche Variablen in den Daten ausschlaggebend für ein bestimmtes Resultat waren. Man geht davon aus, dass die Vergangenheitsdaten eine gute Basis für die Vorhersage der Zukunft darstellen. Wenn die Zeitreihen nicht lang genug zurück reichen ist dies nicht der Fall. Fehlende Daten über Saisonale Schwankungen beeinflussen die Modellbildung negativ. Bei Modellen, welche die Kaufwahrscheinlichkeit bestimmter Produkte durch bestimmte Kunden zu bestimmten Zeitpunkten vorhersagen sollen, sind Zeitreihen zwischen 24 und 36 Monaten sinnvoll, um saisonale Einflüsse im Modell zu berücksichtigen.
Festlegung gesuchtes Resultat	2. Es muss festgelegt sein, nach welchem Resultat gesucht wird. Beispielsweise muss die Kundenprofitabilität zuerst eindeutig definiert werden. Sie kann als Deckungsbeitrag 1 (DB1) der sich aus dem Umsatz des Kunden abzüglich der bei der Leistungserstellung aufgewendeten direkten Kosten ergibt festgelegt werden. Die Vergangenheitsdaten, auf denen das zu entwickelnde Modell aufbaut, setzt natürlich jene Variablen voraus, welche das Resultat beeinflussen.
Vorhersagemodell für Kaufwahrscheinlichkeit	In CRM-Systemen werden beispielsweise Vorhersagemodelle erstellt für die Prognose der Kaufwahrscheinlichkeit bei der Lancierung neuer Produkte, für die Prognose des Customer Life Cycle Values also des auf den gesamten Lebenszyklus der Kundenbeziehung projizierten Wertes einer Geschäftsbeziehung, sowie für die Prognose der Wahrscheinlichkeit, dass und wann ein Kunde die Geschäftsbeziehung beendet.
Business Intelligence	Liegen die oben genannten Voraussetzungen vor, bietet Data Mining ein mächtiges Instrumentarium zur Implementierung echter „Business Intelligence" zur nachhaltigen Verbesserung der Kundenbindung und Steigerung der Profitabilität. Diese Voraussetzungen zu schaffen ist auch. eine Aufgabe des Datenmanagements.

10.7 Der Weg zum integrierten CRM-System

10.7 Operational-Data-Store oder Data Warehouse zuerst?

Aus der Datenmanagementperspektive stellt sich beim Start eines CRM-Projektes häufig die Frage, ob mit dem Aufbau eines Operational-Data-Store oder mit dem Data Warehouse begonnen werden soll. Sie ist allerdings keine technische Frage, sondern eine Frage der Priorisierung. Diese ergibt sich zum einen durch die kurz- und mittelfristigen Zielsetzungen, die mit dem CRM-Projekt verbunden sind, zum anderen aus der Ist-Situation, die im Unternehmen angetroffen wird [vgl. hierzu TDWI 2000].

Starten mit dem Operational Data Store

Es ist sinnvoll, mit einem Operational-Data-Store zu beginnen, wenn

- der Fokus des Projektes zunächst auf der Verbesserung des Managements der Kundenkontakte und der Kommunikationskanäle liegt;
- die Kundeninteraktion über verschiedene Kanäle zu teuer geworden ist und integriert werden soll;
- ein Kundenportal aufgebaut werden muss, mit integrierten, operativen Kunden- und Produktinformationen;
- die Verkaufsfront einen Integrationspunkt mit dem Rest der Unternehmung benötigt;
- bereits zufriedenstellende Business-Intelligence-Funktionalität im Unternehmen vorhanden ist.

Starten mit dem Data Warehouse

Der Start mit dem Data Warehouse erscheint zweckmässig, wenn

- die Marketing- und Kundenanalyse kritischer sind als das integrierte Management der Kundenkontakte;
- Kampagnenmanagement und –planung kritischer sind als die Kampagnendurchführung;
- die Profitabilitätsanalysen erst noch durchgeführt werden müssen, um die Kunden differenzieren zu können;
- die Identifikation von Cross- und Up-Selling-Möglichkeiten als kritisch angesehen wird.

In den meisten Fällen wird zunächst die Analyse des Geschäftes im Vordergrund stehen, so dass der Start mit dem Data-Warehousing-System der geeignete Einstieg in den Aufbau eines integrierten CRM-Systems darstellt.

10.8 Kernaussagen zum Customer Relationship Management

> 1. *Integriertes Customer Relationship Management ist keine Modeerscheinung, sondern ist ökonomisch sinnvoll und für im Wettbewerb stehende Unternehmen existenziell wichtig.*
> 2. *Für den Aufbau eines integrierten CRM-Systems ist es wesentlich, den Lebenszyklus einer Kundenbeziehung wie auch den eigentlichen CRM-Prozess zu verstehen sowie daraus die richtige Anwendungsarchitektur abzuleiten.*
> 3. *Für den Aufbau eines integrierten CRM-Systems ist die Beherrschung aller Datenmanagement-Disziplinen grundlegend für den Erfolg.*
> 4. *Um die Kunden differenzieren und gezielter bedienen sowie unterstützen zu können, ist der Aufbau eines Business-Intelligence-Systems notwendig.*
> 5. *Data Mining generiert aus Daten Informationen und Modelle. Vorhersagemodelle werden im wesentlichen eingesetzt, um Prognosen über Kaufverhalten, Abwanderungen oder den Wert der Geschäftsbeziehungen über den gesamten Lebenszyklus erstellen zu können.*
> 6. *Historische Datenbestände in langen Zeitreihen liefern die Grundlage für Vorhersagemodelle.*
> 7. *Das richtige Vorgehen beim Aufbau eines CRM-Systems wird durch die Prioritäten und die Ist-Situation determiniert.*

11 Vom Daten- zum Wissensmanagement

Die Erkenntnis, dass Daten und Informationen im Unternehmen keine freien unentgeltlichen Güter sind, sondern kostbare und mitunter auch teure betriebliche Ressourcen darstellen, führt dazu, diese Ressourcen ebenso professionell zu organisieren wie dies bei den klassischen Betriebsmitteln schon lange der Fall ist (vgl. hierzu Kapitel 3). Daten und Informationen bilden die Grundlage für Wissen. Das Wissensmanagement bildet absehbar die nächste und höchste Entwicklungsstufe in unserem Entwicklungsstufenmodell. Die Grundlagen für erfolgversprechendes Wissensmanagement werden auf den Entwicklungsstufen Daten- und Informationsmanagement gelegt.

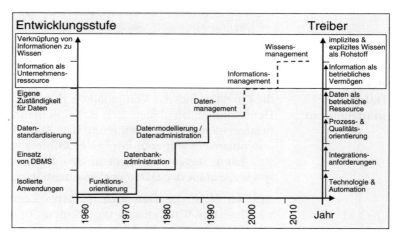

Abbildung 11-1: Übergang zum Wissensmanagement

Im Folgenden wird der Übergang vom Daten- zum Informationsmanagement erläutert, das Konzept des Wissensmanagements dargestellt, eine Standortbestimmung vorgeschlagen, bevor auf absehbare Entwicklungstrends eingegangen wird.

11.1 Übergang zum Informationsmanagement

Definition Informationsmanagement

Der Aufbau eines modernen, unternehmensweiten Informationsmanagements ist die logische Konsequenz aus der Forderung, die Informationen als Ressource zu verwalten. In Anlehnung an unsere Definition des Datenmanagements verstehen wir unter Informationsmanagement:

> Alle konzeptionellen, technischen, methodischen und organisatorischen Massnahmen, um eine hohe Qualität der Informationsbereitstellung im Unternehmen in inhaltlicher, zeitlicher und räumlicher Hinsicht sicherzustellen.

Das Ziel des modernen Informationsmanagements im Unternehmen lässt sich wie folgt formulieren:

> Jeder Stelle im Unternehmen müssen
> alle relevanten Informationen
> zum richtigen Zeitpunkt,
> am richtigen Ort und
> in der für den Verwendungszweck erforderlichen Qualität
> zur Verfügung stehen.

Beitrag Datenmanagement

Die Organisation des Unternehmens, die Zeit, der Raum sowie die Qualität und die Verfügbarkeit der Informationen bilden die Dimensionen, an denen sich das unternehmensweite Informationsmanagement zu orientieren hat. Die Beiträge, welche das Datenmanagement zum Erfolg des Informationsmanagements leisten kann, liegen vor allem in den Dimensionen *Verfügbarkeit* sowie *Qualität* der Daten und Informationen.

Aus der Sicht des Datenmanagements kennzeichnen Konzepte wie das Data Warehousing (vgl. Kapitel 9), der Einsatz von Data Mining Techniken, der Closed-Loop-Ansatz und die Entwicklung eines umfassenden Datenqualitäts-Managements den Übergang von der reinen Verwaltung der Daten zu einem umfassenden Management der betrieblichen Ressource „Information". Weitergehende Trends im Daten- und Informationsmanagement sind durch Begriffe wie „Standardisierung", „Integriertes, prozessorientiertes Datenmanagement" oder „Gedächtnis der Organisation" zu beschreiben.

11.1.1 Closed-Loop-Ansatz

Der Kreis zwischen den analytischen Anwendungen im Data Warehousing System und den operativen Datensystemen schliesst sich. Ein Beispiel solcher integrierten Lösungen ist das im letzten Kapitel diskutierte Customer Relationship Management. Allgemein lässt sich der Closed-Loop-Ansatz durch den Regelkreis gemäss Abbildung 11-2 darstellen. Der obere Teil des Kreises zeigt die Komponenten des täglichen, operativen Geschäftes, der untere Teil die analytischen und dispositiven Komponenten der Geschäftssteuerung.

Abbildung 11-2:
Der Closed-Loop Regelkreis

Agieren   Diesen Teil des Regelkreises bildet das tägliche Geschäft, wie es durch Produktion, Marketing, Verkauf und Dienstleistung geprägt ist. In diesem Bereich, verdient das Unternehmen das Geld.

Aufzeichnen   Jedes Unternehmen zeichnet gewisse Daten und Informationen, die im operativen Geschäft anfallen systematisch auf zumindest aus gesetzlichen Gründen in der Buchführung meistens aber auch darüber hinaus, um das Geschäft später analysieren zu können.

Analysieren   Moderne Unternehmen analysieren ihr Geschäft systematisch. Hierfür werden Analyse- und Entscheidungsunterstützungs-Systeme eingesetzt. Profitabilitätsanalyse ist ein typisches Beispiel. Die Analyse hat aber den entscheidenden Nachteil, dass sie

11 Vom Daten- zum Wissensmanagement

retrospektiv ist, also die Vergangenheit betrachtet und nicht die Zukunft. Trendanalysen extrapolieren im Prinzip auch nur die Vergangenheit in die Zukunft.

Modellieren Eine anspruchsvollere Methode ist die aktive Modellierung des zukünftigen Geschäftes. Data Mining und die Möglichkeiten des Predictive Modeling wurden im letzten Kapitel im Zusammenhang mit Customer Relationship Management bereits dargestellt. Das Geschäft zu modellieren bedeutet mehr, als die Extrapolation von Vergangenheitszahlen.

Adaptieren Der Regelkreis wird an der Stelle geschlossen, an der Konsequenzen aus den Resultaten von Analyse und Modellbildung für das weitere operative Geschäft gezogen und umgesetzt werden. Dieser Schritt ist essenziell für die Verbesserung der Prozesse, der Interaktion mit den Kunden und des Angebotsportfolios.

Abbildung 11-3: Closed Loop und die Corporate Information Factory

Corporate-Information-Factory Das Datenmanagement unterstützt den Closed-Loop-Ansatz durch den Aufbau einer Corporate-Information-Factory, wie sie in Kapitel 9 dargestellt wurde. Die Komponenten der Corporate-Information-Factory positionieren sich im Regelkreis so, wie es in Abbildung 11-3 dargestellt ist.

Operative Tätigkeiten Die Aktivitäten des operativen Geschäftes (Agieren, Aufzeichnen) werden traditionell von den operativen Systemen oder Enterprise-Resource-Planning-Systemen (ERP-Systemen) unterstützt.

11.1 Übergang zum Informationsmanagement

Analytische Tätigkeiten Für die analytischen und dispositiven Komponenten (Analysieren, Modellieren) werden die Daten und Informationen durch das Data Warehouse und verschiedene Data-Marts zur Verfügung gestellt. Eine besondere Rolle kann dem Mining-Data-Mart zukommen, der vor allem auch die Erstellung und Nutzung von Vorhersagemodellen erlaubt (vgl. Kapitel 10).

Operational-Data-Store als Brücke Der Operational-Data-Store stellt aus Datenmanagementsicht die Brücke zwischen Business-Intelligence und operativem Geschäft dar. Einerseits wird hier die Adaption von analytischen Resultaten in kurzfristiges operatives Handeln unterstützt, andererseits wird auch das laufende Geschäft in einem integrierten Datenbankmodell aufgezeichnet.

Übereinstimmung der Semantik Damit die Daten aus dem Data Warehouse mit jenen aus den operativen Systemen effizient zu konsistenten Informationen verbunden werden können, sollten die Daten auf beiden Ebenen möglichst dieselbe Semantik besitzen. Um dies zumindest mittelfristig zu erreichen, müssen die bestehenden operativen Systeme einem Re-Engineering und allenfalls einer Migration in ein neues operatives System unterzogen werden. Wie das Datenmanagement solche Vorhaben unterstützen kann, ist in diesem Buch bereits dargestellt worden.

11.1.2 Entwicklung eines Datenqualitäts-Managements

Das Thema der Datenqualität wurde bereits in Zusammenhang mit dem Data Warehousing sowie dem Data Mining angesprochen. Weil die Qualität der Daten einen unmittelbaren Einfluss auf die Informationsqualität im gesamten Unternehmen hat, muss das Datenqualitäts-Management integraler Bestandteil des unternehmensweiten Informationsmanagements werden dies unabhängig von spezifischen Vorhaben wie Data Warehousing und Data Mining. Wie in Kapitel 9 erwähnt, kann eine Data Warehousing Initiative die Entwicklung eines umfassenden Datenqualitäts-Management-Konzeptes anstossen, aber keinesfalls ersetzen, wie die folgende Diskussion zeigen wird.

Daten als unternehmerische Ressource Daten stellen eine unternehmerische Ressource und damit einen Teil des Unternehmensvermögens dar. Je informationslastiger oder –abhängiger ein Unternehmen ist, desto höher ist dieses Vermögen zu bewerten. Daten und Informationen sind keine Abfallprodukte von Geschäftsprozessen, sondern sie sind für die Erstellung von Produkten und die Erbringung von Dienstleistungen eine unabdingbare Voraussetzung (vgl. hierzu Kapitel 2).

Eigenschaften von Daten

Warum aber tut man sich mit dem Management der klassischen Unternehmensressourcen wie Arbeit, Anlagen oder Kapital soviel leichter als mit dem Management der Ressource „Daten"? Worin bestehen die Eigenheiten dieser Ressource, die es schwierig machen, die bekannten Managementprinzipien einfach zu übernehmen? T.C. Redman [Redman 1996] nennt auch die folgenden Eigenschaften, welche diesen Unterschied charakterisieren:

1. Daten sind abstrakt, nicht konkret. Daten kann man nicht sehen, nur ihre Darstellungen auf verschiedenen Medien und in unterschiedlicher Repräsentation ist sichtbar.

2. Daten können problemlos vervielfältigt und nahezu unbegrenzt verteilt werden.

3. Daten werden im Gegensatz zu materiellen Ressourcen bei ihrer Verwendung nicht „verbraucht", sie bleiben erhalten. Der Nutzen, den sie stiften, kann sich über ihren Lebenszyklus verändern, und zwar sowohl positiv als auch negativ.

4. Daten sind nicht austauschbar, da gerade die Aussagen, die in der Differenz zwischen Daten liegen, von Interesse sind. Z.B. ist bei der Analyse von Kunden weniger interessant, worin sie sich ähneln, als vielmehr, worin sie sich unterscheiden.

5. Von wenigen Ausnahmen abgesehen, gibt es für Daten keinen Markt, wo gekauft und verkauft wird, also gibt es auch keinen Preis. Das macht die Wertbestimmung schwierig und subjektiv.

6. Daten sind dynamischer als andere Ressourcen.

Herstellungsprozess

Auch wenn sich Daten in vielerlei Hinsicht von materiellen Produkten unterscheiden, so gleichen sie doch zumindest in einem Punkt einem Produkt: Das Endergebnis des Herstellungsprozesses, also die Daten respektive Informationen, müssen am Ende für interne und/oder externe Kunden einen Nutzen stiften und ein Bedürfnis befriedigen. Zum anderen unterliegen auch Daten einem Herstellungsprozess sowie einem Lebenszyklus. Einen typischen Datenprozess in einem Unternehmen mit Data Warehousing System zeigt die Abbildung 11-4.

11.1 Übergang zum Informationsmanagement

**Abbildung 11-4:
Datenqualitäts-
prozess**

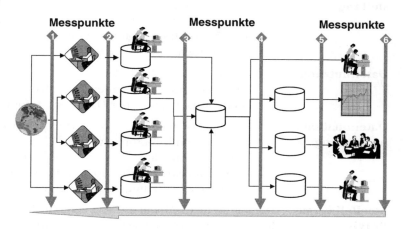

Der Datenqualitätsprozess besteht aus folgenden wesentlichen Aktivitäten:

**Daten-
modellierung**

1. Der für das Unternehmen oder die jeweilige Problemstellung relevante Ausschnitt der realen Welt wird analysiert und modelliert (vgl. zur Datenmodellierung Kapitel 5). Gemäss dem entstandenen Datenmodell werden die notwendigen Datenbanken strukturiert und mit Logik versehen. Zur Modellierung gehört auch die Festlegung von Plausibilitäts- und Validierungsregeln, welche bei der Datenerfassung zur Anwendung kommen und die Qualität der erzeugten Daten sicherstellen sollen. Der erste Beitrag zu einer hohen Datenqualität besteht in einem guten, adäquaten Datenmodell und der Vollständigkeit und Korrektheit der Validierungsregeln.

Datenerfassung

2. Die Daten werden erfasst, erzeugt oder extern bezogen. Auf jeden Fall müssen sie die zuvor technisch und auch organisatorisch implementierten Validierungsregeln erfolgreich passieren.

**Daten-
speicherung
und
Nutzung**

3. Die Daten werden gespeichert und stehen damit zur weiteren Nutzung zur Verfügung. Die Nutzung erfolgt direkt durch Personen oder Systeme für operative Zwecke oder durch die Weiterverarbeitung in nachgelagerten Systemen, wie beispielsweise einem Data Warehouse für dispositive, analytische und strategische Anwendungen. Für diese Weiterverarbeitung kommen wieder technisch implementierte Geschäftsregeln zum Zuge, welche die Qualität des Resultates sicherstellen sollen.

Datenbereitstellung	4. Aus dem Data Warehouse werden Daten erneut extrahiert und in verschiedenen Data-Marts für spezifische Geschäftsfunktionen zur Verfügung gestellt. Wieder geschieht dies nach zuvor festgelegten Geschäftsregeln, die technisch geprüft werden.
Datennutzung	5. Erneut werden die Daten genutzt, dieses Mal von anderen Benutzerkreisen für andere Geschäftszwecke. Der Nutzer beurteilt die Qualität der Daten und Informationen.
Datenqualitätsbeurteilung	6. Die Qualität der Daten sollte nach jedem Bearbeitungsschritt gemessen und überprüft werden. Immer wenn Qualitätsprobleme erkannt sind, sollte in einer Feedback-Schleife die Ursache erforscht und behoben werden, um so einen stetigen Qualitätsverbesserungsprozess zu gewährleisten.
Idealfall versus Praxis	Der dargestellte Ablauf ist sehr simplifiziert und geht von dem Idealfall aus, dass der Datenqualitätsprozess durchgehend nach Ingenieurprinzipien gestaltet ist. Die Realität sieht meistens anders aus. Historisch gewachsene, an den jeweiligen spezifischen Problemstellungen orientierte Teilprozesse fügen sich zu einem Puzzle zusammen. Dieses ähnelt immer seltener einem durchgängigen Prozess als vielmehr der Aneinanderreihung isolierter Teilfunktionen, die mit jeweils individuellen Schnittstellen miteinander verbunden sind.
Data Cleansing Ansatz	In diesen Schnittstellen wird möglicherweise der Datenqualitätsproblematik Beachtung geschenkt. Die erkannten Qualitätsprobleme zwischen einzelnen Systemen wird spezifisch gelöst. Dies ist der vor allem in Data Warehousing Systemen häufig angewandte „Data-Cleansing"-Ansatz. ES mag in einem historisch gewachsenen Informationssystem-Puzzle kurzfristig der einzig mögliche Weg zur Qualitätsverbesserung für bestimmte Anwendungen sein, aber auf Grund der Eigenschaft der Daten, einfach vervielfältigt und verteilt werden zu können, führt er zu keiner nachhaltigen Lösung. Zur nachhaltigen Qualitätsverbesserung führt nur der Prozess-Ansatz.
Datenqualitätsprozess Modelle	Für die Gestaltung eines Datenqualitätsprozesses gibt es prinzipiell zwei Modelle: • die Verwendung des für die Qualitätssicherung im industriellen Herstellungsprozess geschaffene ISO-9000-Rahmenwerkes, nach entsprechenden Modifikationen für den Datenqualitätsprozess,

- die Anwendung des Total-Quality-Managements und dessen Ausgestaltung als Total-Data-Quality-Management.

Prozessgedanke

Beide Ansätze gehen von einem Prozessgedanken aus, wie er vereinfacht in Abbildung 11-4 dargestellt ist. Die Daten werden über ihren gesamten Lebenszyklus einem konsequenten Qualitätsmanagement unterzogen. Eine seriöse Daten- und Informationsplanung, wie sie in Kapitel 2 vorgeschlagen wurde, sorgt dafür, dass die Datenerzeugung, -nachfrage und –nutzung frühzeitig bekannt ist und das Qualitätsmanagement dies berücksichtigen kann.

Wirtschaftlichkeit

Trotz aller Qualitätsansprüche macht es aus ökonomischen Gründen wenig Sinn, alle Datenelemente im Unternehmen hinsichtlich des Qualitätsmanagements gleich zu behandeln. Es ist vielmehr darauf zu achten, dass auch bei der Definition, der Herstellung und Überwachung der Datenqualität das Gebot der Wirtschaftlichkeit gewahrt bleibt. Um jene Daten zu identifizieren, deren Qualität für das gesamte Informationssystem von herausragender Bedeutung sind, müssen eine Risikobewertung und eine Analyse der Verwendungshäufigkeiten der Daten durchgeführt werden.

Ansatz Risikobewertung

Die Methode der Risikobewertung geht davon aus, dass Qualitätsprobleme bei einigen Daten zu grösseren Geschäftsrisiken führen, als Qualitätsprobleme bei anderen Daten. Es gilt also, die Daten in Risikoklassen einzuteilen und sich beim Qualitätsmanagement auf jene Daten zu konzentrieren, bei denen Qualitätsprobleme besonders hohe operative, dispositive oder strategische Geschäftsrisiken auslösen können.

Ansatz Verwendungshäufigkeit

Die Analyse der Verwendungshäufigkeit hat zum Ziel, jene Daten zu identifizieren, die in besonders vielen Anwendungssystemen vorkommen. Es wird die Wiederverwendung der Daten untersucht. Das Ergebnis dieser Untersuchung ist eine Klassifizierung der Daten nach dem Grad ihrer Wiederverwendung. Um für die Effekte des Qualitätsmanagements einen möglichst grossen Multiplikatoreffekt zu erreichen, wird der Fokus auf jene Daten gelegt, deren Wiederverwendungsgrad in den Informationssystemen des Unternehmens besonders hoch ist. Betrachtet man die Überlegungen zum Thema „Unternehmensmodellierung" aus Kapitel 5 noch einmal, so ist ersichtlich, dass der dort beschriebene Ansatz eines Kern-Datenmodells hervorragende Hinweise auf die Natur der Daten mit einem potentiell hohen Wiederverwendungsgrad gibt.

11 Vom Daten- zum Wissensmanagement

Beurteilung

Beide Ansätze bedingen, dass ein Dateninventar angelegt wird. Man kann nur jene Daten einem Qualitätsmanagement unterziehen, von denen man weiss, dass sie existieren. Da sowohl die Risikobewertung als auch die Verwendungshäufigkeit als Ausgangspunkt eines Qualitätsmanagements ihre Berechtigung hat, kombiniert man zur Inizialisierung eines Datenqualitäts-Management-Programms beide, um die wichtigsten und die kritischsten Daten des Unternehmens zu identifizieren.

Tabelle 11-1: Prioritäten bei der Initialisierung des DQ-Managements

		Daten-Wiederverwendung	
		Hoch	Tief
Risiko	Hoch	Prio. 1	Prio. 2
	Tief	Prio. 3	Prio. 4

Die obige Tabelle gibt einen Hinweis, wie die Prioritäten zu setzen sind, wenn mit dem Datenqualitäts-Management begonnen wird.

Dateneigentümerschaft

Ausserdem muss die Dateneigentümerschaft und damit auch die Verantwortung für das Qualitätsmanagement auf Datenebene festgelegt werden. Es wird die verantwortliche Instanz für das jeweilige "Daten-*Produkt*" bestimmt, welche auch für die Qualität des Produktes über dessen gesamten Lebenszyklus zu wachen hat. Es ist dabei eine gefährliche Illusion, einer zentralen Einheit wie beispielsweise dem Chief-Information-Officer diese Verantwortung alleine übertragen zu wollen. Daten werden im gesamten Unternehmen und über die Unternehmensgrenzen hinweg erzeugt, verarbeitet und genutzt. Die Dateneigentümerschaft muss sich daher ebenfalls am Qualitätsprozess orientieren und die Eigenschaft der einfachen Kopierbarkeit und Verteilbarkeit berücksichtigen.

Fehlendes Datenqualitätsmanagement

Erstaunlicherweise ist es die Erfahrung der Autoren, dass in der Praxis teilweise sehr wenig Wert im Sinne von Geld und Budget auf das Datenqualitäts-Management gelegt wird. Je mehr Daten und Informationen erzeugt, gespeichert, verarbeitet, verteilt und genutzt werden, desto geringer werden offensichtlich die Chancen betrachtet, die Qualität des Produktes Daten und Information nachhaltig zu verbessern. Paradoxerweise sind viele Data Warehousing Projekte iniziert worden, um vorhandene Datenqualitätsprobleme für dispositive, analytische oder strategische Anwendungen zu eliminieren oder zumindest zu verringern. Ein Data Warehousing System kann aber bei aller Anstrengung im Data-Cleansing die Daten nachhaltig nicht besser machen als sie sind. Im Ergebnis werden wieder nur neue Qualitätsprobleme generiert.

Datenqualitätsmanagement und Kundenorientierung

Erst wenn sich Entscheidungsträger darüber bewusst sind, dass der breite Einsatz von Informationstechnologie heute überwiegend den Sinn hat, Daten und Informationen von hoher Qualität internen und externen Kunden zur Verfügung zu stellen, wird das Datenqualitäts-Management einen ähnlichen Rang erhalten, wie das Management der traditionellen Unternehmensressourcen. In diesem Sinne muss festgehalten werden, dass sich die heute weitverbreitete betriebliche Praxis im Datenqualitäts-Management in einem diametralen Gegensatz zu dem oft postulierten Grundsatz der Kundenorientierung befindet.

11.1.3 Leistungskontrolle der Funktion Datenmanagement

Infrastrukturorganisation

Das Datenmanagement ist in den Unternehmen eine Infrastrukturorganisation, die nicht dem Kerngeschäft zugerechnet werden kann. Solche Organisationen, die vordergründig offenbar nur Geld kosten und keines verdienen, stehen üblicherweise unter einem ständigen ökonomischen Rechtfertigungszwang. Dieser Druck kann gemildert werden, wenn deutlich gemacht wird, welcher Beitrag zum Unternehmenserfolg entsteht. Hierzu werden den Infrastrukturorganisationen und somit auch dem Datenmanagement klar definierte, strategische und operative Ziele vorgegeben. Die Zielerreichung wird gemessen und bewertet. Damit ist einerseits eine Leistungskontrolle des Datenmanagements gewährleistet und andererseits das Datenmanagement von ständigen Rechtfertigungsübungen befreit.

Leistungskatalog Datenmanagement

Um ein geeignetes Bewertungsschema abzuleiten, sollte das Datenmanagement als unternehmens-interner Leistungserstellungsprozess betrachtet werden, welcher die Bedürfnisse interner Kunden befriedigt. Ausgehend von dieser Kundenorientierung ist ein Leistungskatalog zu entwickeln und mit quantifizierbaren Qualitätsmerkmalen zu versehen. Anhand dessen sind die zu erreichenden Ziele je Zeitperiode und Organisationseinheit in realistischer Weise zu definieren und die Zielerreichung regelmässig zu überprüfen. Die Anpassung von Zielen und Parametern an veränderte Bedingungen ist selbstverständlich. Die Abbildung 11-5 zeigt ein vereinfachtes Schema, wie eine Zielhierarchie definiert werden kann, welche von den in Abschnitt 11.1 formulierten übergeordneten Zielen des Informationsmanagements ausgeht und diese auf die verschiedenen Zielebenen des Datenmanagements herunterbricht.

Abbildung 11-5: Eine Zielhierarchie für das Datenmanagement

Bewertungsschema

Die unterste Ebene der Hierarchie zeigt die operativen Ziele des Datenmanagements. Sind diese operativen Ziele definiert, kann anschliessend ein Bewertungsschema erstellt werden, mit dessen Hilfe diese Ziele bewertet und gemessen werden. Einige Ziele sind allein durch Beobachtung oder durch Erstellung von Statistiken messbar, andere sollten durch regelmässige Kundenbefragungen bewertet werden. Die Kunden des Datenmanagements sind sowohl im Informatikbereich selbst, aber auch in den Fachabteilungen zu finden. So entsteht für das Datenmanagement im Laufe der Zeit eine Daten- und Informationsbasis, die einen ständigen Bewertungs- und Verbesserungsprozess ermöglicht. Zum anderen bietet ein solches Vorgehen einen idealen Anlass, um das Datenmanagement und seine Dienstleistungen im Unternehmen bekannt zu machen.

11.2 Wissensmanagement

Das Thema Wissensmanagement kam Mitte der achtziger Jahre in Verbindung mit der Diskussion neuer Organisationsformen und einer Orientierung an der lernenden Organisation als Vorbild auf. Als wichtige Eigenschaften der neuen Organisationsformen werden unter anderem Flexibilität, Dezentralisierung, Prozessorientierung, Partizipation und Intelligenz genannt. An die Stelle von Hierarchien sollten flachere Strukturen, Netzwerke und weitgehend autonome Einheiten treten. In solchen Verbünden spielen natürlich Daten, Informationen und Wissen sowie die Kommunikation und Informationsflüsse eine zentrale Rolle. Die Aktualität des Themas lässt sich aus der Häufung von Veröffentlichungen in der jüngeren Vergangenheit ablesen. Dies ist aber zugleich ein deutlicher Hinweis auf ungelöste Probleme der Unternehmensführung. In nachfolgenden Abschnitten soll dieses wichtige Thema im Überblick dargestellt werden.

11.2.1 Entwicklung des Wissensmanagement

Quellen zum Wissensmanagement

Die ersten expliziten Quellen zum Wissensmanagement finden sich bereits in den sechziger Jahren. Es handelte sich um Publikationen, die sich mit der Bedeutung des Wissens in einer sich wandelnden Gesellschaft und mit ökonomischen Zusammenhängen befassten. Erst mit der breiten Thematisierung des organisatorischen Lernens setzte eine intensive Diskussion ein. Ein ähnliches Bild zeichnet die amerikanische Literatur, wo der Begriff „Knowledge Management" zunächst weder in der Wissenschaft noch in der Praxis grössere Verbreitung oder Beachtung fand. Diese Situation änderte sich etwa ab Mitte der neunziger Jahre drastisch. Seither ist das Wissensmanagement zu einem der meist diskutierten Begriffe und Themen geworden (vgl. [Lehner 2000]).

Aktivitäten nach Schüppel

Die Aktivitäten des Wissensmanagements selbst können auf sehr unterschiedliche Bereiche ausgerichtet sein. Schüppel [Schüppel 1997] schlägt folgende Unterscheidung vor:

- zielgerichtete und geplante Wissensversorgung einer Organisation
- Umgang mit der Ressource Wissen als knappem Gut
- Management der Kosten- und Leistungspotenziale von Wissen
- Management der Wissensquellen

- unterstützende (technische und nicht-technische) Systeme der Wissensproduktion, -reproduktion, -distribution, -verwertung und des Wissensflusses.

Aufgaben, Fähigkeiten und Aktivitäten

Reinmann-Rothmeier und Mandl [Reinmann/Mandl 1997] sehen das Wissensmanagement als gesellschaftliche Herausforderung, als organisationale Aufgabe sowie als individuelle und soziale Kompetenz an. Je nachdem, welche dieser Ebenen angesprochen wird, umfasst es ein Bündel von Aufgaben, Fähigkeiten und Aktivitäten, welches sie wie folgt zusammenfassen:

- Informationen verbreiten
- Informationen selektieren und bewerten
- Information in einen Kontext einbetten und mit Bedeutung versehen
- Aus Informationen Wissen konstruieren und neues Wissen entwickeln
- Wissensinhalte miteinander verknüpfen und Wissensnetze bilden
- Wissen bewahren, strukturieren und aktualisieren
- Wissen weitergeben, vermitteln und verteilen
- Wissen austauschen und gegenseitig ergänzen
- Wissen anwenden und umsetzen
- Wissensbasiertes Handeln bewerten und daraus neues Wissen entwickeln

Kein neuer Managementansatz

Auch wenn das Wissensmanagement keinen neuen Managementansatz darstellt, so wird damit dennoch eine neue Dimension der betrieblichen Daten-, Informations- und Know-how-Verwaltung iniziert. Die veränderte Sicht auf Daten und Informationen sowie auf die Mechanismen für deren Speicherung, Verwaltung, Verteilung sowie den Zugriff weist eine enge thematische Verbindung zum Datenmanagement, Dokumentenmanagement und zum Workflowmanagement auf.

Ziele Wissensmanagement

Mit einem aktiven Wissensmanagement (Knowledge Management) werden im wesentlichen folgende Ziele verfolgt:

- Optimale Nutzung wichtiger Ressourcen
- Reduzieren des Time-to-Market
- Kürzere Produktzykluszeiten
- Verbessern der Kundenbeziehung und des Kundennutzens
- Verbesserte Effizienz bei F&E-Projekten

- Erfolgreiches Reengineering von Unternehmensprozessen
- Verbesserung des internen Informationsflusses in der Organisation

11.2.2 Wissensmanagementansätze

Unter den verschiedenen Teilsichten, die von Fächern wie Betriebswirtschaftslehre, Wirtschaftsinformatik, Organisationswissenschaft, Informationswissenschaft, Soziologie und Psychologie inzwischen entwickelt wurden, lassen sich zumindest zwei verschiedene Grundausrichtungen erkennen. Sie können als humanorientiertes Wissensmanagement und als technologieorientiertes Wissensmanagement bezeichnet werden (vgl. [Schüppel 1997]). Beide Grundausrichtungen finden ihre Verbindung in einem integrativen Ansatz, der zunehmend propagiert wird.

Humanorientierter Ansatz des Wissensmanagements

- Dieser Ansatz sieht die Person oder das Individuum als zentralen Wissensträger, dessen Potenziale nicht voll ausgeschöpft und dessen kognitive Fähigkeiten durch das Wissensmanagement unterstützt werden sollen. Der Ansatz ist geprägt von psychologischen und soziologischen Erkenntnissen und steht in einem engen Verhältnis zum Personalmanagement. Der Schwerpunkt liegt bei der Einrichtung eines ganzheitlichen Konzeptes für das Wissensmanagement, wobei die Möglichkeiten einer personenunabhängigen Speicherung und Verarbeitung des Wissens in Form einer organisatorischen Wissensbasis vernachlässigt wird.

Technologischer Ansatz des Wissensmanagements

- Dieser Ansatz geht von der Existenz einer organisatorischen Wissensbasis aus, für die Konzepte entwickelt werden, um das Wissen der Organisation zu erfassen, zu erweitern, zu nutzen, zu speichern und zu verteilen. Die Vorstellung von dieser organisatorischen Wissensbasis ist dabei oft sehr eingeschränkt auf technische Realisierungsformen (z.B. als Datenbank oder als Expertensystem). Man kann allerdings nicht davon ausgehen, dass die technische Realisierung eines Wissensmanagement-Konzeptes Organisationsmitglieder veranlassen wird, ihre Wissensbasis aktiv zu erweitern oder mit anderen zu teilen.

Integrativer Ansatz des Wissensmanagements

- Analysiert man die aktuellen Veröffentlichungen der letzten Jahre, so wird deutlich, dass zunehmend versucht wird, den humanorientierten und den technologieorientierten Ansatz in einem ganzheitlichen Konzept zu verbinden. Letztlich bedeutet dies, dass die kreativen und intellektuellen Fähigkeiten eines Individuums beim Umgang mit Wissen mit den daten- und informationsverarbeitenden Kapazitäten der Computertechnologie verbunden werden müssen, um wirkliche Synergieeffekte zu erzielen.

11.2.3 Vorgehensmodelle

Wissensmanagement-Modellen

Die Frage nach der konkreten Umsetzung des Wissensmanagements führt über kurz oder lang zu Wissensmanagement-Modellen. Von diesen wird verlangt, dass sie vor allem praktisch umsetzbar sind. Es lassen sich grob zwei Gruppen solcher Modelle unterscheiden, nämlich Vorgehensmodelle für die Einführung des Wissensmanagements und Modelle, welche die Aktivitäten des Wissensmanagements selbst beschreiben. Eine ausführliche Darstellung und ein Überblick zum momentanen Stand der Entwicklung findet sich bei [Lehner 2000]. Dort wird auch auf die Unterstützung durch Werkzeuge und auf Wissensmanagementsysteme näher eingegangen.

Einführung von Wissensmanagement

Die erste Gruppe von Modellen muss in enger Verbindung mit anderen organisatorischen Aufgabenstellungen und Projekten gesehen werden. Zentrale Aufgaben bei der Einführung des Wissensmanagements sind auch die Festlegung der organisatorischen Zuständigkeiten und der Aufgabenprofile, die Bestellung eines Wissensmanagers, die Einrichtung einer Wissensmanagementabteilung, die Entwicklung von Anreizsystemen für den Wissensaustausch, der Aufbau einer informationstechnischen Infrastruktur und die Bestimmung der Wissensziele.

Aktivitäten des Wissensmanagement

Für die Aktivitäten des Wissensmanagements selbst findet sich in der Zwischenzeit in der einschlägigen Fachliteratur ein breites Angebot an Modellen. Diese bilden meist den Kern eines umfassenderen Konzeptes.

Beispiel Modell Pawlowsky

Am Wissensmanagement-Modell von Pawlowsky [vgl. Lehner 2000] soll die grundsätzliche Struktur solcher Modelle kurz verdeutlicht werden. Sie setzt sich aus mehreren Komponenten oder Bausteinen zusammen, die meist iterativ oder zyklisch zu durchlaufen sind. Damit wird zum Ausdruck gebracht, dass das Wissensmanagement keine einmalige Aufgabe ist, sondern permanent stattfinden muss. Im vorliegenden Fall integriert das Modell eine Reihe bereits bekannter Ansätze. Im Mittelpunkt des Modells stehen folgende Phasen des Managements organisationaler Wissensressourcen, die an Hand einiger Leitfragen erklärt werden (nach [Reinhardt/Bayer 1997]):

11.2 Wissensmanagement

Wissens-identifikation
- Wie (gut) werden Informationen über relevante Umweltausschnitte (Kunden, Mitbewerber, Mitarbeiter, Politik, Recht usw.) zusammengetragen? Wer leitet und beeinflusst diese Umfeldwahrnehmung – wie einseitig ist diese?

Wissens-erzeugung
- Wie (gut) kann implizites Wissen anderen Organisationsmitgliedern zur Verfügung gestellt werden? Wie (gut) kann bereits vorhandenes Wissen in der Organisation miteinander verknüpft werden, um neues Wissen zu erzeugen?

Austausch des Wissens
- Welche Kommunikationskanäle existieren in der Organisation – wie (gut) werden sie genutzt? Welche Kommunikationsformen und -barrieren sind vorhanden?

Annahmen
- Welche Annahmen steuern die wichtigsten Aktivitäten in einer Gruppe, Abteilung und Organisation? Inwieweit werden abweichende Sichtweisen zugelassen oder gefördert? Wie veränderungsbereit ist das Unternehmen?

Umsetzung in Produkte und Dienstleistungen
- Wie (gut) wird Wissen in Verhalten umgesetzt und wie können (neue) Einsichten und Erkenntnisse handlungswirksam werden? Welche Blockaden existieren möglicherweise, so dass Ideen und Erneuerungen nicht in Verhalten umgesetzt werden (können oder dürfen)?

Ansatz Probst

Um ein praxisorientiertes Konzept des Wissensmanagements zu entwickeln, wurde Mitte 1995 das Schweizerische Forum für Organisationales Lernen und Wissensmanagement gegründet. In diesem Forum trafen sich regelmässig Teilnehmer aus Theorie und Praxis. Das Ergebnis dieser Arbeiten wurde 1997 als Buch veröffentlicht [Probst/Raub/Romhard 1997].

Abbildung 11-6: Wissensmanagement nach Probst

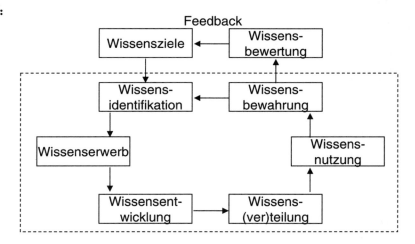

Die einzelnen Prozesse sind:

- **Wissensidentifikation**: Wie verschaffe ich mir intern und extern Transparenz über vorhandenes Wissen?
- **Wissenserwerb**: Welche Fähigkeiten kaufe ich mir extern ein?
- **Wissensentwicklung**: Wie baue ich neues Wissen auf?
- **Wissens(ver)teilung**: Wie bringe ich das Wissen an den richtigen Ort?
- **Wissensnutzung**: Wie stelle ich die Anwendung des Wissens sicher?
- **Wissensbewahrung**: Wie schütze ich mich vor Wissensverlust?
- **Wissensziele**: Wie gebe ich meinen Lernanstrengungen eine Richtung?
- **Wissensbewertung**: Wie messe ich den Erfolg meiner Lernprozesse?

11.3 Standortbestimmung im Unternehmen

Am Ende dieses Buches möchten wir dazu ermuntern, eine kritische Standortbestimmung des Daten- und Informationsmanagements in den Unternehmen vorzunehmen. Hierzu dient uns wiederum das Entwicklungsstufenmodell, welches uns bisher stets begleitet hat. Wo will das Unternehmen hin, wo steht es?

Abbildung 11-7: Standortbestimmung im Entwicklungsstufenmodell

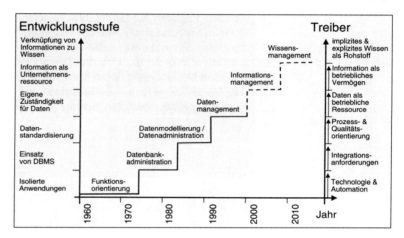

Informationsmanagement als Ziel

In den meisten grossen Unternehmen dürfte heute ein integriertes, zuverlässiges und effizientes Informationsmanagement eindeutig zu den Zielen gehören, welche den Informatikabteilungen gesetzt werden. In ehrgeizigen Unternehmen ist auch das Thema Wissensmanagement bereits adressiert.

Voraussetzung Datenmanagementreifegrad

Wissens- und Informationsmanagement sind Entwicklungsstufen, die aufeinander aufbauen. Beide setzen ihrerseits auf das Datenmanagement auf und setzen voraus, dass das Datenmanagement einen gewissen Reifegrad erreicht hat. Das in Kapitel 8 vorgeschlagene Modell eignet sich dazu, die Entwicklungsstufe des Unternehmens hinsichtlich seines Datenmanagements zu bestimmen und sich im Entwicklungsstufenmodell zu positionieren. Dies dient dazu, Klarheit und Transparenz zu schaffen und zielgerichtet Handlungsalternativen abzuleiten, damit das Datenmanagement die übergeordneten Zielsetzungen effektiv unterstützen kann.

Diskrepanz

Abbildung 11-7 zeigt eine Situation, in der ein Unternehmen zwar unternehmensweites Wissensmanagement anstrebt, sich aber definitiv noch auf der **Entwicklungsstufe Datenmodellie-**

11 Vom Daten- zum Wissensmanagement

rung/Datenadministration befindet. Die erste Aufgabe bestünde nun darin, ein Datenmanagement-Assessment durchzuführen und daraus einen konkreten Handlungskatalog abzuleiten, wie die nächste Entwicklungsstufe erreicht werden soll so wie es in Kapitel 8 vorgeschlagen wurde.

Anerkennung der Thesen

Ein solches Vorgehen setzt voraus, dass die diesem Buch zu Grunde liegenden Thesen:

1. die Daten spielen auf Grund ihrer Langlebigkeit eine besondere Rolle im Informationssystem der Unternehmen;
2. die Daten bilden die Basis der Informationen;
3. die Daten müssen als Unternehmensressource einem professionellen Management unterzogen werden;
4. das Modell aufeinander aufbauender und einander voraussetzender Entwicklungsstufen stimmt;

als richtig anerkannt werden.

11.4 Entwicklungstrends

Das klassische Datenmanagement mit seinen Funktionen und Konzepten wurde in diesem Buch ausführlich dargestellt und diskutiert. Die neuen Entwicklungen sind durch die Konzepte „Data Warehousing " und „Data Mining" beschrieben worden. Die Behandlung der Frage: *„Was kommt danach?"* soll diese Abhandlung abschliessen. Wir erkennen vier wesentliche Trends im Daten- und Informationsmanagement.

Trend Nr. 1: Die Entwicklung eines integrierten, prozessorientierten Datenmanagements

Anforderungen aus Data-Warehouse-Konzepten

Durch die Beschäftigung mit Data-Warehouse-Konzepten werden in den Unternehmen teilweise Anforderungen neu formuliert, welche für das Datenmanagement eigentlich schon immer hätten gelten sollen deren Bearbeitung und Erfüllung aber häufig aus mangelnder Erkenntnis der Notwendigkeit und des Nutzens bislang unterblieben ist. Die erfolgreiche Umsetzung von Data-Warehouse-Konzepten erfordert schliesslich die Beherrschung aller klassischen Datenmanagement-Disziplinen. In einem Unternehmen, welches sein Datenmanagement nicht beherrscht, wird die Beschäftigung mit Data-Warehouse-Konzepten die Inizialzündung für den Aufbau eines integrierten Datenmanagements sein müssen.

Integriertes Datenmanagement

Integriertes Datenmanagement bedeutet, dass die Verantwortung für die Daten nicht mehr nur dem Informatikbereich überlassen wird, sondern dass der Datenprozess im gesamten Unternehmen als innerbetrieblicher Wertschöpfungsprozess verstanden wird. Im Unternehmen werden Daten- und Prozessverantwortliche bestimmt, welche über die Prozessqualität und die Qualität der Dateninhalte wachen. Das Datenmanagement ist zunehmend nicht mehr nur eine reine IT-Funktion, sondern wird erweitert zu einer prozess-orientierten Organisation des Gesamtunternehmens. Diese Entwicklung führt zu Datenbereinigungs-Projekten, welche die Kerndaten des Unternehmens normieren, standardisieren, die Regeln für ihre Erfassung und Verarbeitung festlegen und bereinigen.

Trend Nr. 2: Standardisierung

Standardisierung in der Software-Entwicklung

Bei der Software-Entwicklung befinden sich viele Unternehmen noch weitgehend auf dem Stand der Einzelfertigung und keineswegs auf dem Niveau industrieller Softwareproduktion. Dies bedeutet, dass bei der Entwicklung neuer Anwendungssysteme die meisten Software-Komponenten neu entwickelt werden. Der Grad der Wiederverwendung bestehender Komponenten ist erschreckend gering. Wiederverwendung ist jedoch **der einzige Weg** zur Effizienzsteigerung, Kostenreduktion und von Anforderungen im Bereich „Time-to-Market".

Vergleich Automobilindustrie

Um sich klar zu machen, wie es zu industriellen Fertigungsmethoden kommt, lohnt ein Blick auf die Geschichte der Automobilindustrie. In dem bekannten Werk „Die zweite Revolution in der Automobilindustrie" [vgl. Womack 1992], in dem vor allem auf die Auswirkungen von Lean-Production-Konzepten eingegangen wird, ist auch eindrucksvoll beschrieben, worin denn die *erste* Revolution der Automobilindustrie bestanden hat. Diese hatte ihre Wurzeln keinesfalls in der Einführung der Fliessbandfertigung durch Henry Ford, sondern *„es war vielmehr die vollständige und passgenaue Austauschbarkeit der Bauteile und die Einfachheit ihres Zusammenbaus. Diese Neuerungen in der Fertigung machten das Fliessband erst möglich"* [aus Womack 1992]. Mit anderen Worten: Die Grundlage der industriellen Fertigung bestand damals wie heute in der Standardisierung der Bauteile und der Werkzeuge zu ihrem Zusammenbau. Standardisierung ist die Grundvoraussetzung für die Wiederverwendung.

Probleme der Standardisierung

Sobald aber die Unternehmen, die grosse Informationssysteme betreiben und entwickeln und selbst für Standards sorgen müssen, ist es schnell mit den Möglichkeiten der Wiederverwendbarkeit vorbei. Es ist an der Zeit zu erkennen, dass Wiederverwendbarkeit nicht primär ein Problem der Technologie, sondern vielmehr ein Problem der vorhandenen Infrastruktur in den Unternehmen sowie der Prozessorganisation ist. Die Voraussetzungen, um auch bei der Softwareentwicklung zu einer industriellen Komponentenfertigung zu kommen, müssen bei den Anwenderunternehmen selbst geschaffen werden. Sie bestehen aus der Standardisierung der Komponenten, der Daten, der Schnittstellen zwischen den Komponenten und den verschiedenen Anwendungssystemen sowie der Prozesse zur Fertigung. Welche Beiträge das Datenmanagement zur Standardisierung leisten kann, ist in diesem Buch an verschiedenen Stellen aufgezeigt worden.

11.4 Entwicklungstrends

Verteiltes Datenmanagement

Trend Nr. 3: Verteiltes Datenmanagement in grossen Unternehmen

In grossen Unternehmen mit unterschiedlichen Unternehmensbereichen, die häufig auch noch weltweit tätig sind, ist es nicht sinnvoll, ein zentrales und alle Unternehmensbereiche versorgendes Daten- und Informationsmanagement zu installieren. Die zu grosse Anzahl der zu verwaltenden logischen und technischen Datenobjekte, die mangelnde lokale und zeitliche Präsenz der Datenmanager, die häufig sehr unterschiedlichen Daten- und Informationsbedürfnisse der Unternehmensbereiche und die mit zentralen Strukturen in grossen Organisationen einhergehende Einschränkung der Flexibilität erfordern eine verteilte, dezentrale Organisation des Daten- und Informationsmanagements. Die Aufgaben des Datenmanagements werden in den Unternehmensbereichen jeweils spezifisch auf deren Bedürfnisse angepasst, wobei immer den Grundsätzen des modernen Daten- und Informationsmanagements gefolgt wird.

Abbildung 11-8: Verteiltes Datenmanagement in grossen Unternehmen

Konzern-Data Warehouse

Für die übergreifenden Berichts-, Analyse- und Konsolidierungsbedürfnisse wird ein Konzern Data Warehouse eingerichtet, welches die auf Konzernebene benötigten Daten aus allen Unternehmensbereichen zusammenfasst. Die Strukturen und die Semantik der Daten im Konzern Data Warehouse werden in einem Konzern-Repository definiert. Damit wird auch bestimmt, in welcher Form die Daten aus den Unternehmensbereichen angeliefert werden müssen. Die auf der Konzernebene benötigten funktionalen Data Warehouse Anwendungen für das finanzielle Rechnungswesen, Marktanalysen oder das Liquiditätsmanagement beziehen ihre Daten aus dem Konzern Data Warehouse. Es fliessen auch Daten aus der Konzernebene in das Konzern Data Warehouse zurück, beispielsweise Ergebnisse aus Analyse- oder Budgetierungsprozessen, und stehen dort in konsistenter Form allen Unternehmensbereichen zur Verfügung. Diese unterhalten ihrerseits neben ihren operativen Anwendungssystemen und Datenbanken auch ein Data-Warehouse- sowie ein Repositorysystem nach den in diesem Buch dargelegten Prinzipien.

Verteilung der Verantwortung

Für die Verteilung der Verantwortung für die Datenmanagementprozesse auf unterschiedliche Datenmanagementeinheiten kann es verschiedene Szenarien geben. Die Verantwortung kann beispielsweise auf die Unternehmensbereiche und auf die Konzernebene verteilt werden. Es ist auch denkbar, dass bei einem weltweit tätigen Unternehmen die Verantwortung lokal verteilt wird, unabhängig von der jeweiligen Zugehörigkeit der Daten zum Unternehmensbereich.

Effiziente Wahrnehmung der Aufgaben

Wesentlich ist, dass die Datenmanagementaufgaben effizient wahrgenommen werden können und vor allem, dass die relevanten Daten auf Konzernebene konsistent und in der erforderlichen Qualität zur Verfügung stehen. Hierzu müssen diese Daten modelliert und standardisiert werden, bevor sie im Konzern Data Warehouse gespeichert werden. Die Verantwortung dafür sowie für den Unterhalt des Data-Warehouse und des Konzern-Repositories kann einem Konzern-Datenmanagement übertragen werden oder auch einer geeigneten und schlagkräftigen Datenmanagementorganisation eines Unternehmensbereiches. Auf jeden Fall sind die leitenden Stellen der Unternehmensbereiche in die Standardisierungen auf Konzernebene miteinzubeziehen.

Trend Nr. 4: Wissensmanagement - der nächste Schritt

Mit dem Trend zur lernenden Organisation eng verbunden ist die Entwicklung eines echten Wissensmanagements.

Fehlender Wissenstransfer

„Viele Unternehmen werden schneller senil als ihre Führungskräfte", behauptet James Martin. Der Grund: In Firmen wird zwar ständig gelernt, dieses Wissen wird jedoch nicht weitergereicht. So erhalten beispielsweise Mitarbeiterinnen und Mitarbeiter, die im Verkauf oder im Kundendienst tätig sind, ständig Informationen über die Qualität der Produkte, die sie verkaufen oder warten. Diese Informationen gelangen aber nur selten vollständig zum Produktentwickler.

Brachliegendes Wissen

In den Unternehmen liegt wertvolles Wissen brach, weil es nicht erschlossen wird und an die richtigen Stellen gelangt. Das effiziente Management von „Wissen" erweist sich immer mehr als wettbewerbsentscheidender Faktor, da die Produkte, Dienstleistungen und Herstellungsprozesse immer wissensintensiver werden.

Fahrlässiger Umgang mit Produktionsfaktor Wissen

Nach der vom Internationalen Institut für lernende Organisation und Innovation (ILOI) in München durchgeführten Studie „Knowledge Management - Ein empirisch gestützter Leitfaden zum Management des Produktionsfaktors „Wissen"wird mit der Ressource „Wissen" erstaunlich fahrlässig umgegangen. Zwei Drittel der Manager haben erklärtermassen keinen umfassenden Überblick über das in ihrem Unternehmen vorhandene Wissen.

Wissensmanagement als Herausforderung

Wissensmanagement ist also eine Herausforderung für alle Unternehmen, welche in der Wissensgesellschaft überleben und ihre Wettbewerbsposition verbessern wollen. Während das Management der klassischen Produktionsfaktoren ausgereizt zu sein scheint, hat das Management des Wissens seine Zukunft noch vor sich.

Aus heutiger, theoretischer Sicht entsprechen viele Prozesse des Wissensmanagements solchen Prozessen, die wir auch vom Daten- und Informationsmanagement her kennen. Das Wissensmanagement wird deswegen die nächste Entwicklungsstufe nach dem Informationsmanagement bilden.

11.5 Kernaussagen zum Informationsmanagement

1. Das Datenmanagement muss die Ziele des Informationsmanagements direkt unterstützen.
2. Das Datenmanagement muss den Closed-Loop-Ansatz mit den Möglichkeiten einer integrierten Corporate-Information-Factory ermöglichen.
3. Die Qualität von Informationen und abgeleitetem Wissen ist nur so gut wie die Qualität der zugrunde liegenden Daten. Daher ist die Etablierung eines Datenqualitäts-Managements eine der zukünftigen Herausforderungen für das Datenmanagement.
4. Auch das Datenmanagement hat sich einer Leistungskontrolle zu unterziehen. Das Bewertungsschema muss aus den Zielen des Datenmanagements abgeleitet werden.
5. Eine Standortbestimmung im Entwicklungsstufenmodell dient dazu, die nächsten Schritte zum integrierten Informationsmanagement und späteren Wissensmanagement zu planen und zielgerichtet in Angriff zu nehmen.
6. Die erkennbaren Entwicklungstrends liegen in der prozess-orientierten Vorgehensweise, in der Standardisierung, in der verteilten Organisation in grossen Unternehmen, und in den verschiedenen Erscheinungsformen des Wissensmanagements.
7. Das Wissensmanagement wird die nächste Entwicklungsstufe nach dem Informationsmanagement bilden.

A Anhang

A.1 Darstellung eines Entity-Relationship-Modells

Heute werden nahezu alle Datenmodelle durch sogenannte *Entity-Relationship-Modelle (ERM)* repräsentiert, welche die Datenstrukturen durch *Entitäten* (engl.: Entity) und deren *Beziehungen* (engl.: Relationship) ausdrücken. Für Entity-Relationship-Modelle existieren verschiedene Darstellungsarten, die sich aber im Prinzip nicht sehr unterscheiden. Die hier gewählte Form, Terminologie und Darstellungsform ist auf jede andere Entity-Relationship-Methode übertragbar.

Definition: Entität
Eine *Entität* ist ein individuelles und eindeutig identifizierbares Exemplar von Dingen, Personen, Begriffen oder Konzepten der realen oder der Vorstellungs-Welt. Entitäten werden durch ihre *Attribute* (Eigenschaften) beschrieben. Die Attribute ermöglichen die Charakterisierung, die Klassifizierung und unter Umständen die eindeutige Identifizierung von Entitäten. Attribute haben einen Namen und einen oder mehrere Attributswerte.

Definition: Entitätsmenge
Entitäten mit gleichen Attributen (Eigenschaften), aber unterschiedlichen Attributswerten, werden zu *Entitätsmengen* (engl.: Entity Types) zusammengefasst. Entitätsmengen haben einen eindeutigen Namen.

Definition: Assoziation
Eine *Assoziation* beschreibt, auf welche Weise eine Entität einer Entitätsmenge A mit Entitäten einer anderen Entitätsmenge B in Beziehung stehen kann. Eine Assoziation hat eine Bezeichnung, die aussagt, welcher Art die Assoziation ist.

Es können vier Assoziationstypen (man spricht auch von Kardinalität oder Mächtigkeit einer Assoziation) unterschieden werden:

Einfache
- Eine Entität einer Entitätsmenge A steht immer mit genau einer Entität der Entitätsmenge B in Beziehung.

Konditionale
- Eine Entität einer Entitätsmenge A kann mit höchstens einer Entität der Entitätsmenge B in Beziehung stehen.

Mehrfache
- Eine Entität einer Entitätsmenge A steht mit mindestens einer Entität der Entitätsmenge B in Beziehung, unter umständen auch mit mehreren.

Mehrfach-konditionale
- Eine Entität einer Entitätsmenge A steht mit keiner, einer oder mehreren Entitäten einer Entität der Entitätsmenge B in Beziehung.

Definition: Beziehung
Kombiniert man eine Assoziation der Entitätsmenge A zur Entitätsmenge B (A, B) mit ihrer Gegenassoziation (B, A), so erhält man eine *Beziehung* zwischen den Entitäten der Entitätsmengen A und B.

In einem Entity-Relationship-Modell werden Entitätsmengen durch Rechtecke, Beziehungen durch Verbindungsstriche zwischen den Entitätsmengen und die Kardinalitäten durch folgende Symbole dargestellt:

Tabelle A-1: Kardinalitäten von Assoziationen

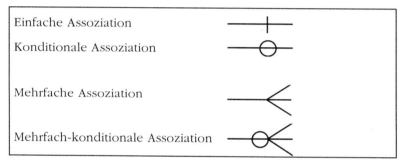

Beispiel
Das kleine Datenmodell in der Abbildung A-1 bildet folgende Realität ab:

- Eine Person kann keine, eine oder mehrere Bestellungen aufgeben.
- Eine Bestellung wird von genau einer Person aufgegeben.
- Ein Artikel kann in keiner, einer oder mehreren Bestellungen enthalten sein.
- Eine Bestellung enthält mindestens einen Artikel, kann aber auch mehrere Artikel enthalten.

Abbildung A-1: Beispiel-Datenmodell

A.2 Dimensionale Modellierung Star- und Snowflake-Schema

Entity-Relationship-Modelle und auf ihnen aufbauende relationale Datenbanken ergeben redundanzfreie, konsistente und flexible Datenstrukturen. Diese Datenstrukturen sind meist sehr komplex. Dadurch hat der Endbenutzer sehr grosse Mühe, in solchen Datenbanken zu navigieren und Daten zu analysieren. Sie benötigen die Unterstützung durch Programmlogik, welche bei Ad-Hoc-Analysen nicht zur Verfügung steht, was die Flexibilität für Datenanalysen erheblich einschränkt.

Besser geeignet für analytische Systeme sind Datenmodelle in denen sie auch ausgewertet werden können. Diese werden als Star-Schema- und Snowflake-Schema-Modelle bezeichnet, weil ihre grafische Form einem Stern bzw. einer Schneeflocke ähnelt. Diese Modelle kennen grundsätzlich zwei Typen von Entitätsmengen respektive Tabellen: Dimensions- und Faktentabellen.

Abbildung A-2: Star-Schema und Snowflake-Schema

Faktentabellen
Die Faktentabellen enthalten Kenn- oder Ergebniszahlen, die sich aus dem operativen Geschäft ableiten lassen, wie Umsätze, Kosten, Erträge, Profitabilität. Diese Zahlen ergeben erst einen Sinn, wenn sie in Zusammenhang gebracht werden. Beispielsweise werden Umsätze in einem bestimmten Markt mit bestimmten Produkten in einem bestimmten Zeitraum verglichen. Das sind Dimensionen, in denen die Geschäftsresultate ausgewertet und analysiert werden.

Dimensionstabellen
In den Dimensionstabellen werden die Entitäten durch ein einziges Schlüsselattribut identifiziert. Die Faktentabelle trägt einen zusammengesetzten Schlüssel. Die Schlüsselteile verweisen auf die jeweiligen Dimensionen.

Abbildung A-3: Dimensionen und Fakten

Das Beispiel in Abbildung A-4 zeigt ein Star-Schema-Modell, das Umsatzanalysen in den Dimensionen Zeit, Markt und Produkt erlaubt.

Abbildung A-4: Star-Schema-Modell

Beispiel Snowflake-Schema

Wenn die Dimensionen in sich noch Hierarchien tragen, welche als Aggregationsstufen für bestimmte Fakten genutzt werden und diese in jeweils eigenen Faktentabellen gespeichert werden sollen, so entsteht ein Snowflake-Schema-Modell. Im Beispiel in Abbildung A-5 sind die Produkte noch zusätzlich in Produktgruppen zusammengefasst. Die Produktgruppe dient als Aggregationsstufe, um Umsätze auch auf Gruppen von Produkten auszuweisen. Um diese Aggregationen nicht bei jeder relevanten Abfrage neu berechnen zu müssen, werden sie nur einmal berechnet und in einer eigenen Faktentabelle gespeichert.

Abbildung A-5: Snowflake-Schema-Modell

Beurteilung

Star-Schema- und Snowflake-Schema-Modelle unterstützen perfekt multidimensionale Analysen. Die physische Speicherung erfolgt in relationalen Datenbanken, kann aber auch auf multidimensionale Datenbanken übertragen werden.

A.3 Funktionsbeschreibungen des Datenmanagements

Die Funktionsbeschreibungen wurden zum Teil aus der in der Schweiz verbreiteten Broschüre „Berufe der Informatik" des SVD, Schweizerische Vereinigung für Datenverarbeitung und WIF, Verband der Wirtschaftsinformatik-Fachleute [SVDWIF 2000] entnommen.

A.3.1 Datenarchitektur

Funktion

Die Datenarchitektur garantiert eine einheitliche Datenstrategie. Sie erstellt Richtlinien und Standards, nach denen Datenmodelle erstellt und Datenbanken entworfen werden. Sie unterstützt die Systementwickler im Bereich Datenmodellierung und sorgt dafür, dass das Unternehmensdatenmodell beachtet und modifiziert wird. Sie ist für die Nachführung des Unternehmensdatenmodells verantwortlich und stellt sicher, dass die Informationen vollständig und konsistent auf dem Repositorysystem dokumentiert und abrufbar sind.

Beschreibung der Tätigkeiten

- Durchführen von Datenanalysen in Zusammenarbeit mit Fachinstanzen und Systementwicklung
- Analysieren, Klassifizieren und Beschreiben von Daten
- Anleiten und Unterstützen der Systementwickler bei der konzeptionellen Datenmodellierung (Entity-Relationship-Modell), unter Beachtung des Unternehmensdatenmodells
- Anleiten und Unterstützen der Systementwickler beim logischen Datenbankenturf (Relationenmodell)
- Überwachen und Kontrollieren der Massnahmen zur Gewährleistung der Datenintegrität (Referential Integrity Constraints) und Datenkonsistenz
- Übergabe des logischen Datenmodells an die Datenbankspezialisten; prüfen und verbessern von Datenbank-Entwurfsarbeiten gemeinsam mit den Datenbankspezialisten zur Optimierung der Datenbanken
- Überprüfung von Datenbankerweiterungen und -änderungen in Zusammenarbeit mit den Datenbankspezialisten
- Beraten und Unterstützen der Systementwicklung und der Fachbereiche bei der Definition und Benutzung von Daten und Informationen
- Erteilen von Auskünften bzgl. Dateninhalt
- Erkennen von Homonymen und Synonymen

- Erstellen und Nachführen des unternehmensweiten Datenmodells
- Sicherstellen der korrekten und aktuellen Datendefinition
- Erarbeiten und Überwachen von Richtlinien und Standards für die Datenmodellierung und den Datenbankentwurf
- Gewährleisten der vollständigen Dokumentation der Datenmodelle und Datenbanken auf dem zentralen Repositorysystem gemäss der erstellten Standards und Richtlinien
- Festlegen von Regeln und Berechtigungen für Datenverteilung und Datenaustausch
- Festlegen und Gewährleisten der einheitlichen Datenstrategie
- Mitwirken bei Fragen des Datenschutzes und der Datensicherheit
- Mitarbeit beim Evaluieren von Datenbanksoftware und CASE-Werkzeugen

A.3.2 Datenbankadministration

Funktion

Die Datenbankadministration ist für den Entwurf und die Einführung technischer Datenbankstrukturen verantwortlich. Sie evaluiert und führt Datenbankwerkzeuge ein, die sie zur Verwaltung der Datenbanken einsetzt. Sie garantiert die technische Sicherheit und die technische Integrität der Daten. Sie entwickelt Konzepte zur technischen Datenmigration sowie zur Datenverteilung und setzt diese Konzepte um.

Beschreibung der Tätigkeiten

- Verwalten und Überwachen von physischen Datenbanken
- Durchführen des technischen Datenbankentwurfs auf der Basis eines logischen Datenmodells
- Spezifizieren und Einführen von physischen Datenbankstrukturen
- Optimieren der Datenbankzugriffe
- Planen und Durchführen von Datenbankreorganisationen
- Planen und Überwachen des Datenbankeinsatzes
- Evaluieren und Einführen von neuen Datenbankwerkzeugen
- Überwachen der technischen Datenintegrität
- Mitarbeiten beim Evaluieren von Datenbanksoftware
- Vorbereiten und Überwachen von Sicherstellungs-, Reorganisations- und Wiederanlaufverfahren für Datenbanken
- Überwachen von Tuning- und Performancemassnahmen

- Definition und Umsetzen von Katastrophen-Backup-Konzepten
- Beraten und Unterstützen der Anwendungsentwicklung und der Rechenzentren in Fragen der Datenbanktechnik, Datenbankeinsatz und Datenbankbetrieb
- Entwerfen und Realisieren von systemtechnischen Lösungen für Datenschutz und Datensicherheit
- Entwerfen und Realisieren von Datenverteilungskonzepten
- Einsatz von Replikationssoftware

A.3.3 Repository-/Datenadministration

Funktion

Die Repository- und Datenadministration stellt ein integriertes Metadatenmanagement-System zur Verfügung, das alle wichtigen im Unternehmen verwendete Metadaten-Systeme umfasst. Sie definiert das Informationsmodell des Unternehmens, die darauf anwendbaren Standards und setzt deren Einhaltung durch.

Beschreibung der Tätigkeiten

- Integration von verschiedenen Metadaten-Systemen (Verzeichnissen, Katalogen, Enzyklopädien, Repository-Systeme)
- Definition und Entwicklung von Schnittstellen zwischen verschiedenen Metadaten-Systemen
- Verbreitung der Metadaten im Unternehmen durch verschiedene Kanäle wie Datenzugriffs-Werkzeuge und Intranet-Browser
- Pflege und Erweiterung des Informationsmodells
- Definition und Durchsetzung von Metadaten-Standards
- Mitarbeit in Standardisierungsgremien und Überwachung der Standards
- Mitarbeit und Unterstützung bei technischen Projekten im Bereich Datenbank- und Systemmanagement
- Mitarbeit und Unterstützung bei Anwendungsentwicklungsprojekten, insbesondere im Data-Warehouse-Umfeld
- Mitarbeit in Migrationsprojekten
- Evaluierung von Datenmanagementsoftware

A.3.4 Data-Warehousing

Funktion

Der Data-Warehouse-Engineer befasst sich mit Komponenten und Prozessen innerhalb des Data-Warehousing-Systems. Die wesentlichen Komponenten sind die Data-Acqusition (Datenbeschaffung aus den Quellen), Data-Management/Database, Information Directory (Repository), Data Access, Data Mining und Datenvisualisierung. Ausserdem ist der Data-Warehouse-Engineer für Fragen der Datensicherheit und der Datenqualität verantwortlich. Je nach Spezialgebiet innerhalb der Data-Warehouse-Architektur sind spezielle Aufgaben zu erfüllen.

Beschreibung der Tätigkeiten

- Analysieren der existierenden Datenquellen und Methoden
- Bestimmen möglicher Datenquellen für das Data-Warehouse
- Definieren von Datenstrukturen (logisch und physisch)
- Definieren des technischen Data-Warehouse-Systems
- Entwickeln von Programmen, Prozeduren und Prozessen für die Beschaffung der nötigen Daten (Data Acquisition)
- Filtern, standardisieren und transformieren der Daten
- Überwachen der Tests von Datenakquisitionsprozessen und deren Produktionseinführung
- Aggregieren und wandeln der Daten zu Informationen
- Entwickeln von Programmen, Prozeduren und Prozessen für den Datenzugriff
- Benutzerschulung
- Evaluierung von Softwarekomponenten
- Sicherstellen von Aktualität und Richtigkeit der technischen und fachlichen Meta-Datenbeschreibungen im Information Directory
- Identifizieren von Veränderungen der Datenmodelle und deren Strukturen
- Sicherstellen von Datenschutz und Datensicherheit
- Unterhalt der Datenstrukturen
- Sicherstellung der Datenqualität in Bezug auf Richtigkeit, Vollständigkeit, Widerspruchsfreiheit, Granularität, Verfügbarkeit und Verständlichkeit
- Überwachung der Datenakquisitionsprozesse, insbesondere hinsichtlich von Änderungen in den Datenquellen

Abkürzungen und Glossar

2 Phasen Commit	In einem der beteiligten Datenbanksysteme wird eine Datenbanktransaktion durchgeführt und gleichzeitig wird in dem anderen Datenbanksystem eine gleichartige Transaktion angestossen. Die Phase 1 besteht darin, dass beide Systeme an den Transaktionsmanager melden, dass ihre Transaktionen jeweils erfolgreich durchgeführt werden können.
	In Phase 2 bestätigt der Transaktionsmanager beiden Systemen, dass sie ihre Transaktionen durchführen sollen, wodurch die Daten in beiden Systemen jeweils synchron in einem konsistenten Zustand gehalten werden. Meldet auch nur eines der beiden beteiligten Datenbankmanagementsysteme, dass seine Transaktion nicht erfolgreich durchgeführt werden kann, wird die Transaktion vollständig zurückgesetzt und die Daten behalten in beiden Systemen ihren Ausgangszustand [vgl. Meier 1998].
3NF	3. Normalform, siehe Normalisierung
4GL	Fourth Generation Language
ANSI	American National Standards Institute
Anwendung	Eine Anwendung ist eine Zusammenfassung von Programmen. Eine Anwendung kann eine Standardanwendungs-Software oder eine Eigenentwicklung sein.
Anwendungssystem	Ein Anwendungssystem stellt die inhaltlich zusammengehörende Kombination der Anwendung, der Hardware und des Netzwerkes dar.
Anwendungssystemarchitektur	Die Anwendungssystemarchitektur beschreibt die erforderlichen Anwendungssysteme zur Unterstützung der Geschäftsfunktionen.
API	Application Programming Interface
Applikation	Siehe Anwendung
BDM	Bereichsdatenmodell
BID	Business Information Directory
BPR	siehe Business Process Reengineering
Business Intelligence	Unter Business Intelligence werden heute alle Systeme und Anwendungen zusammengefasst, welche das Geschäft durch Analyse und Modellierung integrierter Datenbestände intelligent unterstützen. Beispiele sind Data Warehousing, OLAP-Systeme, Data Mining.
Business Process Reengineering	Unter Business Process Reengineering versteht man die Überarbeitung der Geschäftsprozesse eines Unternehmens mit dem Ziel, alle Tätigkeiten, die nicht unmittelbar der Wertschöpfung dienen zu eliminieren und die Puffer- und Wartezeiten zu minimieren.

CASE	Computer Aided Software Engineering: Werkzeuge, mit denen Modelle und SW-Baupläne in strukturierter Form erstellt und dokumentiert werden können.
CBS	Component Broker System
CDIF	Case Data Interchange Format
CORBA	Common Object Request Broker Architecture
	CORBA ist in erster Linie eine Spezifikation, welche die Interoperabilität von verteilten Objekten beschreibt. Es ist eine Lösung zur Entwicklung von verteilten Anwendungen und zeichnet sich durch folgende Merkmale aus: Eine moderne mehrschichtige Client/Server-Architektur, Sprach- und Systemunabhängigkeit, Interoperabilität zwischen heterogenen Systemen, offener Standard basierend auf der OMG, eine Basis für verteilte Objekte . Die CORBA-Spezifikation wird derzeit von der Object Management Group (OMG) betreut und gepflegt.
CRM	siehe Customer Relationship Management
CRUD	Create-Read-Update-Delete
Customer Relationship Management	Customer Relationship Management ist ein Konzept und eine Management-Disziplin, die Organisationen in die Lage versetzen soll ihre profitabelsten Kunden zu identifizieren und langfristig zu binden. Ausserdem sollen weniger profitable Kunden durch "Cross-Selling" respektive "Up-Selling" profitabler werden, neue Kunden angesprochen und akquiriert werden.
	Das übergeordnete Ziel ist es, die Profitabilität des Unternehmens insgesamt zu erhöhen.
Data Discovery	Das Auffinden bisher unbekannter Muster und Beziehungen in Datenbeständen mittels Data-Mining-Techniken werden als Data Discovery bezeichnet.
Data Mining	Data Mining ist ein iterativer Prozess zur Aufdeckung sinnvoller neuer Korrelationen, Muster und Trends in grossen Datenmengen. Typische Data Mining Techniken beruhen beispielsweise auf statistischen Methoden, wissensbasierten Techniken wie Neuronalen Netzen oder auch auf Datenvisualisierungstechniken.
Data Warehouse (DWH)	Ein Data Warehouse bezeichnet ein umfassendes System aus Datenbanken, Prozessen, Software- und Hardware-Komponenten sowie Organisationseinheiten, welches nach Dimensionen (Produkt, Kunde, Zeit, usw.) orientiert, geschäftsrelevante Basisdaten zur Verfügung stellt und die einfache Informationsaufbereitung mittels Decision-Support-Systemen (DSS) und Management-Informationssystemen (MIS) ermöglicht. Ein DWH gehört in den Bereich der dispositiven Datensysteme und ist Teil der Daten- und Anwendungsarchitektur. Als Teil des Datenmanagements unterstützt ein DWH die Informationsflüsse der Geschäftsbereiche.
Datenintegrität	Genauigkeit, Gültigkeit und Konsistenz (logische Widerspruchsfreiheit) der Daten gemäss einem Regelsatz zur Änderung von Daten auf der Datenbank.

Datenmodell	Ein Datenmodell (engl. data model) beschreibt auf strukturierte und formale Art die für ein Informationssystem notwendigen Daten und Datenbeziehungen. Datenmodelle werden meist als sogenannte Entity-Relationship-Modelle dargestellt, wobei die Entitäten die Datenklassen beschreiben und die Relationen die Beziehungen zwischen den Entitäten.
Datenpropagierung	Siehe Replikation
DB	Datenbank
DBA	Datenbankadministration
DBMS	Datenbankmanagementsystem
DM	Datenmanagement
DSS	Decision Support System
DWH	siehe Data Warehouse
EDI	Electronic Data Interchange
EIS	Executive Information System
Enterprise Information Portal	Siehe Informationsportal
Entwicklungsplan	Der Entwicklungsplan zeigt, wie eine Unternehmung von seinem gegenwärtigen computerunterstützten Informationssystem zu dem in der Informationssystem- und Informationstechnik-Architektur geplanten Soll-Zustand kommt und welche Ressourcen eingesetzt werden. Er besteht aus einem Migrations-, einem Finanz- und einem Personalplan.
ERM	Entity Relationship Modell
ERP	Enterprise Resource Planing
Extensible Markup Language (XML)	Die Sprache XML, basierend auf dem Standard des W3C ist ein Beschreibungssprache zwischen SGML und HTML. SGML und HTML
	dienen dem Austausch von Daten. Aufgrund der Mächtigkeit von SGML kann nahezu jede Information maschinenlesbar formuliert werden. Ein Metamodell von SGML ist die Sprache HTML. Aufgrund der Beschränkungen von HTML hat XML nun den Platz zwischen SGML und HTML eingenommen. Damit können in einem XML-Dokument vielfältige Daten beschrieben und transportiert werden.
GUI	Graphical User Interface
Homonym	Ein Begriff mit unterschiedlichen Bedeutungen im Zusammenhang seiner Verwendung. Häufiges Phänomen in schlecht administrierten Datensystemen.
HW	Hardware
IM	siehe Informations-Management

Information Engineering	Methode zur Entwicklung von integrierten Informationssystemen. Basis ist die Benutzung gemeinsamer Daten in verschiedenen Anwendungen, wie sie durch anwendungsübergreifende Datenmodellierung erreicht werden kann.
Informations-Management	Das Informationsmanagement hat die Aufgabe, die Möglichkeiten der Computer- und Kommunikationstechnik zu erkennen und für die Unternehmung nutzbar zu machen.
Informationsportal	Informationsportale integrieren Informationen unterschiedlicher Art und Herkunft miteinander. Die besondere Stärke von Informations-Portalen besteht neben der Fähigkeit der Integration von Informationssystemen vor allem in der möglichen Personalisierung des Informationszugangs respektive der Informationsbereitstellung. Jeder Benutzer kann individuell sein persönliches Informationsprofil definieren. Er erhält dann jeweils die seinem Profil entsprechenden Informationen teilweise aktiv geliefert, ohne explizit danach suchen oder fragen zu müssen. Portale besitzen generell selbst keine Datenhaltung, sondern nutzen vorhandene Daten- und Informationssysteme.
Informationssystem	Das Informationssystem einer Unternehmung umfasst ihre manuellen und computerunterstützte informationsverarbeitenden Tätigkeiten und Beziehungen.
Informationssystem-Architektur	Die Informationssystem-Architektur zeigt, welche Anwendungen eine Unternehmung in drei bis fünf Jahren besitzen sollte.
Informationstechnik-Architektur	Die Informationstechnik-Architektur beschreibt die Hardware, Software und Netzwerke, die eine Unternehmung in drei bis fünf Jahren besitzen sollte.
IS	siehe Informationssystem(e)
ISM	Informationssystem-Management
ISO	International Standards Organisation
IT	Informationstechnologie
KDM	siehe Kern-Datenmodell
Kern-Datenmodell	Modellierungsansatz bei dem nur die Kerndaten des Unternehmens dargestellt werden, das heisst jene, die allen Geschäften und Informationssystemen gemeinsam sind, um diese integrieren zu können. Die geschäfts-spezifischen Daten werden separat und evolutionär modelliert. Damit wird die geforderte Integration erreicht und die Komplexität unternehmensweiter Datenmodelle reduziert.
Kondratieff Kondratieffzyklus	Die „Theorie der langen Wellen", welche 1926 erstmals vom russischen Wissenschaftler Nikolai Kondratieff vertreten wurde, besagt, dass die wirtschaftliche Entwicklung nicht nur durch kurz- und mittelfristige Konjunkturschwankungen gekennzeichnet ist, sondern diese durch langfristige Entwicklungen überlagert werden. Diese „langen Wellen" werden durch Basisinnovationen angestossen und haben eine Dauer von ca. 50 Jahren. Eine solche Welle wird als Kondratieffzyklus bezeichnet. Basisinnovationen

der Vergangenheit waren z.B. die Dampfmaschine (1. Kondratieff), Stahl und Eisenbahn (2. Kondratieff), Elektotechnik und Chemie (3. Kondratieff), Petrochemie und Automobil (4. Kondratieff) sowie die Informationstechnik (5. Kondratieffzyklus). Die Industriegesellschaft ist durch den 1. bis 4. Kondratieffzyklus geprägt, die Informationsgesllschaft beginnt mit dem 5. Kondratieffzyklus.

LAN	Local Area Network
MDBMS	Multi-Dimensionales Datenbankmanagementsystem
MDC	Meta Data Collection
Metadaten	Metadaten sind „Daten über die Daten". Dies bedeutet soviel, dass in einer Metadatenbank (Data Dictionary oder Repository-System) Definitionen und Beschreibungen über die Daten, Prozesse und technischen Strukturen sowie die SW-Systeme des Unternehmens vorhanden sind. Heute ist der Begriff aber weiter gefasst und umschliesst auch Meta-Informationen über alle anderen Komponenten des gesamten Informationssystems, also auch über Funktionen, Programme, Hardware, Netzwerk-Topologie und verantwortliche Stellen.
Metadaten-managementsysteme	Siehe Repository
MIS	Management Information System
MPP	Massively Parallel Processing
NF	siehe Normalform
Normalform	Siehe Normalisierung
Normalisierung	Vorgehen beim Erstellen eines Datenmodells. Die Normalisierungsregeln umfassen die 1. bis 5. Normalform. Das Ziel der Normalisierung besteht darin, ein Datenmodell in einen redundanzfreien, konsistenten Zustand zu überführen. Ein Datenmodell kann als redundanzfrei gelten, wenn es in 3. Normalform (3NF) vorliegt.
ODS	siehe Operational Data Store
OLAP (Online Analytical Processing)	Die ursprüngliche Definition von OLAP geht auf ein Papier von Codd und Date zurück, die u.a. als Väter der Relationalen Datenbanktheorie gelten. In dem Papier werden zwölf Regeln aufgelistet für die Auswahl von OLAP-Werkzeugen. Einige dieser OLAP-Eigenschaften sind:

- Multi-Dimensionale Sicht auf die Daten
- Transparenter Zugriff
- Client/Server-Architektur
- Dynamische Behandlung leerer Zellen in einem multidimensionalen Datenwürfel
- Unlimitierte Dimensionierung und Aggregierung von Daten.

OLTP (Online Transaction Processing)	Im Gegensatz zu OLAP-Anwendungen ist eine OLTP-Anwendung durch folgende Eigenschaften charakterisiert: • kurze, schnelle Transaktionen auf einfachen Datensätzen • hohe Transaktionsraten • hohe Verfügbarkeit der Datenbanken • hohe Durchsatzraten • kurze Antwortzeiten • OLTP-Anwendungen unterstützen typischerweise die tägliche Geschäftsabwicklung.
OMG	Object Management Group
OO	Objektorientierung
OODBMS	Objektorientiertes Datenbankmanagementsystem
OOT	Objektorientierte Technologie
Open Information Model (OIM)	Das OIM basiert als Metamodel für die Speicherung von Metadaten auf Definitionen vom Microsoft und dient einem Repository als Grundlage der Metadatenverwaltung in Data-Warehouse-Anwendungen. Das OIM stellt Data Warehousing-Produkten und Entwicklungsumgebungen eine gemeinsame Metadaten-Infrastruktur zur Verfügung.
Operational Data Store (ODS)	Ein Operational Data Store integriert zeitnah operative Daten in einem konsistenten Datenmodell, um so taktische Entscheidungen im operativen Geschäft auf der Basis integrierter Daten zu unterstützen. Im Gegensatz zum Data Warehouse unterliegen die Daten im ODS ständigen Veränderungen, da sie nicht zeitpunktbezogen, sondern ereignis-getrieben in den ODS aufgenommen werden.
ORB	Object Request Broker
Predictive Modeling	Die Erstellung von Modellen durch Data-Mining-Techniken, welche die Vorhersage unterstützen sollen, dass mit einer vorgegebenen Wahrscheinlichkeit ein bestimmtes Ereignis eintritt, wird als Predictive Modeling bezeichnet.
Projektportfolio	Das Projektportfolio fasst die laufenden und geplanten Projekte einer Unternehmung zusammen. Es umfasst sowohl Anwendungs- als auch Infrastrukturprojekte.
RDBMS	Relationales Datenbankmanagementsystem
Redundanz	Unter Redundanz versteht man die Tatsache, dass ein und derselbe Sachverhalt (Fakt) an mehr als einer Stelle im Datenmodell festgehalten wird. Redundanz führt grundsätzlich zu Inkonsistenzen, das heisst logischen Widersprüchen in den Daten. Das Ziel von Datenmodellen in 3. Normalform ist die Vermeidung von Redundanzen. Redundanz kann aber auch gewollt sein, allerdings muss sie dann durch das System kontrolliert werden (systemkontrollierte Redundanz).

Replikation	Im Datenbankumfeld versteht man unter Replikation das Verteilen von Veränderungen einer Datenbank in eine andere Datenbank oder Tabelle. Die replizierte Datenbank oder Tabelle kann entweder im gleichen Datenbankmanagementsystem oder in einem verteilten Datenbankmanagementsystem liegen. Damit erhält man eine exakte Kopie der ursprünglichen Datenbank oder Tabelle.
Repository	Ein Repository ist Teil eines Systems zur Verwaltung von Metadaten, d.h. von Daten, welche Objekte und Strukturen der Informationsverarbeitung eines Unternehmens und ihr Zusammenwirken beschreiben. Im Gegensatz zu herkömmlichen Data Dictionaries enthalten Repositories nicht nur technische Beschreibungen, sondern auch logische Modelle. Sie definieren die Daten auch von ihrer geschäftlichen Bedeutung her. Ein Repository ist somit auch von einem geschäftlichen Nutzen über die Informatik hinaus.
RIM	Repository-Informationsmodell
SIP	Strategische Informationsplanung
SMP	Symmetrical Multi-Processing
SQL	Structured Query Language
SUP	Strategische Unternehmensplanung
SW	Software
Synonym	Dieselbe Bedeutung wird mit unterschiedlichen Begriffen bezeichnet. Häufiges Phänomen in schlecht administrierten Datensystemen.
TP	Transaction Processing
UDB	Universal Database
UDM	siehe Unternehmens-Datenmodell
Unified Markup Language (UML)	Die Unified Modeling Language (UML) ist eine Sprache zur Beschreibung von Softwaresystemen. Im Unterschied zu
	Methoden fehlen der UML eine Notation und Beschreibung für Prozesse. UML dient der Beschreibung von Datenbankanwendungen, Echtzeitsystemen, Grafikprogrammen, Workflow-Anwendungen usw. Die Sprache mit Tag-Notation basierend auf SGML besteht aus verschiedenen Diagrammen, die wiederum verschiedene graphische Elemente besitzen. Die Bedeutung - die Semantik - der Elemente ist genau festgelegt.
Unternehmens-Datenmodell (UDM)	Ein Unternehmensdatenmodell (UDM) stellt auf einem hohen Abstraktionsniveau die wichtigsten Datenklassen eines Unternehmens dar. Ein UDM besteht in der Regel aus etwa 5 bis 15 Datenklassen. Ein UDM ist eine grobe Architektur der Daten des Unternehmens und hat das Ziel, auf hohem Abstraktionsniveau ein gemeinsames Verständnis für die Unternehmensdaten zu entwickeln und auch eine gewisse Begriffsnormierung durchzusetzen.

Unternehmensmodell	Daten, Funktions- und Kommunikationsmodell
Unternehmensweites Datenmodell (UwDM)	Einem unternehmensweiten Datenmodell liegt die Betrachtung des gesamten Unternehmens zugrunde. In ihm werden infolgedessen alle Daten und Datenbeziehungen des gesamten Unternehmens beschrieben. Solche Modelle enthalten oft mehrere hundert oder tausend Datenklassen und mehrere tausend Beziehungen.
UwDM	siehe Unternehmensweites Datenmodell
VLDB	Very Large Database
WWW	World Wide Web
XML	siehe Extensible Markup Language (XML)

Literaturverzeichnis

ANSI 1985	AOG Systems Corporation: An Introduction to the draft proposed American National Standard Information Resource Dictionary System. Massachusetts 1985.
Balzert 1992	Balzert, H.: CASE - Auswahl, Einführung, Erfahrungen. Mannheim 1992.
Bea/Haas 1997	Bea, F.X.; Haas, J.: Strategisches Management. Stuttgart 1997.
Berry/Linoff 2000	Berry, Michael J.A.; Linoff, Gordon S.: Mastering Data Mining. New York 2000
Biethahn/ Rohrig 1990	Biethahn, J.; Rohrig, N.: Datenemanagement. In: Kurbel, K.; Strunz, H. (Hrsg.): Handbuch der Wirtschaftsinformatik, Stuttgart 1990, S. 737-755
Boar 1994	Boar, B.H.: The Art of Strategic Planning for Information Technology: crafting strategy for the 90s. New York 1994.
Böhm/Fuchs/ Pacher 1996	Böhm, R.; Fuchs, E.; Pacher, G.: System-Entwicklung in der Wirtschaftsinformatik. Zürich 1996.
Brönnimann/ Peters 1990	Brönnimann, H.; Peters, O.: Output Nr. 7/1990.
CCRIM 1990	Gutzwiller, Th.; Österle, H.: Referenz-Meta-Modell für Analyse und Design. Arbeitsberichte IM2000/CCRIM des Instituts für Wirtschaftsinformatik an der Hochschule St. Gallen, St. Gallen 1990.
Codd 1970	Codd, E.F.: A Relational Model for Large Shared Data Banks. Communications of the ACM, Vol. 13, Nr. 6, 1970. pp. 377-387.
Curth/Wyss 1988	Curth, M.A.; Wyss, H.B.: Informationen Engineering: Konzeption und praktische Anwendung. München 1988.
Date 1999	Date, C.: An Introduction to Database Systems, Menlo Park 1999.
Dorn 1994	Dorn, B.: Managementsysteme: Von der Information zur Unterstützung. In: Dorn, B. (Hrsg.): Das informierte Management – Fakten und Signale für schnelle Entscheidungen. Berlin 1994.
Ernst 1997	Ernst, J.: Introduction to CDIF, Jan. 1997, EIA CDIF Division.
Gartner 1995	Gartner Group: The Strategic Data Management Scenario. In: Strategic Data Management, Strategic Analysis Report, 9. Juni 1995.
Hammer/Champy 1994	Hammer, M; Champy, J.: Business Process Reengineering. Frankfurt/Main 1994.
Härder/Rahm 1999	Härder, T.; Rahm, E.: Datenbanksysteme – Konzepte und Techniken der Implementierung, Heidelberg 1999.
Heinrich 1999	Heinrich, L.J.: Informationsmanagement - Planung, überwachung und Steuerung der Informationsinfrastruktur. München 1999.
Huang 1999	Huang, K.-T.; Lee, Y.W.; Wang, R.Y.: Quality Information and Knowledge. New Jersey 1999
IBM 1984	IBM: Business Systems Planning: Information Systems Planning Guide, GE20-0527-4. Armonk, New York 1984.
InformationWeek 1997	Spikes Cavell & Co.: InformationWeek 500, Studie, InformationWeek, Nr. 13 und Nr. 14, 1997.

Inmon 1999	Inmon, W.H.: The Role of Nearline Storage in the Data Warehouse. A White Paper 1999
Inmon 1998	Inmon, W.H.; Imhoff, C.; Sousa, R.: Corporate Information Factory. New York 1998
Inmon/Zachman/Geiger 1997	Inmon, W.H.; Zachman, J.A.; Geiger, J.G.: Data Stores, Data Warehousing and the Zachman Framework: Managing Enterprise Knowledge. New York 1997.
Krcmar 1997	Krcmar, H.: Informationsmanagement. Berlin 1997.
Lehner 1993	Lehner, F.: Informatik-Strategien: Entwicklung, Einsatz und Erfahrungen. München 1993.
Lehner 2000	Lehner, F.: Organisational Memory. Konzepte und Systeme für das organisatorische Lernen und das Wissensmanagement. C. Hanser Verlag, München 2000
Levitan 1982	Levitan, K.B.: Information Resources as „Goods" in the Life Cycle of Information Production. In: Journal of the American Society for Information Science, 1/1982.
Maier 1996	Maier, R.: Qualität von Datenmodellen. Wiesbaden 1996.
Martin 1990	Martin, J.: Information Engineering, Planning & Analysis, Book II. Englewood Cliffs 1990.
MDC 1999	http://www.mdcinfo.com/press/pr19990420.html / April 20, 1999, "Meta Data Coalition and Object Management Group form cooperative relationship to build consensus on metadata standards", Press Release
Meier 1994	Meier, A.: Ziele und Aufgaben im Datenmanagement aus der Sicht des Praktikers, Wirtschaftsinformatik, Jhrg. 36, Nr. 5, 1994, S. 455-464.
Meier 1997	Meier, A.: Datenbankmigration - Wege aus dem Datenchaos, Praxis der Wirtschaftsinformatik, Jhrg. 34, Nr. 194, 1997, S. 24-36.
Meier 1998	Meier, A.: Relationale Datenbanken - Eine Einführung für die Praxis, Heidelberg 1998.
Meier 2001	Meier, A.(Hrsg.): Internet & Electronic Business - Herausforderung an das Management, Zürich 2001.
Meier et al. 1994	Meier, A.; Dippold, R.; Mercerat, J.; Muriset, A.; Untersinger, J.-C.; Eckerlin, R.; Ferrara, F.: Hierarchical to Relational Database Migration, IEEE Software, 1994, pp. 21-27.
Meier/Dippold 1992	Meier, A.; Dippold, R.: Migration und Koexistens heterogener Datenbanken – Praktische Lösungen zum Wechsel in die relationale Datenbanktechnologie. Informatik-Spektrum, Jhrg. 15, Nr. 3, 1992, S.157-166.
Meier/Graf/Schwinn 1991	Meier, A.; Graf, H.; Schwinn, K.: Ein erster Schritt zu einem globalen Datenmodell. In: Information Management Nr.2/1991, S.42-48.
Meier/Haltinner/Widmer 1993	Meier, A.; Haltinner, R.; Widmer, B.: Schutz der Investitionen beim Wechsel eines Datenbanksystems - Systemkontrollierte Koexistenz zwischen hierarchischen und relationalen Datenbanken, Wirtschaftsinformatik, Jhrg. 35, Nr. 4, 1993, S. 331-338.
Meier/Schwinn 1992	Meier, A.; Schwinn, K.: Evaluation von CASE-Werkzeugen aus der Sicht des Datenmanagement. In: Balzert, H. (Hrsg): CASE – Auswahl, Einführung, Erfahrungen. Mannheim 1992.
Meier/Wüst 2000	Meier, A.; Wüst. T.: Objektrelationale und objektorientierte Datenbanken - Ein Kompass für die Praxis, Heidelberg 2000.
Merz 1999	Merz, M.: Electronic Commerce, Heidelberg 1999.
Nagel 1990	Nagel, K.: Nutzen der Informationsverarbeitung. München 1990.

Nefiodow 1996	Nefiodow, L.A.: Der sechste Kondratieff: Wege zur Produktivität und Vollbeschäftigung im Zeitalter der Information. St. Augustin 1996.
OMG 2000	http://www.omg.org/, http://cgi.omg.org/cgi-bin/doc?formal/00-06-01.pdf, formal/00-06-01: XML Metadata Interchange (XMI) specification, Complete version of the XML Metadata Interchange (XMI) specification, v 1.0
Ortner 1990	Ortner, E.; Rössner, J.; Söllner, B.: Entwicklung und Verwaltung standardisierter Datenelemente. In: Informatik Spektrum, Nr. 12/1990, S. 17-30.
Ortner 1991	Ortner, E.: Informationsmanagement - Wie es entstand, was es ist und wohin es sich entwickelt. In: Informatik-Spektrum, Nr. 6/1991, S. 315-327.
Österle/Brenner/ Hilbers 1991	Österle, H.; Brenner, W.; Hilbers, K.: Unternehmensführung und Informationssystem: Der Ansatz des St. Galler Informationssystem-Managements. Stuttgart 1991.
OVUM 1999	OVUM: Evaluation Report „CRM in the Front Office". 1999
Peppers / Rogers / Dorf 1999	Peppers, Don; Rogers, Martha; Dorf, Bob: The One-to-One Fieldbook. New York 1999
Picot 1988	Picot, A.: Die Planung der Unternehmensressource „Information". In: Wirtschaftswoche; Diebold Deutschland GmbH (Hrsg.): 2. Internationales Management-Symposium „Erfolgsfaktor Information". Düsseldorf 1988, S. 223-250.
Porter 1997	Porter, M.: Wettbewerbsstrategie: Methoden zur Analyse von Branchen und Konkurrenten – Competitive Strategy. Frankfurt 1997.
Probst/Raub/ Romhard 1997	Probst G.; Raub St.; Romhard K.: Wissen Managen, wie Unternehmen ihre wertvollste Ressource optimal nutzen. Zürich 1997.
Redman 1996	Redman, T.C.: Data Quality for the Information Age. Norwood 1996
Rehäuser/Krcmar 1996	Rehäuser, J.; Krcmar, H.: Wissensmanagement in Unternehmen. In: Schreyögg, G.; Conrad, P. (Hrsg.): Wissensmanagement, Managementforschung 6. Berlin 1996.
Reinhardt/Beyer 1997	Reinhardt, R., Beyer, J.: Wissensmanagement: Ein neuer Ansatz für das Management und eben kein Wein in alten Schläuchen. In: Wissensmanagement. Eine Serie der Süddeutschen Zeitung. Sonderheft konzipiert von Mandl, H., Holzamer, H.-H., Hoch, M., Verlag Süddeutsche Zeitung, München 1997, 35-37
Reinmann/Mandl 1997	Reinmann-Rothmeier, G., Mandl, H.: Wissensmanagement: Phänomene – Analyse – Forschung – Bildung. Forschungsbericht Nr. 83, Ludwig-Maximilians-Universität München, Lehrstuhl für Empirische Pädagogik und Pädagogische Psychologie, Oktober 1997
Schüppel 1997	Schüppel, J.: Wissensmanagement. Organisatorisches Lernen im Spannungsfeld von Wissens- und Lernbarrieren. Wiesbaden 1997
Schweizer 1999	Schweizer, A.: Data Mining, Data Warehousing: Datenschutzrechtliche Orientierungshilfen für Privatunternehmen. Zürich 1999
Spewak 1993	Spewak, S.H.: Enterprise Architecture Planning: Developing a Blueprint for Data, Application and Technology. Boston 1993.
SVDWIF 2000	SVD / WIF: Berufe der Informatik in der Schweiz. Zürich 2000, 5. Auflage
TDWI 1996	The Data Warehouse Institute: Roles & Responsibilities, 1996.
TDWI 5/2000	The Data Warehouse Institute: Preventing Data Warehouse Discentives Created by Convential Cost Allocation Methods; in: Journal of Data Warehousing, 5/2000
TDWI 2000	The Data Warehouse Institute: The Spring Implementation Conference Proceedings
Tower Group 1997	Mc Ginnis, P.M.: Financial MIS, Präsentation der Tower Group, Mai 1997.

Tsichritzis/ Klug 1978	Tsichritzis, D.; Klug, A.: The ANSI/X3/SPARC DBMS framework report of the study group on database management systems, Information Systems, Vol. 3, Nr. 3, 1978, pp. 173-191.
Vetter 1987	Vetter, M.: Das Jahrhundertproblem der Informatik. In: O, Nr. 3/1987, S.43-54.
Vetter 1998	Vetter, M.: Aufbau betrieblicher Informationssysteme mittels pseudo-objektorientierter, konzeptioneller Datenmodellierung, Stuttgart 1998.
Wildemann	Wildemann, H.: Quelle unbekannt.
Womack/Jones/ Roos 1992	Womack, J.P.; Jones, D.T.; Roos, D.: Die zweite Revolution in der Automobilindustrie: Konsequenzen aus der weltweiten Studie des Massachusetts Institutes of Technology. Frankfurt 1992.
Zachman 1987	Zachman, J.A.: A Framework for Information Systems Architecture. IBM Systems Journal, Nr. 3/1987.
Zachman 1997	Zachman, J.A.: Enterprise Architecture - The Issue of the Century. In: Database Programming & Design, Nr. 3/1997, S.44-53..
Zehnder 1998	Zehnder, C.A.: Informationssysteme und Datenbanken, Stuttgrart 1998

Kurzbiographien der Autoren

Rolf Dippold (eidg. dipl. Wirtschaftsinformatiker)

Rolf Dippold ist seit rund 25 Jahren in unterschiedlichen Funktionen im Bereich Datenmanagement, insbesondere Datenbankmanagement, tätig. Er hat erste DB-Erfahrungen mit IMS/DL1 gesammelt, später mit IDMS-Datenbanken gearbeitet und kam dann zu relationalen Datenbanken, insbesondere DB2. Rolf Dippold leitete das Datenbankmanagement beim Schweizerischen Bankverein (SBV) und war hierbei auch für den logischen Datenbank-Design verantwortlich. Er war Leiter des Projektes "Koexistenz IMS/DB2", in dem der SBV in einem Joint-Venture mit IBM das heutige IBM-Produkt DPROP/NR (Data Propagator/Non Relational) entwickelte. Er unterrichtete schweizerische Wirtschaftsinformatiker und war Mitglied der eidgenössischen Expertenkommission für Wirtschaftsinformatik. Rolf Dippold leitet heute bei der SYSTOR AG in Basel das Competence Center Datenmanagement mit etwa 120 Mitarbeitern. Er ist Mitglied im "Board of Directors" der International DB2 Users Group (IDUG) und war während zwei Jahren deren Präsident. Rolf Dippold hat mehrere Artikel zu den Themen Migration und Koexistenz von unter-schiedlichen Datenbankmodellen geschrieben und Vorträge über diese Themen gehalten.

Andreas Meier (Dr. sc. techn. ETH)

Andreas Meier ist Professor für Wirtschaftsinformatik an der Universität Fribourg/Schweiz. Seine Schwerpunkte sind Electronic Business, Daten- und Informationsmanagement. Er ist Mitglied der Gesellschaft für Informatik GI, ACM und IEEE. Nach Musikstudien in Wien studierte er Mathematik an der ETH in Zürich. Danach war er als Systemingenieur bei der IBM Schweiz tätig. Nach dem Doktoratsstudium am Institut für Informatik an der ETH in Zürich forschte er am IBM Research Lab in San Jose, Kalifornien über Erweiterungen relationaler Datenbanken. Zurück an der ETH in Zürich leitete er eine Forschungsgruppe und habilitierte über postrelationale Datenbanken. In den Jahren 1986 bis 1992 baute er das Datenmanagement bei der internationalen Grossbank UBS (damals Schweizerischer Bankverein) auf und führte die relationale Datenbanktechnologie ein. Danach war er als Geschäftsleitungsmitglied der CSS Versicherung in Luzern für das Informationsmanagement verantwortlich, unter anderem forcierte er den elektronischen Gesundheitsmarkt Schweiz mit objektorientierten Methoden und Techniken.

André F. Ringgenberg (lic. rer. pol)

André Ringgenberg studierte Wirtschaftswissenschaften an der Universität Basel. Danach war er mehrere Jahre als Systems Engineer und Berater bei IBM (Schweiz) tätig, unterbrochen von einem Studienaufenthalt am ITSC, IBM Santa Teresa Laboratory in San Jose. Zu seinen speziellen Aufgabengebieten zählte die Mitarbeit und Projektleitung bei der Einführung der relationalen DBMS DB2 und bei umfangreichen Repositoryprojekten sowie Test und Einführung von AD/Cycle-Werkzeugen. Ab 1993 war André Ringgenberg als Wirtschaftsinformatiker beim Schweizerischen Bankverein tätig. Er entwickelte Strategien und Konzepte im Bereich Daten- und Informationsmanagement sowie Datenarchitekturen. Seit 1995 ist er im Unternehmensbereich Business Intelligence und Datenmanagement der Systor AG tätig, wo er heute die Abteilung Datenarchitektur leitet. Er war an der Entwicklung von Data-Warehouse-Strategien sowie CRM Architekturen massgeblich beteiligt und hatte als Projektmanager die Verantwortung für die Einführung umfangreicher Repositorysysteme und deren Einbindung in die Informationssysteme von Kunden. Als Experte für Daten- und Informationsmanagement-Lösungen hat André Ringgenberg Artikel und Vorträge zu den Themen AD/Cycle, Softwareentwicklung, Repository Systeme und Data Warehousing veröffentlicht.

Walter Schnider (eidg. dipl. Wirtschaftsinformatiker)

Walter Schnider absolvierte nach einer kaufmännischen Grundausbildung die Informatik-Ausbildung beim Schweizerischen Bankverein. 1989 bestand er die eidgenössische Diplomprüfung als Wirtschaftsinformatiker. Von 1983 bis 1988 nahm er verschiedene Funktionen als Datenbankspezialist und später als Datenadministrator im Datenmanagement des ehemaligen Schweizerischen Bankvereins wahr. Von 1988 bis 1994 war er für Beratungsunternehmen tätig und betreute verschiedene Kunden im Datenmanagementumfeld. Er unterstützte u.a. den Aufbau des Datenmanagements bei einer grossen Schweizer Versicherung und entwickelte dort das Unternehmensdatenmodell. Walter Schnider war von 1995-1998 als Manager bei der SYSTOR AG tätig. Sein Verantwortungsbereich umfasste vor allem die Entwicklung und Wartung verschiedener Kernapplikationen des Schweizerischen Bankvereins. Weitere Arbeitsschwerpunkte waren Datenarchitekturen, unternehmensweites Datenmanagement und Datenmigrationsstrategien. Seit April 1999 ist er als Senior Berater tätig mit dem Schwergewicht Daten Management, IT Prozesse und Personalentwicklung. Walter Schnider ist Vorstandsmitglied in den Informatik-Verbänden SwissICT und SVI/FSI und beschäftigt sich da vor allem mit den Berufsbildern der Informatik und der Ausbildung. Er ist seit 1991 als Wirtschaftsinformatikdozent an verschiedenen Ausbildungsstätten in der Schweiz tätig. Er hielt mehrere Vorträge zum Thema Datenmanagement-Assesment und Aus-/Weiterbildungsprozesse.

Klaus Schwinn (Dipl.-Ökonom)

Klaus Schwinn studierte Mathematik und Wirtschaftsinformatik an der Technischen Universität in Darmstadt sowie Wirtschaftswissenschaften an der FU Hagen. Nach einigen Jahren als freier Mitarbeiter im Rechenzentrum einer deutschen Grossforschungseinrichtung wechselte er von der technisch-wissenschaftlichen in die kommerzielle Datenverarbeitung. Ab 1987 war er Mitarbeiter im Datenmanagement des damaligen Schweizerischen Bankvereins in Basel und hier in verschiedenen Positionen u.a. verantwortlich für die Evaluierung von 4GL-Sprachen und CASE-Werkzeugen. Später übernahm Klaus Schwinn die Verantwortung für die Datenarchitektur, die Datenadministration und das Datenbankmanagement der Bank. Seit 1995 ist er Manager bei der SYSTOR AG mit den Arbeitsschwerpunkten Datenarchitektur und unternehmensweites Datenmanagement, Repositorysysteme, Datenqualitätsmanagement, Data Warehousing und Business Intelligence. Klaus Schwinn war Co-Founder und Chairman einer Europäischen Repository Benutzervereinigung. Er hat gemeinsam mit Kollegen verschiedentlich zu den Themen CASE, Datenarchitektur, unternehmensweites Datenmanagement, Data Warehousing, Business Intelligence, CRM und Datenqualitätsmanagement veröffentlicht und Vorträge auf verschiedenen Tagungen und Konferenzen gehalten.

Schlagwortverzeichnis

2

2-Phasen-Commit, 138

3

3NF, 220, 289, 293

A

Abbildungsregeln, 135, 138, 140, 144ff, 174, 215
Adressmanagementsystem, 234, 246
Aktivitäten des Wissensmanagements, 267, 270
Anwendungssystemarchitektur, 17, 20, 25, 27, 289
Anwendungssysteme, 12ff, 17, 25ff, 46, 49ff, 59ff, 67ff, 93, 104, 123ff, 128-146, 189, 214, 220, 276, 289
Anwendungssystemportfolio, 21
Architektur, 17, 19ff, 23, 26, 28, 41, 47ff, 59, 74, 79-83, 89, 125ff, 147, 156, 187, 190ff, 195ff, 201ff, 208ff, 212, 223, 232, 246ff, 295
Aufgaben, 10ff, 20ff, 30, 33-38, 40-42, 49, 55-60, 63, 69, 72, 88, 90, 95, 99, 104, 141, 149, 151, 156, 164ff, 170-177, 200, 228, 252, 268, 270, 274, 277ff, 288, 292
Austausch des Wissens, 271

B

Bottom-Up-Ansatz, 75, 98, 209, 210ff, 232

Branchenmodell, 90
Business Intelligence, 5, 225, 242ff, 252, 289
Business-Process-Reengineering, 37, 42ff, 96, 130, 145, 176, 289

C

CASE, 8, 37, 62, 107, 110, 290
Closed Loop Ansatz, 6, 256-258, 280
CODASYL, 50, 172
Codeüberladungen, 122ff, 126
Corporate Information Factory, 5, 187, 197-203, 209, 232ff, 258, 280
CRM
   Architektur, 247
   Prozess, 245
      Kundendifferenzierung, 234ff
      Kundenidentifikation, 234ff, 245ff
      Kundenindividualisierung, 234-239, 247
      Kundenkommunikation, 234ff
      Personalisierung, 201, 234, 237ff, 247
   System, 196, 237, 245, 253
Customer Life Cycle, 236, 239, 252
Customer Life Cycle Value, 236, 239, 252
Customer Relationship Management, 5, 108, 197, 233-236, 239, 243ff, 254-258, 290

D

Data Cleansing, 262, 265
Data Discovery, 251, 290
Data Mart, 200ff, 203, 206, 209ff, 220, 224
Data Mining, 108, 203, 224ff, 236, 246-259, 275
Data Mining Prozess, 225, 250ff
Data Mining Techniken, 236, 249ff, 256
    Datenvisulaisierung, 200, 249
    Neuronale Netze, 249
Data-Dictionary, 46, 50, 61, 95, 112, 124
Data-Mining, 9, 203, 224, 248ff, 255, 259
Data-Warehouse, 5, 37, 43, 57, 106, 141, 186, 189-199, 203-208, 212-218, 220, 222-226, 230ff, 246, 250, 257, 278, 288
Datei, 46
    index-sequentiell, 46
    sequentiell, 46
Dateiverarbeitung, 46
Datenadministration, 38, 143, 153, 162, 181, 274, 287
Datenarchitektur, 20-25, 38ff, 42, 59, 69-72, 75-84, 89, 96-99, 118, 121, 125, 128, 148, 151, 155ff, 159-166, 171ff, 179-182, 203, 207, 209, 211ff, 227, 232ff285
Datenbank
    Entwurf von, 59
    Temporale, 54
Datenbankadministration, 4, 38, 45-50, 55-65, 104, 141, 149- 154, 160-163, 166, 169-172, 175, 179-181, 286
Datenbankadministrator, 56, 60ff, 167
Datenbankentwurf, 50, 51, 57-62, 154, 159-163, 169, 173, 182, 184, 193ff, 286
Datenbankmanagementsystem, 3, 8, 9, 15, 45-65, 70, 108, 119, 137ff, 154, 166, 170, 172, 174, 179, 182, 192ff, 198, 202, 220, 289
Datenbankobjekt, 61
Datenbanktechnologie, 53, 55, 56, 60, 64ff, 119-123, 125, 127, 129, 134, 136, 142, 146, 148, 166, 172-174, 182, 188, 216, 227, 233
Datenbanktransaktion, 53, 137, 138, 139, 199, 289
Datenbereinigung, 203, 250
Dateneigentümerschaft, 103, 224, 264
Datenintegration, 10, 68, 70ff, 77ff, 93, 98, 103, 120, 149, 156, 179, 207, 247
Datenintegrität, 46, 59, 137, 138ff, 142, 194, 285ff, 290
Datenmanagement, 2-7, 17, 28ff, 37-44, 49, 53, 92, 95, 114-119, 122, 149-153, 156, 158, 159, 162-168, 171, 174-187, 227, 232ff, 247, 254-259, 265-268, 275-277, 280
Datenmigration, 41, 54, 56, 108, 119, 125, 129-137, 142, 146, 148, 163, 184, 227, 233, 286
Datenmodell, 17, 24, 48, 55ff, 66, 71-78, 83, 88, 90, 92, 94ff, 102, 105, 111, 121, 124, 156, 158, 162-164, 170, 191, 193, 195ff, 198, 199, 205ff, 219, 221, 261, 282, 291ff, 296
Datenmodellierung, 5, 38, 59, 62, 65, 84, 96, 119, 149-156, 161-163, 166, 170-175, 179-184, 220, 261, 274, 285ff 292
Datenpropagierung, 138-146

asynchrone, 129, 137, 141, 146
synchrone, 129, 137, 140, 145
Datenqualität, 55, 116, 118, 124ff, 145ff, 178, 196, 217, 219, 259, 261, 263, 288
Datenqualitäts-Management, 259, 264ff
Datenqualitätsprozess, 261ff
Datenredundanz, 10, 137, 193
system-kontrollierte, 137, 294
Datenschutzgesetz, 224
Datenstandardisierung, 99
Datenvisualisierungstechniken, 200, 249, 290
Decision Support System (DSS), 189, 190, 290
Deckung Informationsbedarf, 34-37, 44
Dimensionen, 18, 19, 51, 180, 199, 204-208, 212, 221, 227-230, 256, 268, 283, 284, 290

E

Enterprise Application Integration (EAI), 147
Entity-Relationship-Modell, 59, 205, 282, 285
Entwicklungstrends, 56, 255, 275, 280
Erfolgsbeitrag, 29, 42-44
Erfolgsfaktor, 32ff
Executive Information System (EIS), 189-191
Extraktionswerkzeuge, 198, 202

F

Fakten, 101-103, 143, 204-207, 221, 248, 283ff
Funktion, 23, 24, 38, 66, 111, 167, 206, 265, 285-287

G

Gedächtnis der Organisation, 244, 245, 256
Geschäftsprozess, 238, 244
Geschäftsfunktionsarchitektur, 20, 23

H

Hilfsmittel, 38, 63
Historisierung, 221
Homonym, 69, 122, 291
Humanorientierter Ansatz des Wissensmanagements, 269
Hypothese (Data Discovery), 249, 251

I

IDMS, 50
IMS/DB, 50
Informatikstrategie, 8, 15ff, 20, 28, 38, 40, 41, 80
Information Engineering, 38, 59, 292
Information-Directory, 199, 201
Information-Engineering, 59
Informationsangebot, 35, 37, 44
Informationsbedarf, 34-37
Informationsbeschaffung, 36,ff, 44, 215
Informationsmanagement, 2-6, 65, 99, 104-109, 116, 178, 187, 233, 254-256, 273, 275, 277-280, 292
Informationsnachfrage, 34, 35
Informationsplanung, 117
Informationsportal, 291, 292
Informationsversorgung, 7
Informationswirtschaft, 33
Infromationsverarbeitung, 33, 36, 185, 203, 295

305

Integration, 9ff, 13, 15, 49, 62, 63, 67ff, 82, 92ff, 108-110, 113, 116, 147, 155, 162, 180, 196ff, 201, 209, 211, 223, 232-235, 287, 292
Integrationsanforderungen, 9, 170
Integrationsgrad, 112, 137,144ff
Integrationsprobleme, 9
Integritätsregeln, 70

J

Jahr-2000-Problem, 105

K

Kampagnenmanagementsystem, 237
Kapselung, 91ff, 98, 124, 128, 143
Kerndatenmodell, 85, 88ff, 93, 94, 98, 208, 292
Knowledge Management, 109, 267ff, 279
Konversionsregeln, 145, 148
Kritischer Erfolgsfaktor, 33
Kunden Lebenszyklus, 239
Kundenbeziehungsmanagement, 242
Kundenbindungssystem, 235
Kundenprozess, 238, 242

L

Leistungserstellungsprozess, 30, 32, 33, 265
Leistungskontrolle, 6, 265, 280
lernende Organisation, 279

M

Management, 2-4, 14, 22, 29, 33, 40, 52, 100, 107, 110, 152, 183ff, 197, 212, 217, 222ff, 233ff, 239, 243, 245, 253ff, 260, 265ff, 274, 279
Metadaten, 67, 99-113, 118, 143, 198, 201, 205, 221-223, 232, 287, 293, 295
Metadaten-Integration, 110, 113, 118, 202
Metadatenmanagement, 99-103, 106ff, 110, 112, 114-118, 227
Metadatenmodell, 101, 111
Methoden, 38, 43, 50, 59, 79, 92, 103, 107, 110, 115, 120, 151ff, 169-173, 179, 186, 214, 249, 258, 263, 288, 290, 292
Migration, 20, 53, 64, 119-125, 129-136, 139-144, 146-148, 158, 163, 165, 182, 259
Migrationsvariante, 137, 141, 144-146
Modell, 16ff, 47, 70-72, 75-79, 88-90, 93-95, 102, 106, 109, 113, 127, 155, 171, 206ff, 251, 252, 270, 273ff, 284
Multidimensionale Datenbanken, 55
Multidmedia Datenbanken, 54

N

Nearline Storage, 226
Netzwerksystem, 50
Neuronale Netze, 249
Normalform, 81, 170, 220, 293, 294

O

Objektmodelle, 42, 102, 104, 107, 114, 171
Objektorientierte Datenbankmanagementsysteme, 54
OLAP, 55, 57, 109, 246, 293

OLTP, 57, 294
OODBMS, 53, 54
Operational Data Store (ODS), 141,195, 196, 197, 199, 203, 232, 246, 253, 259
Organisation, 1, 26, 44, 49, 55ff, 56, 60, 63, 66ff, 72, 79, 103, 115, 149, 153, 156, 158, 160, 169, 172, 176-178, 183, 201, 227, 231, 244ff, 256, 267, 269, 271, 275, 277, 279, 280
Organisationskosten, 62

P

Predictive Modeling, 236, 251, 258, 294
Probleme, 5, 12, 15, 29, 40, 46ff 57, 68, 168, 188, 221, 267, 276
Produktionsfaktor, 31,-33, 44, 279
Information, 31ff, 44
Programmkonversion, 129, 131, 136, 142, 146
Prozess, 7, 12, 13, 30, 32, 33, 63, 77, 83, 97, 112, 114, 136, 169, 199, 213, 220, 238, 239, 245, 250, 251, 255, 262, 290
Datenqualität, 261, 262

Q

Qualität, 21, 32, 34, 55, 63, 67, 74, 77, 89, 96, 100, 116, 121ff, 126, 151, 152, 154, 156, 159, 170, 178, 179, 181, 186, 196, 198, 206, 209, 212, 215-218, 222, 228, 230-35, 244, 250, 252, 256, 259, 261-265, 275, 278-280
Qualitätsmerkmale, 81, 218
Qualitätssicherungsmassnahmen, 63
Quellensysteme, 199, 221, 228

R

Redefinierte Felder, 123
Referenzmodell, 76ff, 113
Relationenmodell, 51ff, 59, 124, 173, 174, 180, 285
Relationentheorie, 59, 179
Replikationssoftware, 199, 287
Repository, 5, 19, 42, 62, 108, 110ff, 122ff, 143ff, 159ff, 183, 201, 219, 287ff, 293, 295
Repository-Informations-Modell, 111
Repositorysystem, 61, 82, 108ff, 122, 126, 143, 164, 180, 182, 222, 278, 285ff

S

Schema, 56
Schichtenarchitektur, 47
Schnittstellen, 21, 46, 48, 68ff, 92ff, 97, 103, 105, 108-111, 117, 141ff, 191, 200, 262, 276, 287
Standardisierung, 5, 38, 51, 65, 99, 102, 109, 114-118, 151ff, 181, 256, 276, 280
Standards, 46ff, 58, 63, 110, 113-117, 126, 145, 153, 156, 168, 212, 276, 285ff
Standardsoftware, 94, 95, 98, 115, 129ff, 142
Star-Schema, 206, 283ff
Stellenwert der Daten, 4
Stellenwert der Informationen, 29
stored procedures, 53, 128
Strategie, 11ff, 26, 40ff, 57, 208
Strategieentwicklung, 12, 19ff, 40, 228
Strategische Informationsplanung, 4, 7ff, 28, 117

Structured Query Language (SQL), 51, 57, 129, 133-136, 142, 194
Switchover, 131ff, 136, 140, 142, 144
synchrone, 137, , 145
Synergieeffekt, 89
Synonym, 69, 122, 295

T

Taktik, 40ff
Technische Architektur, 26
Technologieportfolio, 22
Technologischer Ansatz des Wissensmanagements, 269
Top-Down-Ansatz, 75, 209, 210
TP-Monitor, 49
TP-Monitore, 47, 50, 56
Transaktionsmanagementsystem, 47
Treiber, 4, 7, 8, 29, 49, 149
Trends, 4, 6, 37, 43, 52, 53, 256, 275, 290
Trigger, 53, 58, 62

U

Universal Databases, 174
Unternehmensarchitektur, 18
Unternehmensdatenmodell, 74, 95, 165, 285, 295
Unternehmensdatenmodell (UDM), 72-74, 76, 78, 80, 85, 87ff, 95, 206ff
Unternehmensdatenmodellierung, 65

Unternehmensweites Datenmodell (UwDM), 72-78, 93, 296

V

Verteiltes Datenmanagement, 277
Verteilungsmodell, 127, 128
Very Large Data Base, 52
Virtuelle Marktplätze, 242
Vorgehensmodelle für die Einführung des Wissensmanagement, 270
Vorhersagemodelle, 251-254

W

Werkzeugeinsatz, 61
Wertschöpfungskette, 23, 230
Wertschöpfungsprozess, 275
Wiederverwendbarkeit, 42, 53, 113, 115ff, 123, 276
Wiederverwendung, 70, 128, 159, 180ff, 211, 213, 215, 222, 263, 276
Wissen, 1, 28, 31ff, 43ff, 60, 70, 124, 155ff, 166, 176ff, 184, 230, 242-244, 249, 255, 267-272, 279ff
Wissensmanagement, 6, 255, 267-273, 279ff
Wissensmanagement-Modell von Pawlowsky, 270
Wissensmanagement-Modellen, 270

Z

Zielhierarchie, 265, 266

Wie Sie Kunden gewinnen: Schreien, Kreischen, Brüllen – oder den Punkt benutzen.

.com

www.systor.com

Java Kompetenz. Die Systor AG ist eines der fünf von Sun Microsystems zertifizierten Authorized Java Centers™ der Schweiz. Systor hat ihr hochstehendes Java™ Know-how in einem strengen Qualifizierungsprozess bewiesen. Bei dieser Firma sind Ihre Java-Projekte in guten Händen. Wir garantieren Ihnen, dass Sie ausschliesslich von ausgewiesenen Java-Architekten und Java-Entwicklern betreut werden. Profitieren Sie also von diesem Know-how, sei es für Schulung, Entwicklung oder Beratung in Sachen Java. Oder wollen Sie wirklich alles selber tun? Übrigens: Dieses Label gibt es bei Sun nicht zu kaufen ...

Die Technologien, die hinter Ihrem Netz stehen.

We're the dot in .com™

 Sun Microsystems (Schweiz) AG, Javastrasse 2, Hegnau, 8604 Volketswil, Telefon 01 908 90 00, Telefax 01 908 90 01, **www.sun.ch**

Wundern Sie sich manchmal, woher die Leute, die auf alles eine Antwort haben, diese Antworten haben?

Möglich ist, dass wir damit zu tun hatten. Tatsache ist, dass sich 98 der FORTUNE 100-Unternehmen auf Business Intelligence Lösungen von SAS® verlassen, um Informationen auszuwerten, Kunden- und Lieferantenbeziehungen besser zu verstehen, Verhaltensmuster vorauszusagen oder Optimierungspotenziale zu erkennen. Heute ermöglicht SAS den Unternehmen, dies auch in der Welt des e-Business einzusetzen. Mit e-Intelligence von SAS kombinieren Sie die Flut von Web-Daten mit traditionellen Business-Informationen und erhalten so eine komplette Sicht auf Ihre e-Prozesse. Wenn auch Sie mehr Antworten möchten, rufen Sie 01 805 74 74 an oder besuchen Sie uns unter **www.sas.com/switzerland**.

The Power to Know.™

§sas®
e-Intelligence

SAS ist ein eingetragenes Warenzeichen von SAS Institute, Cary, NC, USA. Alle übrigen genannten Markenbezeichnungen und Produktnamen sind Warenzeichen oder eingetragene Warenzeichen der jeweiligen Firmen.